Jürgen Metzger

ERBSCHAFT UND RECHT

Erben und vererben — ein praktischer Ratgeber für die Nachlaßregelung

Jürgen Metzger

Erbschaft und Recht

Erben und vererben — ein praktischer Ratgeber für die Nachlaßregelung

1992

Dreisam Verlag GmbH, Köln

Die Deutsche Bibliothek — CIP-Einheitsaufnahme
Metzger, Jürgen:
Erbschaft und Recht : erben und vererben - ein praktischer Ratgeber für die Nachlassregelung / Jürgen Metzger. - Köln : Dreisam-Verl., 1992
(Ratgeber Recht)
ISBN 3-89452-326-3

1. Auflage 1992
ISBN 3-89452-326-3

Satz: Hayit Verlag GmbH, Köln
Druck: Druckerei Band, Berlin

3.8/9.2/Hu/Vs//Or

Inhalt

1. Einführung

Das Erbrecht regelt all die Fragen, die mit dem Übergang des Vermögens eines Verstorbenen auf seine Rechtsnachfolger, die Erben, zu tun haben. Im Hinblick darauf, daß heute weite Kreise der Bevölkerung in der Lage sind, Vermögen zu bilden, werden die erbrechtlichen Fragen für die Allgemeinheit immer bedeutsamer. Bis zum Jahre 2000 werden bei schätzungsweise 1,7 Millionen Erbfällen erhebliche Vermögenswerte anfallen, die auf die Erben übergehen. Nach heutiger Prognose geht man alleine von Grundstücksvermögen in der Größenordnung von 640 Mrd. DM aus, die bis zu jenem Zeitpunkt vererbt werden. Hinzu kommen Geldvermögen von ungefähr 800 Mrd. DM, und weiter ist im Hinblick auf die zu erwartenden Erbfälle damit zu rechnen, daß die Lebensversicherungen Kapitalien in der Größenordnung von ungefähr 360 Mrd. DM ausbezahlen müssen. All dies zeigt die erhebliche wirtschaftliche Bedeutung der Thematik.

Das materielle Erbrecht ist im Bürgerlichen Gesetzbuch (BGB) geregelt. Es finden sich ferner in vielen anderen Gesetzen einzelne Vorschriften mit erbrechtlichem Inhalt. So sind etwa die verfahrensrechtlichen Bestimmungen, die für die Erteilung eines Erbscheins zu beachten sind, im Gesetz über die Angelegenheiten der freiwilligen Gerichtsbarkeit (FGG) zu finden. Ein Erbschein ist in fast allen Erbfällen unabdingbar — ohne ihn kommt der Erbe in der Regel nicht an den Nachlaß.

Im Rahmen erbrechtlicher Beratung ist immer wieder festzustellen, daß der Laie oft erheblich abweichende Vorstellungen von der Rechtslage hat, die sich nach dem geltenden Recht darstellt. So ist der Grundsatz der sogenannten *Universalsukzession* (Gesamtrechtsnachfolge) dem Laien beispielsweise zunächst unvorstellbar und unverständlich. Der Laie vererbt ein Haus, ein Grundstück, einen Ring, ein Auto — er stellt sich den Nachlaß stückchenweise vor. Daß der oder die Erben in jeder Hinsicht Rechtsnachfolger des Verstorbenen sind, ist in weiten Kreisen der Bevölkerung unbekannt. Dies wird den Betroffenen oft erst dann deutlich, wenn sie ans Vermögen des Verstorbenen wollen und Streit darüber entsteht, wie dieses Vermögen aufzuteilen ist. Erst dann stellen sich die Beteiligten auch Fragen wie folgende: Wer ist Erbe? Wem wird im Testament ein Vermächtnis zugeschrieben? Ist das Testament überhaupt wirksam? Wie erhält man einen Überblick über all das, was zum Nachlaß gehört? Wie kommt man ans Geld? Wie ist es — im Fall mehrerer Erben — aufzuteilen? Die auftretenden Fragen sind vielfältig und lassen sich beliebig fortsetzen.

Das Erbrecht befaßt sich nur mit dem Schicksal des Verstorbenen und den damit zusammenhängenden Fragen, nicht aber mit all den anderen Problemen, die sich den Hinterbliebenen beim Ableben eines Familienangehörigen ebenfalls oft stellen. So ist zum Beispiel im Erbrecht nicht geregelt, wie die *Bestattung* des Verstorbenen zu erfolgen hat, wenn sich die Hinterbliebenen in dieser Frage streiten. Das Erbrecht sagt in § 1968 BGB nur, daß der Erbe die Kosten der Beisetzung tragen

muß. Die Regelung der Art und Weise der Bestattung hingegen obliegt als familienrechtliche Pflicht den nächsten Angehörigen des Verstorbenen, die nicht Erbe zu sein brauchen.
Maßgebend für Art und Ort der Bestattung ist in erster Linie der Wille des Verstorbenen; in zweiter Linie bestimmen darüber die nächsten Familienangehörigen, die dazu in einer bestimmten Rangfolge verpflichtet und berechtigt sind. Kommt es über solche Fragen zwischen den Hinterbliebenen zum Streit, so löst die Rechtssprechung die Konflikte unter Anwendung der Regeln des Feuerbestattungsgesetzes, soweit nicht an Stelle dieses Gesetzes Landgesetze der einzelnen Bundesländer treten.
Im Erbrecht findet sich keine Regelung der Frage, unter welchen Voraussetzungen es gestattet ist, dem Toten zum Zwecke der *Transplantation* ein Organ zu entnehmen. Dies sollte in einem Transplantationsgesetz geregelt werden, das in Vorbereitung ist und schon seit längerem kontrovers diskutiert wird. Ohne gesetzliche Regelung ist in diesem Bereich vieles umstritten. Grundsätzlich kann man lediglich sagen, daß die Widmung des eigenen Körpers zur Verwendung in der Anatomie oder zur Transplantation keiner besonderen Form bedarf und lediglich sichergestellt sein muß, daß ein diesbezüglicher Wille des Verstorbenen einwandfrei ermittelt werden kann. Um dies sicherzustellen, rate ich zu einer entsprechenden schriftlichen Erklärung.
Auch die Ansprüche der Hinterbliebenen auf Renten und Versorgungsleistungen sind außerhalb des Erbrechts in verschiedenen Gesetzen geregelt. Obwohl diese Ansprüche aus der Sozialversicherung auf Geld- bzw. Arbeitsleistungen des verstorbenen Erblassers beruhen und damit bei wirtschaftlicher Betrachtungsweise einen sehr wesentlichen Teil seines Vermögens darstellen, werden sie außerhalb des Erbrechts übertragen. Dies kann zu dem Ergebnis führen, daß Erben und Renten- bzw. Versorgungsempfänger nicht identisch sind, da beispielsweise der Erblasser aufgrund eines Testaments ohne weiteres in der Lage ist, Kinder und Ehegatten von der Erbfolge auszuschließen, während er über die Rechte auf Hinterbliebenenversorgung und Hinterbliebenenrente nicht durch Verfügung von Todes wegen bestimmen kann. Diese Rentenansprüche ergeben sich unter anderem bei Arbeitern aus den Bestimmungen der Reichsversicherungsordnung, bei Angestellten aus dem Angestelltenversicherungsgesetz und bei Beamten aus den beamtenrechtlichen Bestimmungen des Beamtenversorgungsgesetzes.
Obwohl das Erbrecht in § 1922 BGB den Grundsatz der *Gesamtrechtsnachfolge* — der sog. Universalsukzession — wählt und bestimmt *(„Mit dem Tod einer Person [Erbfall] geht deren Vermögen [Erbschaft] als Ganzes auf eine oder mehrere Personen [Erben] über“),* ist damit noch nichts darüber ausgesagt, was unter der Erbschaft zu verstehen ist. Es gibt eine ganze Reihe von durchaus beachtlichen wirtschaftlichen Vermögenswerten, die nach den gesetzlichen Bestimmungen nicht oder nicht ohne weiteres vererbbar sind. So ist die Mitgliedschaft in einem Verein oder in einer Gesellschaft nicht vererblich, sofern sich nicht aus der Vereinssatzung oder

dem Gesellschaftsvertrag die Vererbbarkeit ergibt. Im Zweifel geht der Anspruch auf eine Leibrente nicht auf die Erben über. Ein zeitlich unbeschränktes Vorkaufsrecht an einem Grundstück geht nur dann auf die Erben über, wenn dies ausdrücklich in der Vorkaufsrechtsvereinbarung bestimmt ist. Auch Unterhaltsleistungen sind regelmäßig unvererblich; sie können aber aufgrund ausdrücklicher gesetzlicher Vorschrift auf die Erben übergehen. So bestimmt z.B. § 1586 b BGB, daß der Unterhaltsanspruch des geschiedenen Ehegatten eine Nachlaßverbindlichkeit darstellt. Von großer praktischer Bedeutung und deshalb erwähnenswert ist die Unvererblichkeit sämtlicher an die Person des Berechtigten geknüpften *Altenteilsrechte* und der *Nießbrauch* (Nutzungsrecht). Gleiches gilt für beschränkte persönliche Dienstbarkeiten. Gerade in Fällen der Zuwendung im Wege der vorweggenommenen Erbfolge werden häufig solche Rechte begründet, um dem Zuwender für seine Lebzeit ein angemessenes Auskommen zu sichern und ihn vor wirtschaftlicher Not zu schützen, da er sich mit der Zuwendung häufig seines Vermögens entäußert oder zumindest beachtliche Teile seines Vermögens überträgt.
Bei *Kapitallebensversicherungen* gehört die Versicherungssumme im Zweifel nicht zum Nachlaß und wird somit nicht vererbt, sondern fällt den Berufenen außerhalb des Nachlasses zu — dies auch dann, wenn die Bezugsberechtigten mit den Erben identisch sind. Aus § 167 Versicherungsvertragsgesetz (VVG) ergibt sich, daß die Ausschlagung der Erbschaft auf die Berechtigung des Bezugs der Versicherungsleistung keinen Einfluß hat. Gerade durch den Einsatz einer entsprechenden Versicherung können erhebliche Beträge zugewandt werden, ohne daß der Berechtigte, dem das Geld zufließt, deshalb Erbe werden muß.
Es würde zu weit führen, alle Vermögenswerte, Ansprüche und Rechte aufzuzeigen, die dem Erblasser in seiner Person zu seinen Lebzeiten sehr wohl zugestanden haben, aber nicht zur Erbschaft gehören. Man denke nur z.B. an öffentlich-rechtliche Konzessionen und andere Ansprüche und Pflichten aufgrund verwaltungsrechtlicher Bestimmungen. Es kann im Einzelfall äußerst schwierig und problematisch sein festzustellen, welche Vermögensbestandteile problemlos vererbt werden können — wie z.B. das Eigentum oder der Besitz an einem Grundstück, die Einlage bei einer Bank, die Verbindlichkeiten aus einem aufgenommenen Kredit, das Eigentum und der Besitz an beweglichen Sachen, die Rechte an Patenten, Geschmacks- und Gebrauchsmustern, die Ansprüche und Verpflichtungen aus Verträgen — und welche Positionen nicht dem erbrechtlich definierten Vermögen unterfallen und somit nicht zur Erbschaft bzw. dem Nachlaß gehören. Im Zweifelsfall sollten die Beteiligten möglichst rechtzeitig vor dem Erbfall sachkundigen Rat einholen, um sicheren Aufschluß über die Vererblichkeit einzelner Vermögenspositionen zu erlangen. Im Rahmen der fachkundigen Beratung durch Anwalt oder Notar wird sich häufig auch ergeben, daß es durch entsprechende rechtliche Gestaltung zu Lebzeiten möglich ist, wirtschaftliche Werte für die Erben zu erhalten. Ich werde mich mit diesen Problemen vertieft im Rahmen der Frage der Vererblichkeit von Unternehmen und Gesellschaftsanteilen befassen und dort Lösungsmöglichkeiten

durch rechtsgeschäftliche Gestaltung unter Lebenden darstellen. Hier will ich nur noch den Hinweis geben, daß in bedeutsamen Fällen sachkundiger Rat in Form einer schriftlichen Auskunft eingeholt werden sollte. Dies hat den Vorteil, daß im Falle einer unrichtigen oder unvollständigen Auskunft die Fehlleistung des Beraters nachgewiesen werden kann und den Erben dann — soweit noch nicht verjährt — Schadensersatzansprüche aus Anwalts- bzw. Notarshaftung zustehen.

Neben und außerhalb des Erbrechts kennt unsere Rechtsordnung den *postmortalen Persönlichkeitsschutz.* Er verhindert die ehrverletzende Verfälschung des Lebensbildes oder die Verunglimpfung des Andenkens eine Verstorbenen. Dieser Schutz folgt letztlich aus der Wertentscheidung unserer Verfassung und ist teilweise durch entsprechende Strafvorschriften konkretisiert; § 189 StGB schützt das Andenken Verstorbener vor Verunglimpfung, § 168 StGB stellt die Störung der Totenruhe unter Strafe. Ebenso können Bilder des Verstorbenen nicht ohne weiteres veröffentlicht werden. Nach § 22 des Gesetzes betreffend der Urheberrechte an Werken der bildenden Künste und der Fotografie bedarf es der Einwilligung der Angehörigen, wenn Bilder des Verstorbenen veröffentlicht werden sollen, und dies innerhalb von 10 Jahren nach seinem Tod beabsichtigt ist. Angehörige im Sinne dieser Bestimmung sind der Ehegatte und die Kinder des Verstorbenen. Die Rechtssprechung ist bemüht, vorhandene Gesetzeslücken hinsichtlich des postmortalen Persönlichkeitsschutzes durch Analogie, d.h. durch weite Auslegung oder entsprechende Anwendung der verfassungsmäßigen Grundrechte, zu schließen. Ansprüche auf Unterlassen, Widerruf, Beseitigung, Schadensersatz und Gegendarstellung, die sich aus dem postmortalen Persönlichkeitsschutz ergeben, können von den nahen Angehörigen des Verstorbenen — Ehegatten und Kinder — geltend gemacht werden, auch wenn diese Personen nicht zu Erben berufen sein sollten.

2. Beispielsfall aus dem Erbrecht

Der verheiratete Franz Fröhlich wird bei einem Verkehrsunfall schwer verletzt und stirbt einige Tage später im Krankenhaus. Aus der Ehe mit seiner Frau Gerda Fröhlich geb. Mohr sind zwei Kinder, Maria 6 Jahre alt und Josef 8 Jahre alt, hervorgegangen.
Während seiner Studienzeit hatte Franz Fröhlich mit Claudia Lieblich zusammengelebt, die von ihm ein Kind, den heute 15 Jahre alten Markus Lieblich, empfing. Franz Fröhlich hinterläßt unter anderem eine wertvolle Briefmarkensammlung und war Eigentümer eines Reihenhauses. Das Haus hatte er für 350 000 DM erworben und zur Zahlung des Kaufpreises bei der Bausparkasse einen Kredit aufgenommen, der zum Zeitpunkt seines Todes noch mit 182 000 DM offenstand. Außerdem war er Inhaber eines Postsparbuches mit einem Guthaben von 5000 DM. Seinen PKW hatte er vom Autohaus Meier auf Ratenzahlungsbasis gekauft.
Zum Zeitpunkt des Unfalls war beim Autohaus noch ein Kaufpreis in Höhe von 12 000 DM offen. Zwei Monate nach dem Unfall kommt es zwischen Gerda Fröhlich geb. Mohr und Claudia Lieblich zu einer heftigen Auseinandersetzung, weil Frau Lieblich für ihren Sohn Markus dessen Erbrecht einfordert. Frau Fröhlich regt sich über diesen Vorfall so sehr auf, daß sie einen Herzinfarkt erleidet und verstirbt. Sie hinterläßt Schmuck und einen wertvollen Pelzmantel.
Die Eltern beider Verstorbenen leben noch und wollen Auskunft zu folgenden Fragen:
1. Wer erbt was oder wieviel?
2. Wer haftet für die Schulden bei der Bausparkasse und dem Autohaus?
3. Hätte Franz Fröhlich ein Testament machen können, in dem er bestimmt, daß nur seine Kinder Maria und Josef erben, nicht aber seine Ehefrau?
4. Was ist davon zu halten, wenn sich ein Zettel unter den Papieren des Franz Fröhlich findet, auf den dieser handschriftlich geschrieben hatte: „Ich will, daß im Falle meines Todes Claudia Lieblich, Mutter meines Sohnes Markus, 5000 DM erbt, weil ich sie früher einmal sehr gekränkt und verlassen habe."
Um diese Fragen beantworten zu können, muß zunächst zwischen den beiden Erbfällen, die rechtlich separat zu betrachten sind, unterschieden werden.
Wir haben zwei Erblasser und somit zwei Vermögensmassen, um die es geht.
Der zuerst verstorbene Erblasser Franz Fröhlich hat im Ausgangsfall keine rechtsgeschäftliche Anordnung über die Erbfolge getroffen, so daß das Gesetz bestimmt, wer Erbe wird. Generell kommen als gesetzliche Erben nur Verwandte, der Ehegatte und an letzter Stelle der Staat in Betracht. Im vorliegenden Fall sind die beiden ehelichen Kinder des Franz Fröhlich, Maria und Josef, gesetzliche *Erben der ersten Ordnung* gemäß § 1924 BGB. Das Kind Markus Lieblich hat nur einen Erbersatzanspruch nach § 1934 a BGB, da es nichtehelicher Abstammung ist; Markus wird also nicht Erbe.

Als überlebende Ehegattin ist Gerda Fröhlich neben den ehelichen Kindern gesetzliche Erbin nach § 1931 Abs. 1 BGB.
Die Höhe der Erbanteile der Erben stellt sich wie folgt dar:
Die Ehefrau Gerda Fröhlich erbt 1/4, da sie neben Verwandten der ersten Ordnung — das sind die Kinder des Erblassers — zur Erbin berufen ist: (§ 1931 Abs.1 Satz 1 BGB). Geht man davon aus, daß die Eheleute Fröhlich im gesetzlichen Güterstand der Zugewinngemeinschaft nach § 1363 BGB verheiratet waren, so erhöht sich der Erbteil von Frau Fröhlich nach § 1371 Abs.1 BGB um 1/4, den sogenannten erbrechtlichen Zugewinnausgleich, so daß sie insgesamt im Endergebnis einen Erbteil von 1/2 erhält.
Als Kinder des Erblassers erben Maria und Josef zu gleichen Teilen; da ihre Mutter zu 1/2 Erbin ist, erhalten sie die zweite Hälfte und erben somit im Ergebnis zu je 1/4. Die Erben bilden eine *Erbengemeinschaft.*

Zur Veranschaulichung folgende Skizze:

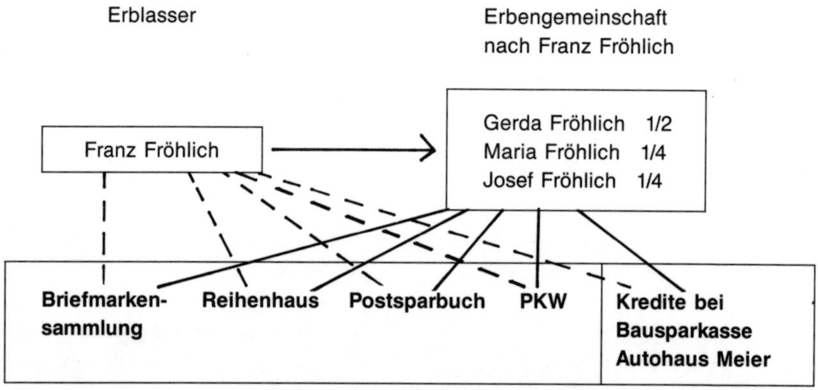

Die Miterben erben nicht einzelne Gegenstände, sondern im Wege der Gesamtrechtsnachfolge gehen Vermögen und Schulden ungeteilt auf sie über. Kein Erbe hat Anspruch auf einen bestimmten Nachlaßgegenstand (z.B. PKW, Reihenhaus). Es ist vielmehr Sache der Miterben, hier eine Auseinandersetzung im Wege der *Erbteilung* herbeizuführen. Tun sie dies nicht, so bleibt der Nachlaß in ungeteilter Erbengemeinschaft Gesamthandeigentum der Miterben, über das nur alle Erben gemeinsam verfügen können.
Im Beispiel bin ich vom Vorliegen des gesetzlichen Güterstands der *Zugewinngemeinschaft* ausgegangen, da dieser Güterstand in weiten Teilen der Bevölkerung anzutreffen ist und immer dann gilt, wenn die Ehegatten keine anderweitige Güter-

rechtsvereinbarung (Gütergemeinschaft oder Gütertrennung) getroffen haben. Besonderheiten können sich dann ergeben, wenn einer oder beide Ehegatten Ausländer sind und deshalb ausländisches Recht zur Anwendung kommen kann.
Noch anzumerken ist hinsichtlich des Erbfalls Franz Fröhlich, daß dessen Eltern zwar *Erben zweiter Ordnung* sind — § 1925 BGB — aber nicht erben, da die Kinder des Erblassers als Erben erster Ordnung vorgehen (§ 1930 BGB).
Die *Erbfolge* nach Frau Gerda Fröhlich geb. Mohr folgt ebenfalls den gesetzlichen Bestimmungen, da keine *Verfügung von Todes wegen* vorliegt.
Da ihr Ehegatte vorverstorben ist, kommen als Erben nur Verwandte in Frage. Hier sind als gesetzliche Erben der ersten Ordnung die Kinder Maria und Josef berufen, während die Eltern von Frau Fröhlich (Erben der zweiten Ordnung) ausgeschlossen sind. Gemäß § 1924 Abs.4 BGB erben die Kinder zu gleichen Teilen; sie sind also in *Miterbengemeinschaft* Erben zu je 1/2.
Wichtig ist sich klar zu machen, daß die Erbfolge nach Franz Fröhlich durch den nachfolgenden Tod seiner Frau nicht verändert wird. Der Anteil von 1/2 am Nachlaß von Franz Fröhlich, der Gerda Fröhlich zustand und auf sie übergegangen war, gehört nun zu ihrem Nachlaß und geht zusammen mit ihrem sonstigen Vermögen auf ihre Erben über. Da zwei Erbfälle vorliegen, unterliegt der Nachlaß — soweit er aus dem Vermögen von Herrn Fröhlich stammt — zweimal der Erbschaftssteuer. Es bestehen nun zwei Erbengemeinschaften nebeneinander; die Erbengemeinschaft nach Gerda Fröhlich (bestehend aus den Miterben Maria und Josef zu je 1/2) sowie die Erbengemeinschaft nach Franz Fröhlich (bestehend aus Maria und Josef zu je 1/4 sowie der Erbengemeinschaft nach Gerda Fröhlich zu je 1/2). Beide Erbschaften und Erbengemeinschaften sind unbedingt getrennt zu betrachten. Dies ist nicht nur wegen der Erbschaftssteuer von Bedeutung, sondern auch sonst kann sich hinsichtlich der Erbschaften ein unterschiedliches Schicksal ergeben. Zum Beispiel kann es sein, daß die Miterben die Erbschaft nach dem Vater annehmen und die Erbschaft nach der Mutter dagegen ausschlagen. Eine solche *Ausschlagung* wäre dann sinnvoll, wenn der Nachlaß der Mutter überschuldet wäre.
Wenden wir uns, nachdem geklärt ist, wer Erbe wird, nun der zweiten Frage unseres Beispiels zu. Wie dargestellt, ist die Erbschaft das Vermögen des Erblassers. Zur *Erbschaft* gehört dabei sowohl das aktive als auch das passive Vermögen des Erblassers. Die Passiva werden als *Nachlaßverbindlichkeiten* bezeichnet. Der oder die Erben haften für diese Nachlaßverbindlichkeiten. Mehrere Erben haften als Gesamtschuldner mit der Folge, daß von jedem Miterben die volle Leistung verlangt werden kann, insgesamt jedoch nur einmal, und dann gegebenenfalls im Innenverhältnis zwischen den Miterben ein Ausgleich stattfinden muß. So können im Beispiel die Bausparkasse und das Autohaus Meier von Frau Gerda Fröhlich Bezahlung verlangen, und zwar in voller Höhe der bestehenden Verbindlichkeiten von 182 000 DM und 12 000 DM, ohne daß Frau Fröhlich dem entgegenhalten kann, sie erbe nur 1/2. Bezahlt Frau Fröhlich, so hat sie gegen die weiteren Miterben Maria und Josef *Ausgleichsansprüche,* deren Höhe sich nach den Erbteilen richtet.

Durch den Tod von Frau Fröhlich geht ihre Haftung auf ihre Erben, also die Kinder Maria und Josef über, so daß diese nunmehr aus doppeltem Grund verpflichtet sind, da sich ihre gesamtschuldnerische Haftung aus zwei Erbfällen ergibt. Jedes Kind haftet für die Verbindlichkeiten in voller Höhe (§§ 1967 2058, 421 BGB). Selbstverständlich kann die Bausparkasse die Gesamtschuld aber nur einmal verlangen. Darüber hinaus haben die Erben die Möglichkeit, nach § 2059 BGB die Zahlung aus ihrem sonstigen Vermögen zu verweigern, solange der Nachlaß noch nicht geteilt ist. Ist der Nachlaß geteilt, und es stellt sich heraus, daß sein Wert nicht ausreicht, um die Schulden abzudecken, so haften die Erben für diese Schuld unbeschränkt und unbeschränkbar mit ihrem persönlichen Vermögen.

Franz Fröhlich hätte seine Ehefrau von der Erbfolge ausschließen können. Hierfür hätten zwei Wege zur Verfügung gestanden; zum einen bestimmt § 1938 BGB, daß der Erblasser durch Testament seinen Ehegatten von der gesetzlichen Erbfolge ausschließen kann, zum anderen hätte Herr Fröhlich die Möglichkeit gehabt, durch *Erbvertrag* nach § 1941 BGB seine beiden Kinder als alleinige Erben einzusetzen. In beiden Fällen wäre Frau Fröhlich ein *Pflichtteilsrecht* zugestanden, d.h. ein Geldanspruch gegen die Erben (hier die Miterben Maria und Josef). Dieser Anspruch hätte sich auf den halben Wert des gesetzlichen Erbteils belaufen, im Ergebnis also auf den Wert eines Viertels des Nachlasses nach Abzug der Schulden.

In die Betrachtung sind bislang die erbrechtlichen Ansprüche des Markus Lieblich nicht einbezogen worden. Dies aus gutem Grunde, denn Markus ist nicht Erbe seines Vaters geworden. Er hat lediglich einen *Erbersatzanspruch* nach § 1934 a BGB. Dieser Erbersatzanspruch ist ein Anspruch auf Zahlung von Geld in Höhe des Wertes des gesetzlichen Erbteils, den das nichteheliche Kind im Falle der Ehelichkeit zu beanspruchen hätte. Der Erbersatzanspruch richtet sich gegen die Erben, vorliegend also gegen die Miterbengemeinschaft Gerda Fröhlich, Maria und Josef Fröhlich. Alle Miterben haften als Gesamtschuldner. Im Innenverhältnis allerdings haben nur diejenigen Miterben den Erbersatzanspruch zu tragen, deren Erbteil dadurch erhöht wurde, daß das nichteheliche Kind nicht zu den Erben gehört. Bei der Ermittlung des Nachlaßwertes, nach dessen Höhe sich der Geldanspruch richtet, sind Vermächtnisse, Auflagen, Pflichtteilsansprüche und der Voraus (siehe Kapitel 4) des Ehegatten vorweg abzuziehen, ebenso natürlich die sonstigen Nachlaßverbindlichkeiten.

Da der Erbersatzanspruch dem gesetzlichen Erbteil entspricht, muß zu seiner Ermittlung die Sache so betrachtet werden, als ob das nichteheliche Kind Erbe sein würde.

Markus Lieblich ist wie Maria und Josef Fröhlich Abkömmling des Erblassers und wäre im Falle der Ehelichkeit gesetzlicher Erbe der ersten Ordnung. Nachdem die Ehefrau Gerda neben den Kindern zu 1/2 erbt, stellt sich also bei der Betrachtungsweise zur Ermittlung des Erbersatzanspruches die Sache so dar, daß die verbleibende Hälfte des Nachlasses unter die drei Abkömmlinge zu gleichen Teilen aufzuteilen ist, so daß sich der Erbersatzanspruch von Markus auf 1/6 des Nachlaßwertes richtet. Daß Markus nicht Miterbe wird, kommt ausschließlich den Erbteilen von Maria und Josef zugute, so daß diese im Innenverhältnis verpflichtet sind, den Erbersatzanspruch alleine zu tragen. Dies ändert nichts daran, daß Markus im Außenverhältnis Frau Gerda Fröhlich auf Zahlung des Erbersatzanspruchs verklagen kann. Wenn und soweit Frau Fröhlich an ihn bezahlt, hat sie gegen ihre ehelichen Kinder einen Regreßanspruch in voller Höhe der von ihr erbrachten Zahlung.

Der Zettel, der sich unter den Papieren des Franz Fröhlich fand, ist als formgültige Verfügung von Todes wegen zu betrachten. Die Verfügung ergibt, daß Claudia Lieblich nicht als Erbe eingesetzt werden soll, denn eine Erbeinsetzung auf 5000 DM ist rechtlich nicht möglich. Ebenso kann nicht ein anderer einzelner Gegenstand aus dem Nachlaß vererbt werden, sondern eine Erbeinsetzung muß immer auf eine bestimmte Quote am Nachlaß gehen. Vorliegend wurde vielmehr ein Vermächtnis nach § 1939 BGB an Claudia Lieblich zugewandt. Beschwert mit diesem Vermächtnis sind die Erben in ihrer Gesamtheit. Frau Lieblich hat mit dem Tod von Franz Fröhlich eine Forderung gegen die Miterbengemeinschaft auf Zahlung von 5000 DM erworben.

3. Die Berufung zum Erben

Wie man Erbe wird (Darstellung der gesetzlichen Erbfolge)

Es gibt zwei Möglichkeiten, die dazu führen, daß man Erbe wird: Entweder der Erblasser hat aufgrund einer Verfügung von Todes wegen (das kann sein ein Testament, ein gemeinschaftliches Testament oder ein Erbvertrag) seine Erben berufen, oder es gilt die *gesetzliche Erbfolge.* Die gesetzliche Erbfolge kommt nur und immer dann zum Zuge, wenn keine Verfügung von Todes wegen vorliegt. In der Praxis ist die gesetzliche Erbfolge sehr häufig und in ca. 70-80 % der Erbfälle anzutreffen, denn die meisten Menschen hinterlassen keine letztwillige Verfügung. Deshalb ist es unerläßlich, die Regeln der gesetzlichen Erbfolge zu kennen. Aber auch dann, wenn die Absicht besteht, eine Verfügung von Todes wegen zu verfassen, sollte zuvor zumindest bekannt sein, wie sich die Erbfolge nach den gesetzlichen Vorschriften gestalten würde, da eine letztwillige Verfügung nur dann notwendig und sinnvoll sein kann, wenn eine Regelung angestrebt wird, die von der gesetzlichen Erbfolge abweicht.

Generell und grundsätzlich hat der Erblasser die Möglichkeit, aufgrund seiner Testierfähigkeit auch seine allernächsten Angehörigen von der Erbfolge auszuschließen. Dies führt zu Härten, das Gesetz trägt diesem Umstand durch das *Pflichtteil* nach §§ 2303 ff BGB Rechnung und versucht auszugleichen. Danach erhalten die Kinder, der Ehegatte und die Eltern des Erblassers einen Anspruch auf Auszahlung des Pflichtteils gegen die Erben, wenn sie durch eine Verfügung von Todes wegen von der gesetzlichen Erbfolge — zu der sie sonst gelangen würden — ausgeschlossen sind. Dieser *Pflichtteilsanspruch* ist halb so hoch wie der gesetzliche Erbteil. Man muß also, um den Pflichtteil berechnen zu können, immer zuvor wissen, wie sich die gesetzliche Erbfolge darstellen würde.

Die gesetzliche Erbfolge greift auch dann ein, wenn zwar eine Verfügung von Todes wegen vorhanden ist, diese aber ungültig sein sollte — etwa wegen Formmangels oder mangels Testierfähigkeit des Erblassers — oder wenn eine gültige Verfügung keine Erbeinsetzung enthält — etwa weil nur Vermächtnisse zugewandt werden. In der Praxis gibt es weiter noch den Fall, daß gewillkürte und gesetzliche Erbfolge nebeneinander zum Zuge kommt, und zwar immer dann, wenn der Erblasser nur einen oder mehrere Erben auf Bruchteile eingesetzt hat, die das Ganze nicht erreichen. In diesem Fall bestimmt § 2088 BGB, daß hinsichtlich des verbleibenden Teils der Erbschaft die gesetzliche Erbfolge gilt.

Wie man Verfügungen von Todes wegen errichten kann und was dabei alles zu beachten ist, wird ab Kapitel 6 dargestellt; hinsichtlich der gesetzlichen Erbfolge kommen als Erben in Betracht

— die Verwandten des Erblassers,
— sein Ehegatte,
— an letzter Stelle der Staat.

Das tragende Prinzip des Verwandtenerbrechts ist das *Parentelsystem.* Verwandten werden in Ordnungen eingeteilt, die sich nach ihrer Abstammung ergeben. Solange ein Verwandter einer vorhergehenden Ordnung lebt, sind die Verwandten der nachfolgenden Ordnungen von der Erbfolge nach § 1930 BGB ausgeschlossen. Im einzelnen stellt sich dieses System des Verwandtenerbrechts — ohne Berücksichtigung des nichtehelichen Kindes, für das besondere Bestimmungen gelten — wie folgt dar:

— **Erben erster Ordnung** sind die Abkömmlinge des Erblassers, also seine Kinder, Enkel, Urenkel usw.
— **Erben zweiter Ordnung** sind die Eltern des Erblassers bzw. deren Abkömmlinge, also seine Schwestern und Brüder, Nichten und Neffen.
— **Erben dritter Ordnung sind** die Großeltern des Erblassers bzw. deren Abkömmlinge also seine Onkel und Tanten, Vettern und Basen.
— **Erben vierter Ordnung** sind die Urgroßeltern des Erblassers bzw. deren Abkömmlinge.
— **Erben fünfter Ordnung** sind die Ururgroßeltern des Erblassers bzw. deren Abkömmlinge.
— **Erben sechster und fernerer Ordnungen** sind die entfernten Voreltern des Erblassers bzw. deren Abkömmlinge.

Das System der Ordnungen zeigt, daß hier ein Stammbaum hilfreich und erforderlich ist, wenn es um die Ermittlung von Erben dritter, vierter oder fernerer Ordnungen geht, um das Ganze übersichtlich zu gestalten und zu verhindern, daß einzelne Personen versehentlich vergessen werden.

Praktisch zeigt dieses System auch, daß eigentlich so gut wie immer über Voreltern gesetzliche Erben einer entfernten Ordnung vorhanden sind, doch ist es häufig schwierig, diese zu ermitteln, so daß dann, wenn sich keine Erben finden lassen, der Staat zum Zuge kommt.

Das *Parentelsystem* basiert auf dem Prinzip der Verwandtschaft. Es ist in §§ 1924-1929 BGB gesetzlich geregelt. Nach § 1589 BGB sind Personen miteinander verwandt, die voneinander oder von derselben dritten Person abstammen; ersteres ist die *Verwandtschaft in gerader Linie* (Eltern — Kinder — Enkel — Urenkel), zweiteres die *Verwandtschaft in der Seitenlinie* (Geschwister, Vettern).

Im Grundsatz beurteilt sich die Verwandtschaft nach der blutsmäßigen Abstammung. Soweit das Familienrecht die Verwandtschaft ohne unmittelbaren Rückgriff auf die natürliche Abstammung festlegt, gilt dies auch für das Erbrecht. So kennt unser Familienrecht eine Reihe von Fällen, in denen die Ehelichkeit des Kindes vermutet wird — auch wenn dieses Kind nicht vom Ehemann gezeugt wurde, sondern dem Seitensprung entstammt. In solchen Fällen gehört das betreffende Kind zu den gesetzlichen Erben des Ehemannes, solange seine Nichtehelichkeit nicht rechtskräftig festgestellt worden ist (vergl. §§ 1591, 1593 BGB).

Weitere Fälle rechtlicher Verwandtschaft ohne Blutsverwandtschaft gibt es bei der *Adoption.* Praktisch ist hier zu unterscheiden zwischen der Annahme Minderjähri-

ger und der Annahme Volljähriger. Angenommene Minderjährige und ihre Abkömmlinge werden voll in die Familie des Annehmenden aufgenommen; sie werden mit dem Annehmenden und seinen Verwandten verwandt, während die Verwandtschaft zu den leiblichen Eltern und deren Verwandten erlischt — die Juristen sprechen hier von der *Volladoption* (§§ 1754, 1755 BGB). Anders verhält es sich dagegen bei einem angenommenen Volljährigen. Diese und seine Abkömmlinge werden nur mit dem Annehmenden, nicht aber mit dessen Verwandten, verwandt (§ 1770 BGB). Bis zum Jahre 1969 galt nach der damals bestehenden Rechtslage das nichteheliche (uneheliche) Kind trotz blutsmäßiger Verwandtschaft mit seinem Vater als rechtlich nicht verwandt. Diese Rechtslage wurde dann durch das Gesetz über die rechtliche Stellung des nichtehelichen Kindes vom 19.8.1969 aufgehoben. Seither besteht auch zwischen dem nichtehelichen Kind und seinem Vater Verwandtschaft im Rechtssinne; gleichwohl gelten erbrechtliche Besonderheiten (vergl. Kapitel 5). An der Erbberechtigung eines nichtehelichen Kindes ändert sich durch die sogenannte Einbenennung nach § 1618 BGB nichts, die dann vorliegt, wenn der Vater des Kindes diesem seinen Namen erteilt — normalerweise hat das nichteheliche Kind den Familiennamen seiner Mutter — oder wenn der Ehemann der Kindesmutter, der nicht der Erzeuger des Kindes ist, diesem seinen Namen gibt.
Dagegen ändert sich die Erbberechtigung des nichtehelichen Kindes dann, wenn die Mutter den Vater des Kindes heiratet; durch die Eheschließung erlangt das nichteheliche Kind in diesem Falle die erbrechtliche Stellung des ehelichen Kindes — die Juristen sprechen von *Legitimation durch nachfolgende Ehe* gem. §§ 1719, 1722 BGB. Die Darstellung zeigt, daß Verwandtschaft im Rechtssinne und insbesondere im Hinblick auf erbrechtliche Bestimmungen nicht ohne weiteres gleichgesetzt werden kann mit den Vorstellungen von Verwandtschaft, die landläufig herrschen. Bestehen im Einzelfall Zweifel, so sollte unbedingt sachkundiger Rat eingeholt werden, da es für den Fall keiner Verwandtschaft im Rechtssinne unerläßlich ist, eine Verfügung von Todes wegen zu treffen, wenn man die betreffende Person beerben will.
Zur Veranschaulichung des Systems der *gesetzlichen Erbfolge* die folgenden **Beispiele:**

— Wenn der Erblasser zwei Töchter hinterläßt, die jeweils ein Kind haben, so gehören alle vier Personen zu den Erben erster Ordnung. Es erben aber nur die beiden Töchter, denn ein zur Zeit des Erbfalls lebender Abkömmling schließt die durch ihn mit dem Erblasser verwandten Abkömmlinge — hier die Enkelkinder — von der Erbfolge aus.

— Ist eine der beiden Töchter des Erblassers bei Eintritt des Erbfalls bereits verstorben, so erbt nicht alleine die andere noch lebende Tochter, sondern neben dieser erbt an Stelle der vorverstorbenen Tochter deren Kind — das Enkelkind des Erblassers. Anstelle eines Erben treten dessen Abkömmlinge — und nur diese, nicht etwa auch dessen Ehefrau.

— Wenn Abkömmlinge des Erblassers nicht vorhanden sind, fällt der Nachlaß je zur Hälfte an den Vater bzw. dessen Abkömmlinge und die Mutter bzw. deren

Abkömmlinge. Diese Aufteilung in eine väterliche und eine mütterliche Linie gilt für Erben der zweiten und dritten Ordnung.

Ist beispielsweise der Vater des Erblassers vorverstorben und sind von ihm zwei Söhne vorhanden, von denen der ältere aus einer früheren Ehe des Vaters stammt, der andere aus der Ehe, aus der auch der Erblasser hervorging, dann erben nach dem Liniensystem die Mutter 1/2, der Bruder und der Halbbruder des Erblassers je zu 1/4. Insofern erben also Halbgeschwister zu gleichen Teilen. Sind dagegen in unserem Fallbeispiel beide Eltern des Erblassers vorverstorben, so gilt:

An die Stelle der Mutter tritt nur der Bruder des Erblassers und nicht auch dessen Halbbruder, denn dieser ist nicht Abkömmling der Mutter. An die Stelle des Vaters treten wiederum Bruder und Halbbruder wie im Ausgangsfall, so daß bei dieser Variante der Bruder des Erblassers 3/4 und der Halbbruder nur 1/4 erbt.

Diese Beispiele zeigen andeutungsweise die Feinheiten des geltenden Systems. Man sollte gerade bei verzwickteren Fällen unbedingt rechtzeitig vor dem Erbfall zur Vermeidung von Überraschungen Rat einholen. Die Sache wird naturgemäß noch komplexer, wenn Erben der dritten, vierten oder ferneren Ordnung zum Zuge kommen. In der Praxis ist dies nicht allzu häufig, und ein Laie wird sich in der Regel schwer tun, hier die im Falle gesetzlicher Erbfolge berufenen Personen vollständig zu ermitteln und die Höhe der Erbteile darüber hinaus richtig darzustellen. Deshalb will ich auf weitere Beispiele verzichten und in diesen Fällen dem Leser dringend nahelegen, den Fachmann aufzusuchen. Für die Frage, ob jemand Erbe werden kann, kommt es nicht auf die Geschäftsfähigkeit an, ebenso nicht auf das Alter. Auch ein Säugling kann erben. Zwingend ist aber, daß der Erbe zum Zeitpunkt des Erbfalles lebt — oder zumindest bereits erzeugt ist und später lebend geboren wird.

Beispiel:

Der Ehemann verstirbt, nachdem er das Kind gezeugt hat, vor dessen Geburt. Das lebend geborene Kind wird Erbe. Hat es keine Geschwister und tritt gesetzliche Erbfolge ein, so erbt es neben der Mutterr 1/2, sofern die Eheleute im gesetzlichen Güterstand der Zugewinngemeinschaft verheiratet waren.

Wer vor dem Erblasser verstorben ist, kann diesen nicht beerben. Kann nicht festgestellt werden, in welcher zeitlichen Reihenfolge mehrere Personen verstorben sind, die sich normalerweise gegenseitig beerben würden, so wird vermutet, daß sie gleichzeitig verstorben sind. In diesem Fall kann dann keine Person die andere beerben. Sterben bei einem Unfall mehrere Familienmitglieder kurz nacheinander oder gleichzeitig, so kann dies also zu völlig unterschiedlichen Ergebnissen hinsichtlich der Frage, wer Erbe in welcher Höhe wird, führen.

Im Rahmen der gesetzlichen Erbfolge ist von großer Bedeutung das gesetzliche Erbrecht des Ehegatten. Neben Verwandten der ersten und zweiten Ordnung und neben den Großeltern des Erblassers wird der Ehegatte nach dem Gesetz Miterbe des Erblassers. Die Höhe seines Erbteils ist unterschiedlich, je nachdem, welche Ordnung zum Zuge kommt. Da das Erbrecht des Ehegatten auch vom Güterstand abhängt, werden die Einzelheiten im folgenden Kapitel ausführlich dargestellt.

4. Das gesetzliche Erbrecht des Ehegatten

Das Bürgerliche Gesetzbuch bestimmt zwar einerseits, daß Ehegatten nicht verwandt sind, andererseits räumt es aber dem Ehegatten des Erblassers nach § 1931 BGB ein gesetzliches Erbrecht ein. Zweck dieser Regelung ist sowohl die Versorgung als auch in gewissem Umfang der Ausgleich des in der Ehe erzielten Vermögenszuwachses.

Neben dem Erbrecht steht dem überlebenden Ehegatten der *Voraus* (§ 1932 BGB) und der *Dreißigste* (§ 1969 BGB) zu. Voraus und Dreißigster stellen gesetzliche Vorausvermächtnisse dar, die dem Ehegatten neben seinem Erbteil zustehen.

Unter dem Dreißigsten versteht man die Verpflichtung des Erben, den Familienangehörigen des Erblassers, die zur Zeit seines Todes mit ihm in häuslicher Gemeinschaft lebten und von ihm Unterhalt bezogen, in den ersten 30 Tagen nach dem Eintritt des Erbfalles diesen Unterhalt wie bisher weiter zu gewähren und die Benutzung der Wohnung und der Haushaltsgegenstände zu gestatten.

Der Voraus des überlebenden Gatten gibt ihm einen Anspruch auf die Haushaltsgegenstände und die Hochzeitsgeschenke, die dem Erblasser gehörten. Soweit Haushaltsgegenstände Zubehör eines Grundstückes sind, fallen sie nicht unter den Voraus. Unter Haushaltsgegenstände sind all die Sachen zu verstehen, die dem gemeinsamen häuslichen Leben der Ehegatten dienten. Ob diese Gegenstände wertvoll oder billig sind, ob sie lebensnotwendig waren oder reiner Luxus, ist rechtlich unerheblich. So fallen auch wertvolle Teppiche, Bilder, antike Möbel u.ä. unter den Voraus. Dies ist den Beteiligten oft unbekannt. Dagegen zählen die Sachen, die dem ausschließlichen persönlichen oder beruflichen Gebrauch des Erblassers dienten, nicht zu den Haushaltsgegenständen im Sinne des Voraus.

Das Recht auf Voraus hat der Ehegatte nur, wenn er gesetzlicher Erbe wird. Schlägt er die Erbschaft aus, kann er keinen Voraus beanspruchen. Gleiches gilt, wenn er durch Verfügung von Todes wegen von der Erbfolge ausgeschlossen ist oder der Erblasser den Voraus durch letztwillige Verfügung ausgeschlossen hat. Auch dann, wenn der Ehegatte testamentarischer oder erbvertraglicher Erbe ist, gibt ihm das Gesetz keinen Anspruch auf den Voraus.

Der Umfang, in dem der Voraus dem Ehegatten zusteht, ist unterschiedlich, je nachdem, ob er neben Kindern des Erblassers erbt — dann können nur die Hochzeitsgeschenke sowie die Gegenstände, die zur Führung eines angemessenen Haushalts benötigt werden, verlangt werden — oder ob er neben Verwandten der zweiten Ordnung oder Großeltern berufen ist — dann steht ihm der Voraus in vollem Umfang zu.

Grundsätzlich tritt das gesetzliche Erbrecht des Ehegatten nur dann ein, wenn er den anderen Ehegatten überlebt und beide bis zum Erbfall in rechtsgültiger Ehe gelebt haben. Die Dauer der Ehe oder ein etwaiges Getrenntleben wegen Ablehnung der ehelichen Lebensgemeinschaft — und zur eventuellen Vorbereitung der Scheidung (vergl. § 1567 BGB) — sind ohne Einfluß. Das Ehegattenerbrecht entfällt aber bei zum Erbfall bestehender Ehe dann, wenn der Erblasser die Scheidung bereits beantragt oder ihr zugestimmt hatte. Dies setzt regelmäßig voraus, daß vor dem Familiengericht ein Scheidungsverfahren zur Zeit des Todes des Erblassers anhängig war und noch keinen Abschluß gefunden hatte. Der Wille, sich scheiden zu lassen und auch die Beauftragung eines Anwaltes, entsprechend tätig zu werden, reichen nicht aus, um das Erbrecht entfallen zu lassen. Im Zweifel kommt es darauf an, ob der Scheidungsantrag vor oder nach dem Todeszeitpunkt bei Gericht anhängig gemacht wurde. Das Gleiche gilt, wenn der Erblasser nach §§ 30 ff Ehegesetz berechtigt war, auf Aufhebung der Ehe zu klagen und diese Klage vor seinem Ableben erhoben worden war.

Selbstverständlich entfällt ein Ehegattenerbrecht dann, wenn die Ehe beim Eintritt des Erbfalls geschieden, aufgehoben oder für nichtig erklärt war. Ebenso scheidet das Ehegattenerbrecht — wie jedes gesetzliche Erbrecht — dann aus, wenn der Ehegatte enterbt wurde, wenn ein Erbverzicht vereinbart wurde oder eine Erbunwürdigkeitserklärung erfolgt ist.

Der Umfang des Ehegattenerbrechts ist in § 1931 BGB dem Grunde nach geregelt. Danach hat der überlebende Ehegatte folgende *Erbquote* zu erwarten:

— neben Verwandten der vierten oder ferneren Ordnung ist er Alleinerbe.
— neben Verwandten der dritten Ordnung ist die Regelung differenziert: sind nur Abkömmlinge von Großeltern vorhanden, so erbt der Ehegatte allein; beim Zusammentreffen allein mit Großeltern erbt er zur Hälfte; treffen mit Großeltern Abkömmlinge von Großeltern zusammen, so erhält der Ehegatte die Hälfte, die ihm auch bei Großeltern zustehen würde und außerdem von der anderen Hälfte den Anteil, der sonst den Abkömmlingen zufallen würde.
— neben Verwandten der zweiten Ordnung erbt der Ehegatte 1/2.
— neben Verwandten der ersten Ordnung erbt er 1/4.

Die dargelegte Grundregel wird durch Besonderheiten modifiziert, die sich nach dem Güterstand richten, in dem die Ehegatten lebten.

Am häufigsten anzutreffen ist die *Zugewinngemeinschaft* als sogenannter gesetzlicher Güterstand. Sie liegt immer dann vor, wenn die Eheleute keine abweichende Güterstandsvereinbarung getroffen haben, was nur durch notariellen Vertrag möglich ist. Abweichend vereinbart werden kann *Gütertrennung* oder *Gütergemeinschaft.*

Bei Vorliegen des gesetzlichen Güterstands der Zugewinngemeinschaft erhöht sich der gesetzliche Erbteil des überlebenden Ehegatten um 1/4 der Erbschaft. Danach erbt der Ehegatte in diesem Fall neben Abkömmlingen zu 1/2, neben Verwandten der zweiten Ordnung oder neben sämtlichen Großeltern zu 3/4. Damit trägt der Gesetzgeber dem Umstand Rechnung, daß bei Beendigung des gesetzlichen Güterstandes durch Tod des Ehegatten die exakte Berechnung des Zugewinns — die im Falle einer Beendigung durch Scheidung vorzunehmen ist — vielfach zu erheblichen Schwierigkeiten führen würde. Deshalb wird dieses Problem dadurch gelöst, daß sich der gesetzliche Erbteil einfach um 1/4 erhöht — sozusagen als pauschale Abgeltung für den Zugewinnausgleichsanspruch.

Der Ehegatte kann die pauschale Abgeltung des Zugewinns vermeiden, wenn er die Erbschaft ausschlägt. Er ist in diesem Fall berechtigt, Zugewinnausgleich nach der güterrechtlichen Lösung des Gesetzes gem. §§ 1372 — 1390 BGB zu verlangen, wird also im Ergebnis so gestellt, wie er auch im Falle der Scheidung hinsichtlich des Zugewinnausgleichs stehen würde. Schlägt er aus, hat er neben dieser Ausgleichsforderung, die aus § 1378 BGB folgt, darüber hinaus gemäß § 2303 noch einen Pflichtanspruch, der sich dann allerdings aus dem normalen Erbteil berechnet und dessen wertmäßige Hälfte ausmacht.

Ob bei einem Erbfall die erbrechtliche oder die güterrechtliche Lösung für den überlebenden Ehegatten günstiger ist, hängt davon ab, wann der Erblasser sein zu vererbendes Vermögen im wesentlichen erworben hat, ob vor oder während der Ehe, und ob der überlebende Ehegatte selbst während der Ehe ebenfalls Vermögen erwarb. Das folgende **Fallbeispiel** soll dies verdeutlichen:

Lulu und Max haben vor 20 Jahren geheiratet. Lulu hatte damals Vermögen von insgesamt 75 000 DM, das sie in die Ehe einbrachte; Max hatte 5000 DM.

Die beiden waren die ersten Jahre nach der Heirat als Angestellte beschäftigt und lebten von dem Verdienst, ohne nennenswerte Beträge zu sparen. Dann wurden die Kinder Sebastian, Simone und Benjamin nacheinander geboren, und Lulu hörte deshalb auf zu arbeiten.

Max wechselte den Job und wurde Handelsvertreter. Er hatte Erfolg und verdiente bald ein Vielfaches seines früheren Gehaltes, so daß er Ersparnisse bilden konnte und vermögend wurde. Dann verstarb er unerwartet, ohne ein Testament zu hinterlegen. Sein Vermögen betrug nach Abzug seiner Schulden 2 500 000 DM, Lulu hatte in ihrem Depot Wertpapiere für 100 000 und Schmuck für 25 000 DM. Sonst hat sie kein Vermögen, da sie den Haushalt führte und keiner Beschäftigung nachging. Sie hat auch keine Schulden.

Das gesetzliche Ehegattenerbrecht von Lulu beträgt 1/2, da sie neben den Kindern — die Erben erster Ordnung sind — erbt. Die Kinder erben je zu 1/6. Lulus Erbteil hat einen Wert von 1 250 000 DM (die Hälfte von 2,5 Mio), die Erbteile der Kinder sind jeweils 416 666,67 DM wert (1/6 von 2,5 Mio).

Schlägt Lulu die Erbschaft aus, so wird sie nicht Erbin, die Erbschaft fällt dann an die 3 Kinder zu je 1/3.

Nach Ausschlagung kann Lulu Ausgleich des Zugewinns nach den güterrechtlichen Regeln des BGB verlangen. Eine Ausgleichsforderung steht ihr zu, wenn der Zugewinn von Max höher ist als ihr eigener.

Berechnung:

	Lulu	Max
Endvermögen	125 000 DM	2 500 000 DM
Anfangsvermögen	— 75 000 DM	— 5000 DM
Zugewinn	50 000 DM	2 495 000 DM

Der Zugewinn von Max übersteigt den von Lulu um 2 445 000 DM (2 495 000 - 50 000). Lulu hat deshalb nach § 1378 BGB eine Ausgleichsforderung in Höhe des halben Überschusses, das sind 1 222 500 DM. Diese Forderung hätte sie auch im Falle einer Scheidung gehabt.

Neben dem Ausgleichsanspruch kann Lulu den Pflichtteil verlangen. Dieser entspricht dem Wert vo 1/8 des Nachlasses, da Lulu gesetzliche 1/4 erbt (ohne Berücksichtigung der Erhöhung ihres Erbteils zum Zwecke des pauschalen Zugewinnausgleichs um ein weiteres Viertel, das hier außer Ansatz bleibt).

Dieser sogenannte kleine Pflichtteil berechnet sich wie folgt:

Nachlaß	2 500 000 DM
— Nachlaßverbindlichkeit (Zugewinnausgleich von Lulu)	11 222 500 DM
verbleiben	1 277 500 DM

Der Pfichtteil beträgt 1/8 aus 1 277 500 DM, so daß Lulu von den Erben aus diesem Grund 159 687,50 DM fordern kann.

Insgesamt kann Lulu von den Erben fordern:

Zugewinnausgleichsanspruch	1 222 500 DM
+ Pflichtteil	159 687,50 DM
Summe	1 382 187,50 DM
Der Wert ihres Erbteils hätte betragen	1 250 000 DM
Vorteil durch Ausschlagung somit	132 187,50 DM

Rein wertmäßig steht Lulu also besser, wenn sie ausschlägt. Sie hat dann aber nur einen Anspruch auf Zahlung einer Geldsumme erworben und ist am Nachlaß nicht beteiligt — sie wird also nicht Miteigentümerin der Nachlaßgegenstände. Sie verliert in diesem Fall der Ausschlagung auch den Anspruch auf das Voraus, d.h. sie kann weder Hochzeitsgeschenke noch die Gegenstände, die sie zur Führung eines angemessenen Haushalts braucht, als gesetzliches Vorausvermächtnis von den Erben fordern.

Man kann dieses Beispiel beliebig verändern und wird dann, wenn man rechnet, feststellen, daß wertmäßig eine Ausschlagung immer uninteressant wird, je mehr sich der Zugewinn von Max verringert oder der von Lulu vergrößert.

Stellt sich für einen Ehegatten die Frage, ob er mit dem gesetzlichen Erbrecht vorlieb nehmen oder die Erbschaft ausschlagen soll, so sollte er unbedingt sachkundige Hilfe in Anspruch nehmen, denn die exakte Ermittlung der Vermögensverhältnisse, die Grundlage für alle weiteren Entscheidungen sein muß, bereitet häufig nicht unerhebliche Probleme. Weiter kann die Ausschlagung und Geltendmachung der Geldansprüche dazu führen, daß die Erben in eine Notlage kommen und den Nachlaß zu billig zerschlagen müssen, um die Ansprüche befriedigen zu können. Die verschiedenen, möglichen Folgen sollten sorgfältig bedacht und abgewogen werden gegen den augenblicklichen, geldwerten Vorteil.

Haben die Ehegatten im Güterstand der Gütertrennung gelebt, was nur aufgrund eines notariellen Vertrages möglich ist, so hat der überlebende Ehegatte lediglich das gesetzliche Erbrecht nach § 1931 und keinen Anspruch auf Zugewinnausgleich. Grund dafür ist, daß bei Gütertrennung immer ein Zugewinnausgleich ausgeschlossen ist. Allerdings gibt es im Falle der Gütertrennung eine Besonderheit, wenn der Ehegatte neben ein oder zwei Kindern des Erblassers zum Erben berufen ist; er und die Kinder erben dann zu gleichen Anteilen, also zu je 1/2 oder zu je 1/3. Dies gilt auch, wenn die Kinder vorverstorben sind und Abkömmlinge an ihre Stelle treten; der Anteil, der dem Vorverstorbenen zustehen würde wenn er den Erbfall erlebt hätte, wird auf seine Abkömmlinge zu gleichen Teilen verteilt. Ansonsten bleibt es, außer wenn Ehegatte und ein oder zwei Kinder erben, bei den allgemeinen, in diesem Kapitel dargestellten Regeln des gesetzlichen Ehegattenerbrechts.

Allgemein wenig bekannt und beachtet wird, daß auch ein nichteheliches Kind des Erblassers bei Gütertrennung nach den dargestellten Grundsätzen erbt und besser als im Falle des gesetzlichen Güterstands gestellt wird. Allerdings wird das nichteheliche Kind nicht Erbe, sondern hat nur einen Erbersatzanspruch, der aber wert- bzw. quotenmäßig der Höhe des Erbteils entspricht und demnach auf 1/2 oder 1/3 der Werte des Nachlasses gerichtet ist.

Hatten die Ehegatten durch notariellen Ehevertrag den Güterstand der Gütergemeinschaft vereinbart, so richtet sich das Erbteil des überlebenden Ehegatten ebenfalls ausschließlich nach den allgemeinen Bestimmungen des Erbrechts, die in diesem Kapitel dargestellt sind. Ein Zugewinnausgleich findet in diesem Fall ebenfalls nicht statt und ist auch entbehrlich, denn nach der güterrechtlichen Regelung dieses Güterstandes gemäß §§ 1416, 1419 BGB steht dem Ehegatten ohnehin ein hälftiger Anteil als Gesamthänder am Gesamtgut der Gütergemeinschaft zu.

Im Falle der *Gütergemeinschaft* ist während der Ehe zwischen drei Vermögensmassen zu unterscheiden, dem

— Gesamtgut;
— Sondergut;
— Vorbehaltsgut.

Nach allgemeinen erbrechtlichen Grundsätzen werden immer das Sonder- und das Vorbehaltsgut vererbt, während sich hinsichtlich des Gesamtgutes die Besonderheit ergeben kann, daß die Ehegatten ehevertraglich die fortgesetzte Gütergemeinschaft nach § 1483 BGB vereinbart haben, was zur Folge hat, daß der Gesamthandsanteil des Erblassers am Gesamtgut nicht in den Nachlaß fällt und deshalb auch nicht vererbt wird.

Ist keine fortgesetzte Gütergemeinschaft vereinbart, so fällt natürlich der hälftige Anteil des Erblassers am Gesamtgut in den Nachlaß und wird nach den dargestellten allgemeinen Regeln vererbt.

Ist fortgesetzte Gütergemeinschaft vereinbart, so bedeutet dies, daß der überlebende Ehegatte die Gütergemeinschaft mit den gemeinsamen Abkömmlingen fortsetzt, gleichgültig ob diese minderjährig oder volljährig, ledig oder bereits verheiratet sind. Eine Auseinandersetzung und Aufteilung der Erbschaft unter den Miterben findet nicht statt. Sinn der fortgesetzten Gütergemeinschaft ist es, dem überlebenden Ehegatten zu ersparen, den gemeinschaftlichen Abkömmlingen ihren Anteil am Gesamtgut sofort herauszugeben. Der überlebende Ehegatte ist alleine zur Verwaltung des Gesamtguts berechtigt. Das Gesamtgut soll als Familienvermögen den Familienmitgliedern erhalten werden; deshalb sollen nicht zur Familie gehörige Personen (z.B. einseitige Abkömmlinge eines Ehegatten) keinen Anteil im Gesamtgut haben (was das Gesetz konstruktiv dadurch erreicht, daß das Gesamtgut nicht in den Nachlaß fällt) sondern — falls erbberechtigt — abgefunden werden. Dies wird vor allem dann bedeutsam, wenn der verstorbene Ehegatte einseitige Abkömmlinge hatte, z.B. Kinder aus einer früheren Ehe. Diese erben so als wenn fortgesetzte Gütergemeinschaft nicht eingetreten wäre und haben einen Auseinandersetzungsanspruch hinsichtlich des Gesamtguts. Eine Auseinandersetzung findet aber dann nicht statt, wenn die einseitigen Abkömmlinge nur ein Pflichtteilsrecht haben oder Vermächtnisnehmer sind — was natürlich eine entsprechende letztwillige Verfügung des Erblassers voraussetzt. Durch entsprechende erb- und güterrechtliche Gestaltung der Verhältnisse kann somit der überlebende Ehegatte eine recht starke Stellung erhalten. Andererseits gibt es natürlich Situationen, in denen eine fortgesetzte Gütergemeinschaft den Interessen der Beteiligten nicht mehr gerecht wird. Deshalb eröffnet § 1492 BGB dem überlebenden Ehegatten die Möglichkeit, jederzeit die Aufhebung der fortgesetzten Gütergemeinschaft zu verlangen. Auch im Falle seiner Wiederverheiratung endet sie kraft Gesetzes. Ebenso bei seinem Tod. Die anteilsberechtigten Abkömmlinge können gegen den überlebenden Ehegatten auf Aufhebung der

Gütergemeinschaft klagen, wenn sich zeigt, daß dieser zu einer ordnungsgemäßen Verwaltung des Gesamtguts unfähig ist oder sein Verwaltungsrecht mißbraucht oder sich anderweitiger erheblicher Pflichtverletzungen gegen sie schuldig macht.

Entsprechend der gesetzlichen Intention, das Familienvermögen zu erhalten, findet sich in § 1490 BGB die Regelung, daß beim Tod eines anteilsberechtigten Abkömmlings sein Anteil am Gesamtgut nicht zu seinem Nachlaß gehört. Dieser Anteil ist unvererblich, so daß über ihn auch nicht im Wege einer Verfügung von Todes wegen verfügt werden kann. Die Erben des verstorbenen Abkömmlings, also z.B. dessen Ehegatte, erhalten vom Anteil am Gesamtgut nichts. Die fortgesetzte Gütergemeinschaft wird vielmehr mit den Abkömmlingen des Verstorbenen fortgesetzt, die im Falle der gesetzlichen Erbfolge als seine Erben berufen wären. So kann es dazu kommen, daß zwischen Oma und Enkelkind fortgesetzte Gütergemeinschaft besteht. War ein Abkömmling beispielsweise verheiratet und hinterläßt keine Kinder, so führt dies aufgrund der gesetzlichen Regelung dazu, daß sein Anteil auf die übrigen anteilsberechtigten Abkömmlinge am Gesamtgut — seine Geschwister — übergeht. Wenn keine Geschwister vorhanden sind, dann geht sein Anteil auf den überlebenden Ehegatten — seinen Vater bzw. seine Mutter — über. Dies zeigt, daß die fortgesetzte Gütergemeinschaft für die Familie des Abkömmlings durchaus gewisse Risiken in sich trägt — der Preis für den Vorteil, ein Vermögen zusammenzuhalten.

Ist die fortgesetzte Gütergemeinschaft aufzuheben, weil die dargelegten Aufhebungsgründe eintreten, so muß das Gesamthandsvermögen auseinandergesetzt werden. Die Auseinandersetzung vollzieht sich zwischen dem überlebenden Ehegatten und den Abkömmlingen oder im Falle des Todes des überlebenden Gatten — der gesetzlicher Auflösungsgrund ist — zwischen den Abkömmlingen. Die Einzelheiten der Auseinandersetzung sind gesetzlich vorgeschrieben (vergl. §§ 1498 ff BGB). Es führte zu weit, sie hier im einzelnen darzustellen.

5. Das gesetzliche Erbrecht bei nichtehelicher Abstammung

Im Verhältnis zur Mutter und demgemäß auch zu den mütterlichen Verwandten ergeben sich hinsichtlich des Erbrechts des nichtehelichen Kindes keinerlei Besonderheiten im Vergleich zur Rechsstellung ehelicher Kinder. Schon nach dem ursprünglichen Text des BGB aus dem Jahr 1900 war das nichteheliche — damals unehelich genannte — Kind mit seiner Mutter verwandt. Anderes galt nur im Verhältnis zum Vater, wo das Gesetz bestimmte, daß keine Verwandtschaft und kein Erbrecht vorliegt. Das Kind ist Erbe erster Ordnung im Falle des Todes der Mutter, umgekehrt erbt die Mutter bzw. bei deren Vorversterben deren Verwandte nach den allgemeinen in Kapitel 3 dargelegten Bestimmungen. Besonderheiten gelten nur im Verhältnis zwischen nichtehelichem Kind und dessen Vater sowie den väterlichen Verwandten. Diese Besonderheiten werden im folgenden darzustellen sein.

Vor Inkrafttreten des Nichtehelichengesetzes waren nichteheliche Kinder mit ihrem Vater nicht verwandt und konnten deshalb diesen nach dem Prinzip des geltenden Erbrechts auch nicht beerben. Die Rechtslage änderte sich zum 1.7.1970, weil zu diesem Zeitpunkt das Nichtehelichengesetz in Kraft trat. Nunmehr ist das Kind zwar auch mit dem Vater und dessen Verwandten verwandt — ebenso wie mit der Mutter — und damit auch erbberechtigt; allerdings hat der Gesetzgeber mit dem zur Regelung dieser Frage ins BGB eingefügten § 1934 a BGB keine absolute Gleichstellung zwischen ehelichem und nichtehelichem Kind herbeigeführt, denn er gewährt kein unmittelbares Erbrecht, sondern nur einen auf Geld gerichteten Erbersatzanspruch. Dieser entspricht allerdings wertmäßig der Höhe des sonst bestehenden gesetzlichen Erbteils.

Der Erbersatzanspruch kann nur dann geltend gemacht werden, wenn die Vaterschaft mit Wirkung für und gegen alle festgestellt ist. Die Feststellung kann durch Anerkennung der Vaterschaft — die zu beurkunden ist — oder durch richterliche Entscheidung (Urteil) erfolgen. Wird die Vaterschaft auf eine entsprechende Klage des Kindes erst nach Eintritt des Erbfalls festgestellt, so steht ihm auch dann der Erbersatzanspruch zu.

Der Erbersatzanspruch gelangt zur Entstehung, wenn folgende Voraussetzungen gegeben sind:

— Tod des nichtehelichen Vaters oder eines väterlichen Verwandten.
— Feststellung der nichtehelichen Vaterschaft.
— Das nichteheliche Kind (bzw. dessen Abkömmlinge) muß nach den allgemeinen Bestimmungen als gesetzlicher Erbe berufen sein; kein Erbersatzanspruch also bei Enterbung oder Erbeinsetzung aufgrund letztwilliger Verfügung des nichtehelichen Vaters.
— Das nichteheliche Kind muß an sich als gesetzlicher Erbe neben ehelichen Abkömmlingen oder dem Ehegatten des Erblassers erben.

Genauso wie das Kind hat umgekehrt auch der Vater bzw. väterliche Verwandte einen Erbersatzanspruch im Falle des Todes des nichtehelichen Kindes. Der Vater bzw. dessen Abkömmlinge gehören zu den Erben zweiter Ordnung; die Großeltern väterlicherseits wären normal Erben dritter Ordnung. Voraussetzungen dieses Erbersatzanspruches sind:

— Tod des nichtehelichen Kindes.
— Feststellung der nichtehelichen Vaterschaft.
— Der Vater (bzw. dessen Abkömmlinge) muß nach den allgemeinen Vorschriften als gesetzlicher Erbe berufen sein.
— Der Vater (bzw. dessen Abkömmlinge) muß an sich als gesetzlicher Erbe entweder neben der Mutter (oder deren Abkömmlinge) oder neben dem Ehegatten des verstorbenen nichtehelichen Kindes als Erbe berufen sein.

Der Erbersatzanspruch — der quotenmäßig dem Wert des Erbteils im Falle der Ehelichkeit entspricht — ist im Erbfall zu berechnen, da er auf eine Zahlung in Geld gerichtet ist.

Vom Aktivwert des Nachlasses sind die Schulden abzuziehen. Weiter kommen in Abzug die Belastungen des Nachlasses aus Pflichtteilsansprüchen, Vermächtnissen, Voraus des Ehegatten, Dreißigster und Auflagen.

Die Bewertung des Nachlasses und die Aufnahme eines Verzeichnisses kann im konkreten Fall Anlaß zu Streit geben, der sich durch die Hinzuziehung von geeigneten Sachverständigen zur Bewertung vermeiden läßt. Solche vereidigten amtlich bestellten Sachverständige können beim Nachlaßgericht oder den Industrie- und Handelskammern in Erfahrung gebracht werden.

Da der Erbersatzanspruch dem Wert des gesetzlichen Erbteils entspricht, müssen die Erbteile zur Berechnung des Anspruchs so festgestellt werden, als ob das nichteheliche Kind Erbe wäre (vergl. die Ausführungen im Beispiel in Kapitel 2).

Der Ersatzanspruch entsteht mit dem Erbfall. Er ist vererblich und übertragbar. Er kann wie ein Vermächtnis angenommen und ausgeschlagen werden.

In der Praxis von großer Bedeutung ist das Recht des nichtehelichen Kindes auf *vorzeitigen Erbausgleich.* Der Gesetzgeber hat diesen Anspruch deshalb in das Gesetz eingefügt, weil er von der Tatsache ausging, daß das nichteheliche Kind in sehr vielen Fällen nicht in die Familie des Vaters eingegliedert ist und deshalb gegenüber ehelichen Kindern in den entscheidenden Lebensjahren des Selbständigwerdens eine Benachteiligung erfährt. In intakten Familien werden eheliche Kinder in der Regel finanzielle Unterstützung zur Gründung einer eigenen Familie oder zum Aufbau einer wirtschaftlichen Existenz erhalten, während bei nichtehelichen Kindern in sehr vielen Fällen die Väter sich schwer tun, hier von sich aus einen Unterstützungsbeitrag zu erbringen. Deshalb ist dem nichtehelichen Kind nach § 1934 d BGB das Recht eingeräumt, vom Vater den vorzeitigen Erbausgleich zu verlangen.

Die Geltendmachung des Rechtes auf vorzeitigen Erbausgleich setzt voraus, daß

— die nichteheliche Vaterschaft mit Wirkung für und gegen alle festgestellt ist (Urteil oder Anerkenntnis),

— und sich das nichteheliche Kind im Alter zwischen 21 und 27 Jahren befindet. Verlangt das Kind nicht in diesem Zeitraum seines Lebens den vorzeitigen Erbausgleich, so geht das Recht verloren.

Der vorzeitige Erbausgleich kann nur dann zustande kommen, wenn er vom Kind verlangt wird; der Vater hat kein Recht, das Kind hierzu zu zwingen. Er kann nur durch Unterbreitung eines günstigen Angebotes versuchen, das Kind dazu zu bewegen, mit dem vorzeitigen Erbausgleich vorlieb zu nehmen.

Wird die Erfüllung des Anspruchs vom Kind in dem gesetzlichen Zeitraum verlangt, so kann der Vater mit dem nichtehelichen Kind in notarieller Urkunde eine freiwillige Zahlung vereinbaren. Ist der Vater zu einer solchen Vereinbarung nicht bereit, so bleibt nur der Weg, den Anspruch vor Gericht einzuklagen, um ihn durchzusetzen. Es ist ratsam, hierzu anwaltliche Hilfe und Beratung in Anspruch zu nehmen, zumal häufig das nichteheliche Kind aufgrund seiner wirtschaftlichen Situation Anspruch auf Gewährung von Beratungs- und Prozeßkostenhilfe haben wird, so daß die anfallenden Gerichtskosten und Anwaltsgebühren von der Staatskasse vorzustrecken sind. Im Falle der Verurteilung im Prozeß fallen dann die Kosten ohnehin dem Vater zur Last.

Das Ausgleichsverlangen des Kindes bis zu seinem 27. Geburtstag führt zum Entstehen eines Anspruchs auf vorzeitigen Erbausgleich, sofern das Verlangen dem Vater rechtzeitig vor Vollendung des 27. Lebensjahres zugegangen ist. Im Streitfall muß das Kind den Zugang des Verlangens beweisen. Der durch das Verlangen entstandene Anspruch verjährt innerhalb von drei Jahren, nachdem das Kind 27 Jahre alt wurde.

Kommt der Erbausgleich aufgrund notarieller Vereinbarung oder durch rechtskräftiges Urteil zustande, so hat dies die Folge, daß alle gesetzlichen Erbberechtigungen zwischen dem Vater und seinen Verwandten einerseits und dem Kind und seinen Abkömmlingen andererseits entfallen. Die erbrechtlichen Verhältnisse sind also so zu beurteilen, als wären Vater und Kind nicht verwandt. Selbst dann, wenn das nichteheliche Kind durch spätere Heirat der Eltern die Stellung eines ehelichen Kindes erhalten sollte, ändert dies am Wegfall des gesetzlichen gegenseitigen Erbrechts nichts. Zuwendungen durch Verfügungen von Todes wegen werden dagegen durch den vorzeitigen Erbausgleich nicht ausgeschlossen.

Die Entscheidung des nichtehelichen Kindes, ob es den vorzeitigen Erbausgleich fordern will, muß also gut bedacht werden, da sie dazu führen kann, daß der Verlust eines sonst wertmäßig erheblich höheren Erbersatzanspruchs eintritt. Das Kind ist deshalb an ein entsprechendes Verlangen nicht gebunden, solange keine notarielle Vereinbarung protokolliert ist, selbst dann nicht, wenn es sich mit dem Vater einig war und die Beurkundung nur noch Formsache wäre. Eine Klage auf vorzeitigen Erbausgleich kann das Kind aus den dargelegten Gründen zurücknehmen, solange kein rechtskräftiges Urteil vorliegt.

Je vermögender der Vater ist, desto intensiver sollte die Entscheidung abgewogen werden. Oft kann ein gewisser finanzieller Mehrbedarf in diesen Fällen über Unter-

haltungsansprüche für einen gewissen Zeitraum gefordert werden, es kommt sehr auf die Umstände des Einzelfalles an, weshalb unbedingt eine sorgfältige Überprüfung der Möglichkeiten durch anwaltliche Beratung erfolgen sollte.
Für seine Entscheidung muß das Kind natürlich wissen, wie hoch der Betrag ist, der ihm im Falle des vorzeitigen Erbausgleichs zusteht. Im Falle einer Vereinbarung kann dieser Betrag selbstverständlich zwischen Kind und Vater frei ausgehandelt werden. Kommt keine Einigung zustande oder will der Vater über einen betimmten, von ihm angebotenen Betrag nicht hinausgehen, so ist zu prüfen, ob das Kind aufgrund des gesetzlichen Anspruchs nach § 1934 d Abs. 2 BGB einen höheren Betrag durchsetzen kann bzw. welcher Betrag im Falle einer klagweisen Geltendmachung erwartet werden kann.
In der Regel bestimmt sich die Höhe des Betrags nach dem durchschnittlichen Jahresunterhalt, der in den letzten fünf Jahren vor der Geltendmachung des Anspruchs bezahlt wurde. Dieser Durchschnittsbetrag wird normalerweise verdreifacht. Er kann aber unter Berücksichtigung der Leistungsfähigkeit des Vaters und der Bedürfnisse des Kindes den Verhältnissen des Einzelfalls angepaßt werden. Dabei darf nach dem Gesetz der Unterhalt für ein Jahr nicht unterschritten und der Betrag für zwölf Jahre nicht überschritten werden.
Im Einzelfall wird bei einer Abweichung vom Regelbetrag zu untersuchen sein, was das nichteheliche Kind im Hinblick auf den Familienstand und die Vermögensverhältnisse des Vaters als Erbersatzanspruch oder zumindest als Pflichtteil zu erwarten hätte. Andererseits gibt es auch Fälle, in denen der Regelbetrag für den Vater unzumutbar ist, etwa dann, wenn er ihn weder aus seinem Vermögen noch aus seinen laufenden Einkünften erbringen kann. Hier wird sich das Kind häufig mit einem geringeren Betrag als dem dreifachen Jahresunterhalt begnügen müssen. Ob Abweichungen vom Regelbetrag nach oben oder nach unten im Falle eines Prozesses durchsetzbar sind, bedarf sorgfältiger Überprüfung durch den Fachmann, zumal in diesem Bereich, ähnlich wie im Unterhaltsrecht, in vielen Fällen eine Orientierung an der Rechtssprechung erfolgen muß.
Oft wird das nichteheliche Kind in den Fällen, in denen es zum Prozeß kommt, keine hinreichenden Informationen über die Vermögenslage des Vaters haben. Die Rechtssprechung hat sich dazu entschieden, dem Kind in diesen Fällen einen Auskunftsanspruch gegen den Vater zu gewähren, der ebenfalls klagweise verfolgt werden kann. Die erteilten Auskünfte müssen es ermöglichen, den Erbersatz- bzw. Pflichtteilsanspruch zu berechnen, damit das Kind abwägen kann, ob es überhaupt den vorzeitigen Erbausgleich fordern und ob und in welchem Umfang es eine Forderung über den Regelbetrag hinaus geltend machen will.

6. Die gewillkürte Erbfolge

Das geltende Erbrecht des BGB hat der gewillkürten Erbfolge den Vorrang vor der gesetzlichen Erbfolge eingeräumt. Das gesetzliche Erbrecht kommt deshalb nur dann zur Anwendung, wenn der Erblasser nicht oder nicht wirksam von Todes wegen verfügt hat. Weiter ist es für die Ermittlung der Pflichtteile von Bedeutung.

Verfügungen von Todes wegen können getroffen werden durch

— *Testament*

— *gemeinschaftliches Testament (nur bei Ehegatten möglich)*

— *Erbvertrag*

— *Erbverzicht.*

Wie im einzelnen darzustellen sein wird, unterscheiden sich diese verschiedenen vom Gesetzgeber zur Verfügung gestellten Formen der Verfügung von Todes wegen zum Teil erheblich voneinander. So kann z.B. jedermann ein Testament errichten, ohne daß er dies nach außen kundtun muß — einfach, indem er ein Blatt Papier handschriftlich mit seinem letzten Willen beschreibt und zum Abschluß seine Unterschrift darunter setzt, während ein Erbvertrag oder ein Vertrag über Erbverzicht nur vor einem Notar abgeschlossen werden kann, da er zu seiner Wirksamkeit der notariellen Beurkundung bedarf.

Ein Testament ist jederzeit frei widerruflich; wenn es sich der Erblasser anders überlegt, kann er jederzeit die eingesetzten Erben ändern. Diese haben keinerlei Möglichkeit, dies zu verhindern.

Dagegen haben bei einem Erbvertrag die Bedachten eine sehr starke Stellung, denn hier ist eine Änderung der Erbeinsetzung nur in eng umgrenzten Ausnahmefällen möglich, oder wenn sich die Beteiligten des Erbvertrags ausdrücklich das Recht zur Änderung bei seinem Abschluß vorbehalten haben.

Das Risiko, die letztwillige Verfügung zur Geltung zu bringen, ist bei einem zu Hause eigenhändig von Hand niedergeschriebenen Testament ungleich höher, als bei einem notariell beurkundeten. Wenn es bei Eintritt des Erbfalls nicht aufzufinden ist, wird es keine Berücksichtigung finden. Personen, die durch das Testament schlechter stehen, als im Falle der gesetzlichen Erbfolge, werden Interesse daran haben, sein Auftauchen zu verhindern — ein Stück Papier ist schnell vernichtet, das Risiko für den Täter praktisch gering, da nahezu immer die Möglichkeit verbleibt, daß der Erblasser ein Testament, das er früher errichtete, wieder selbst aus der Welt geschafft hat, weil er ihm keine Geltung mehr zukommen lassen wollte. Der Erblasser braucht dazu nur das Papier zu zerreißen und wegzuwerfen.

In der Praxis kann man sich häufig auch darüber streiten, ob ein eigenhändiges handschriftliches Testament nun gelten soll oder nur als Entwurf gemeint war. Was passiert, wenn der Erblasser ein solches Testament zum Beispiel in einem Brief niederschreibt — wollte er dann schon rechtsverbindlich testieren, oder hatte er nur

die Absicht, dies anzukündigen. Es wird auf den Einzelfall und seine Umstände ankommen; häufig auch darauf, was findige Juristen aus einem solchen Fall in der Praxis machen.
Was ist von einem handschriftlichen Testament zu halten, dessen Text viele Zusätze und Anmerkungen enthält, von denen im nachhinein nicht mit letzter Sicherheit gesagt werden kann, ob sie vom Erblasser stammen oder in der Absicht der Fälschung von dritter Hand zugesetzt sind.
Wie steht es, wenn plötzlich nach einem Erbfall mehrere Testamente auftauchen, die alle aus der Feder des Erblassers stammen, aber unterschiedliche Inhalte haben, die einander widersprechen. Grundsätzlich gilt dann das zuletzt geschriebene Testament — wenn bei diesem aber das Datum fehlt, wird sich kaum beweisen lassen, daß dies wirklich der „letzte Wille" war.
Nicht selten erheben Verwandte, die sich bei einem Erbfall übergangen oder benachteiligt fühlen, den Einwand, der Erblasser sei bei Niederschrift des Testaments nicht mehr bei Verstand gewesen.

Die Reihe der möglichen Einwände und Probleme läßt sich beliebig fortsetzen. Der Erblasser sollte diesen Risiken Rechnung tragen, gerade dann, wenn ihm daran liegt, daß sein letzter Wille auch tatsächlich vollzogen wird und die Personen, denen er seinen Nachlaß zuwenden will, diesen auch erhalten. Die diesbezüglichen Risiken sind in jeder Hinsicht geringer, wenn fachkundiger Rat eingeholt wird.
Das Erbrecht kennt eine ganze Reihe gesetzlich typisierter Gestaltungsmittel, die dem Erblasser zur Verfügung stehen, um seinen letzten Willen durchzusetzen.
Die wichtigsten sind:

— *Erbeinsetzung, Einsetzung von Ersatzerben, Enterbung;*
— *Vermächtnis, Ersatzvermächtnis, Vorausvermächtnis;*
— *Auflagen;*
— *Vor- und Nacherbschaft;*
— *bedingte Erbeinsetzung, Berliner Testament;*
— *Teilungsanordnung und Teilungsausschuß;*
— *Testamentsvollstreckung;*
— *Pflichtteilsentzug und Pflichtteilsbeschränkung;*
— *Erb- und Pflichtteilsverzicht.*

Neben den erbrechtlichen Gestaltungsmitteln gibt es im Hinblick auf den zu erwartenden Erbfall eine ganze Reihe von Möglichkeiten, durch Rechtsgeschäfte unter Lebenden darauf Einfluß zu nehmen, wie sich die Rechtslage zur Zeit des Erbfalles darstellen wird.
Hier kommen insbesondere folgende Möglichkeiten in Betracht:

— *Abfindung von Erbersatzansprüchen;*
— *Änderung des Güterstandes;*

— Vermögensübergabe im Wege vorweggenommener Erbfolge;
— Vollmacht über den Tod hinaus;
— Schenkungen;
— Vertrag zu Gunsten Dritter auf den Todesfall.

Zur praktischen Ausformung der hier dargestellten Gestaltungsmittel verweise ich auf die Mustertexte in Kapitel 13. Die einzelnen Gestaltungsmittel werden in Kapitel 12 genauer erklärt, und Kapitel 11 wird zeigen, wie ausgehend von verschiedenen beispielhaften Motivationslagen des Testierers unter Einsatz der Geltungsmittel verschiedene Wege zur Realisierung zur Verfügung stehen.

7. Das Testament

Grundsätzlich ist das Recht jeder natürlichen Person, Verfügungen von Todes wegen nach ihrem Belieben zu errichten, zu verändern und aufzuheben durch die sogenannte Testierfreiheit geschützt. Diese Freiheit hat nach dem Willen des Gesetzgebers Vorrang vor dem Prinzip der Familienerbfolge, das dem gesetzlichen Erbrecht — wie dargestellt — zugrunde liegt. Die Testierfreiheit erfährt lediglich über das Pflichtteilsrecht eine Korrektur, da Pflichtteilsansprüche auch durch Verfügungen von Todes wegen nicht ohne weiteres entzogen werden können. Allerdings kommt bei Vorliegen ganz besonderer Voraussetzungen, die im Gesetz abschließend geregelt sind und in Kapitel 12 behandelt werden, auch der Entzug des Pflichtteils in Frage. Daneben und als weitere Grenze wird die Freiheit des Erblassers, zu testieren, wie er will, durch die im Privatrecht geltende allgemeine Grenze des Verbots sittenwidriger Rechtsgeschäfte eingeschränkt. Insbesondere die Frage, wann Erbeinsetzungen und Vermächtnisse zugunsten einer „Geliebten" als sittenwidrig anzusehen und damit nichtig sind, beschäftigt die Praxis immer wieder. Dazu ein **Beispiel**, ausgehend von einem Fall, den der Bundesgerichtshof zu entscheiden hatte (BGHZ 53, 369):

Im Jahre 1965 ist im Alter von 59 Jahren der Erblasser Hans Müller, der in kinderloser Ehe mit Emma Müller verheiratet war, verstorben. Er hatte von 1942 bis zu seinem Tod mit der ebenfalls verheirateten, seit 1964 geschiedenen Frau Carola Meier wie Mann und Frau zusammengelebt. Durch ein formgültiges privatrechtliches Testament vom 8.2.1948 hat der Erblasser Frau Carola Meier zur alleinigen Erbin eingesetzt. Im Testament steht u.a.: „Durch obenstehende Verfügung trage ich an Frau Carola Meier, die mir in schweren Stunden eine Stütze war, eine Dankesschuld ab." Die Ehefrau und die beiden Brüder des Erblassers haben das Testament wegen Sittenwidrigkeit für ungültig gehalten und den Nachlaß für sich beansprucht.

Der Beispielsfall ging durch die Instanzen und wurde vom Bundesgerichtshof dahingehend entschieden, daß zwar in der Enterbung der beiden Brüder kein Verstoß gegen die guten Sitten zu sehen sei; dagegen sei die Enterbung der Ehefrau sittenwidrig und deshalb nichtig. Da nach den Bestimmungen über die gesetzliche Erbfolge die Ehefrau zu 3/4 und die Brüder zu je 1/8 geerbt hätten, behandelte der BGH die Erbeinsetzung zu 3/4 als nichtig, zu 1/4 als wirksam.
Da die Frage, ob und unter welchen Voraussetzungen ein „Geliebtentestament" wegen Verstoßes gegen die guten Sitten nichtig ist im Hinblick auf die sich ständig wandelnde Sexualmoral und wegen der heute immer häufiger anzutreffenden nichtehelichen Lebensgemeinschaften immer mehr Bedeutung erlangt, sollen die maßgeblichen Kriterien der Rechtssprechung, an denen diese die Frage der Sittenwidrigkeit beurteilt, dargestellt werden.

Die Rechtssprechung geht von dem Grundsatz aus, daß letztwillige Zuwendungen auf jeden Fall dann sittenwidrig sind, wenn sie erfolgen, um die Fortsetzung einer ehebrecherischen Beziehung zu fördern oder den Partner für seine geschlechtliche Hingabe zu belohnen. In der Praxis liegt das Problem darin festzustellen, wann diese Voraussetzungen gegeben sind, denn die Motivation stellt sich in der Regel nicht klar und einfach dar, sondern bildet oft ein Konglomerat verschiedener Gesichtspunkte. Diesem Umstand trägt die Rechtssprechung durch eine entsprechende Betrachtung der Verhältnisse Rechnung. So kann die Zuwendung schon dann gültig sein, wenn neben der erotischen Beziehung auch andere, achtenswerte Beweggründe maßgebend für die letztwillige Verfügung waren. Soche Beweggründe könnten beispielsweise Dankbarkeit für die Haushaltsführung oder die Pflege im Krankheitsfall sein. Nach der Rechtssprechung hat derjenige, der die Nichtigkeit der Verfügung von Todeswegen geltend machen will, die Beweislast für das Vorliegen all der Umstände, aus denen sich die Sittenwidrigkeit ergibt. Bleibt im konkreten Fall also im Rahmen der Beweisaufnahme offen, ob die Zuwendung allein die Förderung der ehebrecherischen Beziehungen bezweckte oder daneben auch achtenswerte Motive vorlagen, dann ist von der Gültigkeit der Zuwendung auszugehen.

Geschlechtliche Beziehungen unverheirateter, erwachsener Personen kann man im Hinblick auf die heutige Sexualmoral nicht mehr als sittenwidrig beurteilen. Indes ist auch hier Vorsicht geboten, denn im Hinblick auf die Wertvorstellung des Privatrechts ist wohl damit zu rechnen, daß man auch eine Zuwendung zwischen beiderseitig unverheirateten Personen dann als sittenwidrig einstufen dürfte, wenn sie ausschließlich ein Entgeld für die Gestattung intimer Beziehungen darstellt.

Neben der Motivation kommt es immer auch auf die Auswirkung der Verfügung an, wenn zu beurteilen ist, ob sie sittenwidrig sein kann. Es ist also zu fragen, wer durch die Verfügung zugunsten der bedachten Person in seinem Erbrecht zurückgesetzt wird, in welcher familienrechtlichen und tatsächlichen Beziehung die zurückgesetzte Person zum Erblasser stand und wie sich die Zurücksetzung auf diese Person — etwa aufgrund ihrer wirtschaftlichen Situation — auswirkt. Es sind immer die Umstände des Einzelfalles umfassend zu würdigen und maßgeblich. So kann beispielsweise auch die Enterbung einer entfernteren Verwandten, die ursprünglich als testamentarische Erbin eingesetzt war, deshalb sittenwidrig sein, weil sie den Erblasser lange Jahre aufopfernd gepflegt hat, während die an ihrer Stelle Bedachte kein moralisches Anrecht auf seinen Nachlaßanteil hatte. Andererseits hat der BGH entschieden, daß ein Testament, in dem der Sohn unter der Bedingung zum Erben eingesetzt wurde, daß er sich von seiner ihm untreuen Frau scheiden lasse, nicht sittenwidrig sei. Diese Entscheidung aus dem Jahr 1956 ist meines Erachtens nicht frei von Bedenken (FamRZ 1956, 130).

In der Praxis kommen häufig Fälle vor, in denen der Erblasser aus Motiven, über deren Sittenwidrigkeit man trefflich streiten kann, Erbeinsetzungen vornimmt oder nahe Verwandte von der Erbfolge ausschließt. So der Fall, daß die Tochter enterbt wird, weil der Erblasser Frauen nicht leiden kann, weil ihm die Tochter zu dumm erscheint, weil sie einen Mann geheiratet hat, der ihm nicht paßt, weil sie einer anderen Kirche beigetreten ist oder einen Ausländer geheiratet hat. Gleiches gilt für den Fall, daß ein Kind unter der Bedingung zum Erben eingesetzt wird, daß es keinen Ausländer heiratet oder nicht aus der Kirche austritt. Solche Bedingungen im Rahmen der Erbeinsetzung sind meines Erachtens sittenwidrig, weil durch sie in unzulässiger Weise in die Entschlußfreiheit eingegriffen wird. Der Erblasser darf nicht materielle Vorteile für solche Entschlüsse versprechen, die nach allgemeiner Auffassung frei von Zwang und Beeinflussung Dritter zu treffen sind und bei denen man sich nicht von materiellen Erwägungen leiten lassen soll. Ob die Rechtssprechung diesem Grundsatz immer lupenrein folgt, ist eine andere Frage. Die Frage, ob bei solchen letztwilligen Bedingungen nur die Bedingung nichtig ist und deshalb wegfällt, die Erbeinsetzung dagegen aber bestehen bleibt, oder ob auch die Erbeinsetzung in diesen Fällen entfällt, kann nicht generell mit ja oder nein beantwortet werden. Im Einzelfall ist vielmehr für diese Frage der hypothetische Wille des Erblassers entscheidend, der aus den sonstigen Umständen zu ermitteln ist.

Sind im konkreten Fall Anhaltspunkte gegeben, die Nichtigkeit eines Testaments wegen Sittenwidrigkeit geltend zu machen, so bedarf der Sachverhalt einer sorgfältigen Überprüfung durch rechtskundige Berater. Selbst dann ist oftmals nicht mit Sicherheit vorhersehrbar, welches Urteil am Ende herauskommen wird, da es entscheidend auf das Ergebnis der Beweisaufnahme ankommen kann. Ein Fachmann wird aber sagen können, ob es Sinn hat, mit Aussicht auf Erfolg gegen ein entsprechendes Testament vorzugehen.

Nicht selten wird in der Praxis versucht, eine unliebsame Verfügung von Todes wegen mit dem Einwand zu bekämpfen, der Erblasser sei bei ihrer Errichtung nicht bei Sinnen und Verstand gewesen. Dieser Einwand richtet sich also gegen die Testierfähigkeit des Erblassers.

Die Testierfähigkeit ist eine besondere Art der Geschäftsfähigkeit und ist gesetzlich besonders geregelt (§§ 2229, 2230 BGB). Minderjährige sind mit der Vollendung des 16. Lebensjahres testierfähig. Sie bedürfen zur Errichtung eines Testaments nicht der Zustimmung ihres gesetzlichen Vertreters, können das Testament bis zur Volljährigkeit allerdings nur als öffentliches Testament unter Hinzuziehung eines Notars errichten.

Verlobte oder Ehegatten, die noch nicht volljährig sind, können nicht nur ein Testament, sondern auch einen Erbvertrag wirksam abschließen, wenn der gesetzliche Vertreter zustimmt.

Geschäftsunfähige und Entmündigte können nicht testieren. Dies gilt ab Stellung des Antrags auf Entmündigung.

Wer wegen krankhafter Störung der Geistestätigkeit, wegen Geistesschwäche oder wegen Bewußtseinsstörung (z.B. Trunkenheit) nicht in der Lage ist, die Bedeutung einer von ihm abgegebenen Erklärung einzusehen und nach dieser Einsicht zu handeln, ist selbstverständlich ebenfalls nicht testierfähig. Im Gegensatz zum Fall der Enmündigung muß dieses Testierhindernis nicht permanent bestehen. In lichten Mo-

menten ist Testierfähigkeit gegeben. Insbesondere in den letztgenannten Fällen wird in der Praxis später nach Eintritt des Erbfalls häufig darüber gestritten, ob der Erblasser bei Errichtung des Testaments testierfähig war.
Liegt ein solcher Fall vor, so ist den Beteiligten unbedingt zu raten, vor der Errichtung des Testaments Rat einzuholen. Der Anwalt muß im Rahmen der Beratung mit beurteilen, ob der Beratene die Sachlage erfaßt und überhaupt wirksam testieren kann bzw. ob das Testament späteren Angriffen standhält. Der Anwalt muß neben dem in diesen Fällen meist hinzuziehenden Notar erkennen, ob die betroffenen Erblasser — meist kranke und alte, evtl. sterbende Personen — noch wahrnehmen, daß sie letztwillig verfügen und ob sie sich dabei frei entscheiden können. Insbesondere dann, wenn der Verdacht auf senile Demenz vorliegt, sollten mögliche Zweifel an der Testierfähigkeit durch das Hinzuziehen des behandelnden Arztes aufgeklärt werden. In diesen Fällen täuscht der betroffene — in der Regel betagte — Erblasser über seinen wirklichen Zustand oft, indem er seine Probleme, die Sachlage noch zu erfassen, dadurch überspielt, daß eine vorgetäuschte Fassade freundlicher Kooperationsbereitschaft aufgebaut wird. Ein Prüfstein für die Frage, ob Testierfähigkeit noch zu bejahen ist, wird häufig der Umstand sein, ob der Betroffene noch „nein" zu sagen in der Lage ist. Das kann der erfahrene Berater oder Arzt möglicherweise durch bestimmte, evtl. wechselnde Fragestellungen offenlegen.
Versuche, auf den letzten Willen des Erblassers mit allen möglichen Mitteln Einfluß zu nehmen, sind nicht gerade selten. Der Gesetzgeber hat dieses Problem gesehen und deshalb zur Gewährleistung der Testierfreiheit im Gesetz verschiedene Sicherungen eingebaut. Es geht darum, soweit dies möglich ist, sicherzustellen, daß die Verfügungen von Todes wegen mit dem frei gebildeten Willen des Erblassers übereinstimmen. Um dies zu erreichen wurden insbesondere folgende Regelungen ins Gesetz aufgenommen:

— Testamente sind persönlich zu errichten; eine Stellvertretung ist ausgeschlossen.
— Testamente können jederzeit frei widerrufen werden, ohne daß es dazu einer Begründung des Erblassers bedarf; der testamentarisch Bedachte hat also zu Lebzeiten des Erblassers kein Recht auf die Erbschaft — der Erblasser kann sich alles anders überlegen.
  Soll eine Bindung erreicht werden, so muß man einen Erbvertrag abschließen.
— Angriffe auf die Testierfreiheit des Erblassers, z.B. durch Zwang oder Täuschung, können unter bestimmten Voraussetzungen zur Erbunwürdigkeit und damit zum Ausschluß von der Erbfolge führen.
— Nach Eintritt des Erbfalls kann eine letztwillige Verfügung angefochten werden, wenn der Erblasser zu ihr durch Zwang, Drohung oder Irrtum veranlaßt worden ist.
— Vertragliche Verpflichtungen, eine Verfügung von Todes wegen zu errichten, nicht zu errichten, aufzuheben oder nicht aufzuheben sind nichtig.

Obwohl die Errichtung eines Testaments durch den Erblasser persönlich erfolgen muß und die Stellvertretung ausgeschlossen ist, gibt es doch eine Reihe von Fällen, in denen durch die entsprechende Gestaltung des Textes eines Testaments einem Dritten ein gewisses Bestimmungsrecht eingeräumt wird. So geht die Rechtsprechung schon seit langem davon aus, daß der Erblasser nicht unbedingt gezwungen ist, die Erben namentlich zu nennen; es genüge vielmehr, wenn der Erblasser einen begrenzten Kreis von Personen bezeichne, aus denen der Erbe nach bestimmten, sachlichen Gesichtspunkten durch einen Dritten ausgewählt werden soll. Allerdings muß der Personenkreis so eng begrenzt und die Gesichtspunkte für die Auswahl so genau festgelegt sein, daß für eine Willkür des Dritten keine Möglichkeit bleibt. Der BGH vertritt die Auffassung, daß die Angaben des Erblassers so genau sein müssen, daß dadurch die Bezeichnung des Bedachten für jede sachkundige Person objektiv bestimmbar ist. Wo hier im Einzelfall die Grenze verläuft, kann problematisch werden; ich rate daher dazu, nach Möglichkeiten den sicheren Weg zu gehen und das Bestimmungsrecht eines Dritten nur in sehr engen Grenzen einzuräumen.

Hinsichtlich der Arten des Testaments unterscheidet man das

— *öffentliche Testament*

und das

— *privatschriftliche, eigenhändige Testament*

hinsichtlich der Art der Errichtung. Daneben gibt es als besondere Typen die sog. *Nottestamente,* nämlich das

— *Nottestament vor dem Bürgermeister,*
— *Seetestament,*
— *Dreizeugentestament.*

Das *öffentliche Testament* wird in der Regel durch Erstellen einer entsprechenden Urkunde durch den Notar errichtet. Das Gesetz sagt zwar in § 2232 BGB, daß der Erblasser seinen letzten Willen mündlich zur Urkunde des Notars erklären könne, in der Praxis geht dieser Erklärung aber in aller Regel die Beratung durch den beurkundenden Notar voraus, der dann einen Entwurf der geplanten Verfügung fertigt. Dieser Entwurf ist im Rahmen der Beurkundung entweder vom Erblasser mündlich zu erklären, oder aber der Notar liest ihn dem Erblasser vor, und dieser bestätigt bei den einzelnen Verfügungen durch „Ja", daß sie seinem Willen entsprechen. Die Einzelheiten des Verfahrens, die der Notar beachten muß, ergeben sich im wesentlichen aus dem Beurkundungsgesetz. Von wichtiger Bedeutung für die Praxis sind folgende Pflichten des Notars:

— Feststellung der einwandfreien Identität des Erblassers.
— Ablehnen der Beurkundung, wenn nach der Überzeugung des Notars die erforderliche Testierfähigkeit beim Erblasser fehlt.
— Die Wahrnehmungen des Notars über die Testierfähigkeit sind in der Urkunde zu vermerken.
— Der Notar muß den Willen des Erblassers durch Befragen erforschen und abklären; er muß den Erblasser beraten.

— Fertigung einer Niederschrift über den Beurkundungsvorgang, die vom Notar dem Erblasser vorzulesen ist und von diesem genehmigt werden muß.
— Eigenhändige Unterschrift des Erblassers und des Notars unter der Niederschrift.

Nach Erstellen der Niederschrift soll das Testament in einem versiegelten Umschlag verschlossen werden. Auf dem Umschlag soll der Notar die Person des Erblassers bezeichnen und den Zeitpunkt der Testamentserrichtung angeben. Danach muß das Testament unverzüglich in amtliche Verwahrung beim zuständigen Amtsgericht gebracht werden. Nach dem Tod des Erblassers wird das so errichtete Testament vom Nachlaßgericht in einem besonderen Termin eröffnet.

Neben der vorstehend dargelegten Form der Errichtung eines öffentlichen Testaments gibt es weiter die Möglichkeit, daß der Erblasser sein Testament selbst formuliert — eventuell auch unter Mithilfe und Beratung durch einen Rechtsanwalt — und sodann persönlich den Notar aufsucht (auch hier ist eine Stellvertretung vom Gesetz ausgeschlossen) und diesem die Schrift verbunden mit der Erklärung übergibt, es handle sich um sein Testament. Dabei spielt es keine Rolle, ob diese Schrift unterschrieben ist oder nicht, es ist auch völlig unwichtig, wer diese Schrift gefertigt hat. Die Schrift kann nicht nur offen, sondern auch verschlossen übergeben werden. In diesem Fall muß sie verschlossen bleiben. Der Notar kann zwar den Erblasser nach dem Inhalt fragen, er hat aber keinerlei Möglichkeit, vom Erblasser die Preisgabe des Inhalts oder sonstige Auskünfte zu verlangen, sondern er muß sich mit der Erklärung des Erblassers begnügen, die Schrift enthalte seinen letzten Willen und hat über die Tatsache eine Niederschrift zu fertigen, die zu beurkunden ist. Danach ist die Schrift zusammen mit der Urkunde in amtliche Verwahrung zu nehmen. Auf diese Weise wird es dem Erblasser ermöglicht, auch beim notariellen Testament den Inhalt bis zu seinem Tode geheimzuhalten.

Im Gegensatz zum öffentlichen (notariellen) Testament steht das *eigenhändige (privatrechtliche) Testament.* Es kann vom Erblasser allein ohne Hinzuziehung anderer Personen jederzeit durch eigenhändige Niederschrift erstellt werden. Es verursacht — im Gegensatz zum öffentlichen Testament — keine Kosten.

Andererseits liegt bei dieser Testamentsform die Möglichkeit der Fälschung, der unbefugten Vernichtung oder der Unauffindbarkeit beim Eintritt des Erbfalls besonders nahe. Auch Bedenken hinsichtlich der Testierfähigkeit können bei dieser Form häufiger vorkommen und sind dann oftmals ungleich schwerer zu widerlegen als bei öffentlicher Beurkundung des Testaments.

Wer minderjährig und testierfähig — also zwischen 16 und 18 Jahren alt — ist, kann ein eigenhändiges Testament nach den gesetzlichen Bestimmungen nicht errichten, wohl aber ein öffentliches vor dem Notar.

Die Eigenhändigkeit erfordert, daß der gesamte Text des Testamentes einschließlich der Unterschrift vom Erblasser selbst von Hand niedergeschrieben wird. Die Eigenhändigkeit soll es ermöglichen, aufgrund der individuellen Züge, die die Handschrift jedes Menschen aufweist, die Echtheit des Testaments zu überprüfen. In der Praxis spielen Sachverständigengutachten zu Handschriften (Schriftvergleich) eine erhebliche Rolle, wenn nach Eintritt des Erbfalls bestritten wird, daß das Testament vom Erblasser stammt. Deshalb müssen die Schriftzeichen selbst unbedingt mit der Hand gefertigt sein — eine Niederschrift mit der Schreibmaschine ist ungültig. Dagegen spielt es keine Rolle, mit welchem Schreibgerät (Kugelschreiber, Feder, Bleistift u.ä.) geschrieben wird, in welcher Sprache und Schriftart (auch Stenographie ist zulässig) und auf welchem Material. Eine Bezugnahme in einem handschriftlichen Testament auf einen anderen, nicht vom Erblasser selbst niedergeschriebenen Text, ist nicht zulässig und führt zur Unwirksamkeit der Bezugnahme, je nachdem, wie der Sachverhalt liegt, eventuell sogar zur Unwirksamkeit des gesamten Testaments. Ebenso ist selbstverständlich ein Testament dann nicht eigenhändig, wenn ein anderer dem Erblasser die Hand zum Schreiben geführt hat oder wenn der Erblasser nicht lesen und schreiben konnte. Auch Blindenschrift ist ungültig. Hier bleibt nur der Weg zum Notar, um ein öffentliches Testament zu errichten.

Im privatrechtlichen, eigenhändigen Testament muß das Wort „Testament“ oder ein ähnlicher Ausdruck nicht unbedingt vorkommen. Es genügt für die Wirksamkeit, wenn aus dem Text zu entnehmen ist (Auslegung im Zweifelsfalle), daß der Erblasser eine letztwillige Verfügung treffen wollte. Auch dies ist in der Praxis zuweilen streitig; immer wieder kommt der Einwand, das „Testament“ sei nur ein Entwurf oder die Ankündigung der Absicht des Erblassers gewesen, demnächst ein „Testament“ errichten zu wollen. Der Erblasser tut deshalb gut daran, seinen letzten Willen nicht unbedingt in den Text eines Briefes einzubauen oder ihn seinem Tagebuch anzuvertrauen, wenn er nicht die Bedachten dem Risiko aussetzen will, daß eingewandt wird, es habe sich nur um Vorüberlegungen des Erblassers gehandelt, es habe der Testier- und Rechtsgeltungswille beim Erblasser gefehlt.

Das Testament muß vom Erblasser eigenhändig unterschrieben sein; in der Regel mit voll ausgeschriebenem Vor- und Zunamen. Die Unterschrift sol dazu dienen, die Echtheit und Vollständigkeit des Testaments darzustellen und es von Entwürfen abzugrenzen. Sie muß daher — wie ihr Name sagt — als Unterschrift unter dem Text stehen: nicht über dem Text und nicht irgendwo im Text. Probleme bereiten in der Praxis Fälle, in denen der Erblasser das Testament — vermutlich nach der ursprünglichen Niederschrift — mit Zusätzen versehen hat, die er nicht erneut gesondert unterschrieb. Die Rechtssprechung hält eine erneute Unterschrift dann nicht für erforderlich, wenn der nachträgliche Zusatz durch die alte Unterschrift räumlich gedeckt ist — also praktisch im alten Text über der Unterschrift steht. Es kann in dieser Konstellation im Einzelfall schwer sein zu klären, ob der Zusatz von der Hand des Erblassers stammt, ein Risiko für die Wirksamkeit nachträglicher Zusätze, weshalb von diesen abzuraten ist. Verfügt der Erblasser durch Zusätze etwas völlig neues, was mit den im alten Text getroffenen Bestimmungen in keinem vernünftigen Zusammenhang steht, so riskiert er ebenfalls, daß diese Zusätze ohne Wirkung sind, da der Formmangel einer Unterschrift unter die letztwillige Verfügung vorliegt. Man sollte hier kein Risiko eingehen — zumal ein handschriftliches, eigenhändiges Testament oft leicht erneut geschrieben werden kann und keine Kosten verursacht. Schließlich soll der Erblasser im Testament angeben, wann (Datum) und wo (Ort) er die Erklärung niedergeschrieben hat. Das Fehlen dieser Angaben für sich alleine führt aber noch nicht zur Unwirksamkeit des Testaments. Fehlen die Angaben, so können sich aber dann Probleme ergeben, wenn nach Eintritt des Erbfalls mehrere Testamente auftauchen die sich inhaltlich widersprechen und nicht feststellbar ist, welches Testament zuletzt errichtet wurde. Nach dem Gesetz hat die neuere Verfügung — also das zuletzt geschriebene Testament — den Vorrang.

Auch beim eigenhändig geschriebenen Testament hat der Erblasser jederzeit die Möglichkeit, dieses in amtliche Verwahrung beim Amtsgericht zu geben. Er kann es dadurch vor Verlust und Verfälschung schützen, ohne daß ihm nennenswerte Kosten entstehen. Notwendig ist diese Verwahrung jedoch nicht, um dem Testament Gültigkeit zu verleihen.

Da Testamente jederzeit vom Erblasser frei widerrufen werden können und ein Verzicht auf das Widerrufsrecht rechtlich unwirksam ist, kann auch nicht gesagt werden, daß öffentliche Testamente vor privatrechtlichen Vorrang hätten. Hat der Erblasser zur Urkunde des Notars testiert und überlegt er sich die Sache danach anders, nimmt im Kämmerlein Papier und Feder und schreibt mit seiner Hand ein neues Testament, so ist dieses gültig und das notarielle ohne jede Wirkung. Wichtig ist nur, daß zweifelsfrei festgestellt werden kann, daß das handschriftliche Testament bei unserem Beispiel nach dem notariellen geschrieben wurde.

Der Widerruf eines Testamentes kann erfolgen durch

- Widerrufstestament;
- Rücknahme eine notariellen Testaments aus der amtlichen Verwahrung;
- Vernichtung des Testaments, in der Absicht es aufzuheben;
- Errichtung eines neuen Testaments, das mit dem älteren sachlich unvereinbar ist.

In Zweifelsfällen empfehle ich zur Klarstellung bei der Errichtung eines neuen Testaments in den Text aufzunehmen, daß frühere Verfügungen durch das neue Testament ihre Gültigkeit verlieren. Dieser Zusatz kann nicht schaden, aber helfen, nach Eintritt des Erbfalls Zweifel und Streit zu verhindern.

An der freien Widerruflichkeit des Testaments ändert sich auch dann nichts, wenn der Erblasser einem Dritten den Inhalt des Testaments mitgeteilt oder ihm gar die Erbeinsetzung versprochen hat. Will der Dritte sicher gehen, dann muß er auf den Abschluß eines Erbvertrages bestehen, da nur ein Erbvertrag ohne Zustimmung des Bedachten nicht widerrufen werden kann. Häufig werden im Hinblick auf die Erbeinsetzung besondere Leistungen zugunsten des Erblassers während dessen Lebzeit erbracht; z.B. Aufnahme im Haushalt und aufopfernde Pflege. Waren sich Leistender und Erblasser darüber wenigstens stillschweigend einig, daß die Leistung auf eine spätere Erbeinsetzung abzielte, so steht dem Leistenden ein bereicherungsrechtlicher Anspruch wegen Nichteintritt des mit der Leistung verfolgten Zwecks zu, wenn er nicht Erbe wird. Dieser Anspruch richtet sich als Nachlaßverbindlichkeit

gegen die Erben. Er geht auf Rückübertragung bzw. Wertersatz hinsichtlich der im Hinblick auf das erwartete Erbe vergeblich erbrachten Leistungen.
Hat der Erblasser Grundstücke, so bietet die Errichtung eines notariellen (öffentlichen) Testaments den Vorteil, daß nach Eintritt des Erbfalls kein Erbschein zur Umschreibung des Grundeigentums dem Grundbuchamt vorgelegt werden muß; dies nimmt die erforderliche Grundbuchberichtigung vielmehr bei Vorlage des Testaments vor, so daß den Erben in diesen Fall die Kosten und der zeitliche Aufwand des Erbscheinverfahrens erspart bleiben.

Die oben erwähnten *Nottestamente* spielen in der Praxis kein große Rolle, sollen aber wie folgt kurz dargestellt werden:

— *Bürgermeistertestament*
  Besteht die Gefahr, daß der Erblasser verstirbt, bevor die Errichtung des Testaments vor dem Notar möglich ist, so kann das Testament durch Erklärung vor dem Bürgermeister errichtet werden. Dieser muß zwei Zeugen hinzuziehen und eine Niederschrift fertigen.
— *Dreizeugentestament*
  Befindet sich der Erblasser an einem „abgesperrten" Ort oder ist es wegen akuter Todesgefahr nicht möglich, den Bürgermeister hinzuzuziehen, so kann der Erblasser das Testament auch durch mündliche Erklärung vor drei privaten Zeugen errichten.
— *Seetestament*
  Auch ohne besondere Gefahrenlage kann während einer Seereise auf einem Schiff unter deutscher Flagge ein Testament dadurch errichtet werden, daß der Erblasser seinen letzten Willen vor drei privaten Zeugen erklärt.

Bei allen Nottestamenten ist zu beachten, daß sie nur zeitlich eingeschränkt gelten. Ihre Gültigkeit ist auf drei Monate begrenzt. Das bedeutet, daß das Testament als nicht errichtet betrachtet wird, wenn der Erblasser drei Monate nach seiner Errichtung noch lebt.

8. Das gemeinsame Ehegattentestament

Im Rahmen der ehelichen Lebensgemeinschaft wollen die Gatten nicht selten durch aufeinander abgestimmte Verfügungen von Todes wegen die Sach- und Rechtslage gemeinsam gestalten um sicherzustellen, daß sich die Verhältnisse beim Ableben eines Ehegatten in gemeinsam besprochenen und geplanten Bahnen weiterhin entwickeln. Das Gesetz trägt diesem Umstand Rechung, indem es für die Ehegatten — und nur für sie — die Möglichkeit der Errichtung eines gemeinschaftlichen Testaments vorsieht (§ 2265 BGB).

Nur Ehegatten — und nicht etwa auch Verlobte oder Verwandte — können ein solches gemeinschaftliches Testament errichten; seine Wirksamkeit ist an den Bestand der Ehe beim Tode des ersten Ehegatten geknüpft. Wird die Ehe geschieden, so hat dies zur Folge, daß das gesamte gemeinschaftliche Testament — so z.B. auch die gemeinsame Erbeinsetzung von Kindern — unwirksam wird. Nur solche Verfügungen, von denen anzunehmen ist, daß sie auch für den Fall der Scheidung so getroffen worden wären, können wirksam bleiben. Solche Verfügungen sind die Ausnahme und kommen praktisch sehr selten vor, so daß man aus Gründen der Klarheit und Sicherheit besser nach einer Scheidung die entsprechenden Verfügungen erneut trifft, um ihre Wirksamkeit zweifelsfrei sicherzustellen.

Für die Form des gemeinschaftlichen Ehegattentestaments gelten die allgemein vorgeschriebenen Regeln, wie sie bei Testamenten anzuwenden sind. Eine notarielle Beurkundung ist möglich, aber nicht notwendig. Auch ein handschriftliches (privatrechtliches) Testament ist ohne weiteres wirksam, wenn der Text von einem Ehegatten handschriftlich niedergeschrieben und unterschrieben wurde und der zweite Ehegatte den Text ebenfalls unterschreibt. Ein Beispiel für ein solches gemeinschaftliches Ehegattentestament findet sich auf der folgenden Seite.

In unserem Beispielsfall haben sich die Ehegatten nach der Vorschrift des § 2269 BGB (Berliner Testament) gegenseitig als alleinige Erben eingesetzt, während erst nach dem Tode des Überlebenden die gemeinsamen Abkömmlinge zum Zuge kommen. Der überlebende Ehegatte wird vorliegend uneingeschränkter Erbe des erstversterbenden Ehegatten, der Nachlaß fällt voll ins Vermögen des überlebenden Ehegatten, während die Kinder bei Ableben des zuerst versterbenden Elternteils aufgrund des Testaments kein Erbrecht haben.

Es sollte nicht verkannt werden, daß die vollständige Verschmelzung des Nachlasses mit dem Eigenvermögen des überlebenden Ehegatten diesem zwar einerseits eine recht starke Stellung einräumt, andererseits aber zu Lasten der gemeinsamen Abkömmlinge gehen kann, besonders dann, wenn ein langer Zeitraum zwischen dem Versterben der beiden Elternteile liegt, in dem sich die Verhältnisse verändern können. Problematisch kann das Modell auch dann — vor allem für Kinder — werden, wenn sich der Überlebende Ehegatte entschließen sollte, wieder zu heiraten.

Beispiel für ein gemeinschaftliches Ehegattentestament

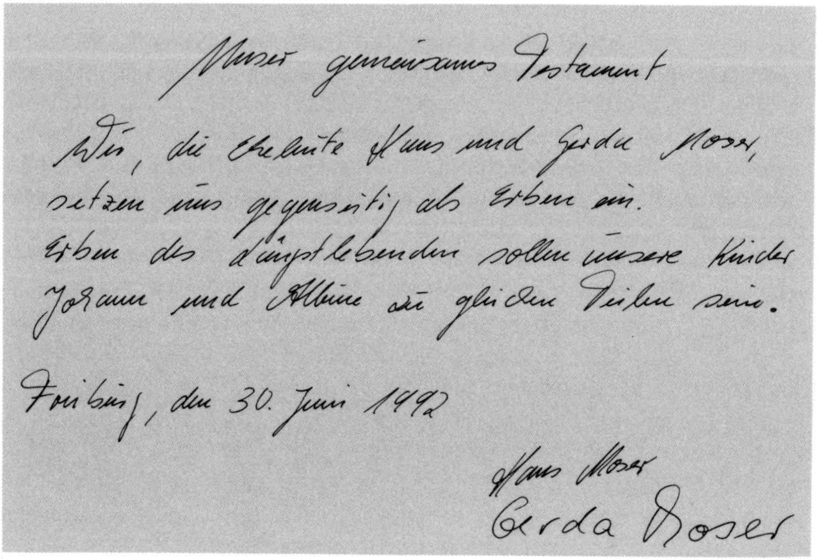
Unser gemeinsames Testament

Wir, die Eheleute Hans und Gerda Moser,
setzen uns gegenseitig als Erben ein.
Erben des Längstlebenden sollen unsere Kinder
Johann und Albine zu gleichen Teilen sein.

Freiburg, den 30. Juni 1992

Hans Moser
Gerda Moser

Die Kinder sind in unserem Beispiel (Berliner Testament) für den ersten Erbfall durch die getroffene letztwillige Verfügung enterbt. Es bleibt ihnen nur die Möglichkeit, ihr Pflichtteil geltend zu machen — was auch nur innerhalb von drei Jahren ab dem Erbfall möglich ist. Um nach Möglichkeit zu verhindern, daß dieser Pflichtteilsanspruch geltend gemacht wird, verwendet man zum Teil die testamentarische Klausel, daß die Abkömmlinge, wenn sie beim ersten Erbfall den Pflichtteil verlangen, auch beim zweiten Erbfall nur den Pflichtteil erhalten sollen.
Will man die Position der Kinder stärken, so besteht die Möglichkeit, daß sich die Ehegatten gegenseitig zu alleinigen Vorerben und die Kinder zu gemeinsamen Nacherben einsetzen. Diese Lösung hat zur Folge, daß sich Nachlaß und Eigenvermögen der Gatten beim ersten Erbfall nicht verschmelzen, sondern als separate Vermögensmassen nebeneinander bestehen bleiben und die Kinder als Nacherben bereits einen gesicherten Anspruch auf den Nachlaß des zuerst verstorbenen Elternteils haben, da der überlebende Ehegatte über diesen Nachlaß nicht mehr alleine umfassend oder gar gegen die Kinderverfügen kann. Werden die Kinder zu Nacherben eingesetzt, so haben sie darüber hinaus keine Möglichkeit, den Pflichtteil geltend zu machen — es sei denn, die Einsetzung zum Nacherben wird ausgeschlagen.
In einem gemeinschaftlichen Ehegattentestament können alle Arten zulässiger letztwilliger Verfügung getroffen werden. Daneben gibt es die Möglichkeit, sogenannte *wechselbezügliche Verfügungen* zu treffen. Das sind Verfügungen, von denen an-

zunehmen ist, daß der eine Ehegatte sie nur getroffen hat, weil auch der andere Ehegatte eine bestimmte Verfügung traf. Nur Erbeinsetzungen, Vermächtnisse und Auflagen können als wechselbezügliche Verfügung getroffen werden. Ein gemeinschaftliches Testament braucht keine wechselbezügliche Verfügungen zu enthalten — es ist nur möglich, sie bei Bedarf aufzunehmen. Im Zweifel ist Wechselbezüglichkeit z.B. dann anzunehmen, wenn sich die Ehegatten gegenseitig bedacht haben und die gemeinsamen Kinder zu Erben des Längstlebenden einsetzen.

Da die wechselbezüglichen Verfügungen nach dem Willen der Ehegatten in besonders engem Maße miteinander verknüpft sind, bestimmt das Gesetz, daß die Nichtigkeit oder der Widerruf der einen Verfügung jeweils die Unwirksamkeit der anderen Verfügung zur Folge hat.

Es ist klar, daß Verfügungen in einem gemeinschaftlichen Testament — soweit sie nicht wechselbezüglich sind — jederzeit frei widerrufen werden können; z.B. durch Widerrufstestament oder durch eine inhaltlich widersprechende neue Bestimmung des letzten Willens.

Komplizierter wird es, soweit es um den *Widerruf* von wechselbezüglichen Verfügungen geht. Soll dieser Widerruf zu Lebzeiten beider Ehegatten erfolgen, so ist dies durch entsprechende Erklärung möglich, wobei hierfür die Regeln beachtet werden müssen, die sonst im Falle des Rücktritts von einem Erbvertrag zur Anwendung gelangen. Es ist also erforderlich, daß eine entsprechende Widerrufserklärung notariell beurkundet und danach in Ausfertigung dem anderen Ehegatten zugestellt wird, damit die wechselbezügliche Verfügung durch Widerruf rechtswirksam zum Wegfall kommt.

Verstirbt einer der Ehegatten, so erlischt damit das Recht des anderen Ehegatten, seine wechselbezüglichen Verfügungen zu widerrufen. Dies hat seinen Grund darin, daß die Verfügungen in gegenseitigem Vertrauen auf ihren Bestand getroffen worden sind. Durch die Bindung sind alle neuen testamentarischen oder erbvertraglichen Anordnungen ausgeschlossen, die die getroffene wechselbezügliche Verfügung ganz oder teilweise beeinträchtigen würden.

Allerdings bleibt dem überlebenden Ehegatten bei Eintritt des ersten Erbfalls für den Fall, daß er selbst bedacht ist, noch die Möglichkeit, das ihm Zugewendete auszuschlagen, um damit seine Widerrufsfreiheit zurückzugewinnen. Weiter hat der überlebende Gatte in engen Grenzen die Möglichkeit der Änderung, wenn die wechselbezüglich Bedachten sich schwerer Verfehlungen schuldig machen (§ 2294 BGB) oder gar Gründe vorliegen, die es rechtfertigen den Pflichtteil zu entziehen (§ 2336 BGB).

Problematisch sind die Fälle der Beeinträchtigung der wechselbezüglichen Verfügungen durch Rechtsgeschäft unter Lebenden. Testamentarische Verfügungen hindern den Erblasser nicht zu seinen Lebzeiten, über sein Vermögen nach seinem Belieben zu verfügen. So kann er — obwohl er Erben eingesetzt hat — selbstverständlich zu Lebzeiten ohne weiteres auch sein Vermögen anderweitig verschenken, mit der Folge, daß in diesem Fall die Erben leer ausgehen. Dies ist grundsätz-

lich hinzunehmen und rechtlich auch unbedenklich, denn wenn der Erblasser — wie wir gesehen haben — sein Testament jederzeit frei widerrufen oder ändern kann, dann muß es ihm erst recht möglich sein, mit seinem Vermögen so zu schalten und zu walten, wie er will. Anders ist es aber, wenn es sich um wechselbezügliche Erbeinsetzungen oder Vermächtnisse handelt; hier waren zu Lebzeiten beider Gatten diese davon ausgegangen, daß es bei den abgesprochenen Zielen — die Motivation für die getroffenen wechselbezüglichen Erbeinsetzungen waren — bleibt. Wenn jetzt nach dem Ableben des einen Gatten der Überlebende plötzlich wesentliche Teile seines Vermögens verschenkt, etwa weil er die eingesetzten Schlußerben nicht mehr leiden kann und sein Vermögen nun anderen Personen zukommen lassen will, so besteht die Gefahr, daß das Ehegattentestament ausgehöhlt wird.
Dieses Risiko der Aushöhlung muß in gewissem Umfang hingenommen werden, denn grundsätzlich hindert auch die Bindung an eine Verfügung von Todes wegen nichts am freien Verfügungsrecht unter Lebenden. Allerdings kann bei einer Schenkung in Beeinträchtigungsabsicht den beeinträchtigten Erben gegen den Beschenkten ein Herausgabeanspruch nach § 2287 BGB zustehen; ebenso im Falle eines Vermächtnisses dem Vermächtnisnehmer, der durch die Verfügung sonst leer ausgehen würde. Allerdings hat der Beeinträchtigte die Beweislast für die entsprechende Schenkung, so daß insbesondere dann, wenn zwischen Schenkung und Erbfall ein erheblicher Zeitraum liegt, nicht selten Beweisprobleme bestehen. Hinzu kommt, daß sich z.B. Geldgeschenke später kaum nachvollziehen und beweisen lassen, wenn sie in bar vollzogen wurden. Auch wenn Immobilienvermögen zu einem äußerst günstigen, aber eben noch zu vertretenden Preis verkauft wird, werden die dadurch Benachteiligten eine solche Benachteiligung schwerlich nachweisen können; ein findiger Mensch wird ohnehin sein Vermögen, das er an den Schlußerben vorbeibringen will, zunächst versilbern, um es dann möglichst spurenlos auf seine Favoriten zu übertragen.
Soll das Risiko der Aushöhlung vermieden werden, so sollte die Konstruktion über die Einsetzung von Vor- und Nacherben gewählt werden, weil der Erblasser damit zumindest sicherstellen kann, daß das von ihm stammende Vermögen im wesentlichen erhalten bleibt und den Nacherben auch zugute kommt.
Schließlich ist darauf hinzuweisen, daß der überlebende Ehegatte wechselbezügliche Verfügungen anfechten kann, wie dies auch im Falle des Vorliegens eines Erbvertrags möglich wäre. Solche Anfechtungen kommen in Frage bei Irrtum oder Bedrohung sowie bei Übergehen eines Pflichtteilsberechtigten.
In gemeinschaftlichen Ehegattentestamenten finden sich in der Regel sog. Wiederverheiratungsklauseln. Oft wird vorgesehen, daß der Überlebende Ehegatte im Falle seiner Wiederheirat das Alleinerbrecht verliert und sich nach einer bestimmten Quote — oder auch auf der Grundlage des gesetzlichen Erbrechts — mit den gemeinsamen Abkömmlingen auseinandersetzen muß, also an die Kinder den Nachlaß ganz oder teilweise herauszugeben hat. Sinn dieser Klauseln ist das durchaus verständliche Motiv, den Kindern ihren Anteil am Nachlaß des verstorbenen Ehe-

gatten zu sichern, weil sie möglicherweise im Falle einer Wiederverheiratung vernachlässigt werden könnten und auch die Gefahr nicht zu übersehen ist, daß eine Schmälerung des Nachlasses zugunsten des neuen Ehepartners und etwaiger Kinder aus der neuen Ehe eintreten könnte. Eine Wiederverheiratungsklausel der vorstehend dargelegten Art ist ohne weiteres zulässig und rechtswirksam.
Tritt der Fall der Wiederheirat ein, so hat dies zur praktischen Folge, daß zu diesem Zeitpunkt die Abkömmlinge wie Nacherben zu behandeln sind, auch wenn sich aus dem Ehegattentestament zunächst nicht ergab, daß Vor- und Nacherbschaft gelten sollte, sondern ursprünglich beabsichtigt war, dem überlebenden Ehegatten durch Verschmelzung des Nachlasses mit seinem sonstigen Vermögen eine starke Stellung einzuräumen. Eine andere Lösungsmöglichkeit als der Weg über Vor- und Nacherbschaft ist konstruktiv für den Fall der Wiederheirat nicht denkbar.

9. Mangelhafte Testamente und ihre Behandlung

Nicht selten ergibt sich infolge des Zeitablaufes zwischen dem Erstellen eines Testaments und dem Eintritt des Erbfalles, daß ein Testament inhaltlich unklar ist und deshalb ausgelegt (interpretiert) werden muß.
Daneben gibt es nichtige Testamente und solche, die durch eine Veränderung der Umstände unwirksam geworden sind.
Schließlich gibt es Fälle, bei denen der Inhalt des Testaments anfechtbar ist.
Letztlich sind auch Verfügungen von Todes wegen anzutreffen, die nur dann nach dem Willen des Erblassers gelten sollen, wenn bestimmte Bedingungen eintreten oder nicht eintreten.
In all den dargelegten Fallgruppen kann zwischen den Beteiligten oft mit Fug und Recht darüber gestritten werden, welche Rechtsfolgen sich im konkreten Fall aus dem vorliegenden Testament ergeben. Die Rechtssprechung hat unter Berücksichtigung der gesetzlichen Bestimmungen gewisse Regeln geschaffen, die im Einzelfall weiterhelfen sollen, die im folgenden in groben Zügen dargestellt werden. Die Darstellung kann fachkundige Beratung bei anstehenden Problemen freilich nicht ersetzen. Sie will dies auch nicht, sondern kann den Leser nur für „Problemlagen" sensibilisieren.
Testamente können aus verschiedenen Gründen auslegungsbedürftig sein. Bestehen Unklarheiten über das, was der Erblasser gewollt hat, so ist nicht am buchstäblichen Sinn des Ausdruckes zu haften, sondern es muß danach geforscht werden, was dem wirklichen Willen des Erblassers entsprach. Hat der Erblasser z.B. seine Ehegattin immer mit „Mutter" bezeichnet, so gibt es keinen Grund im Hinblick auf die Auslegungsregeln, nicht die Gattin als Erbin zu betrachten, wenn sie im Testament eben als „Mutter" bezeichnet wurde.
Es gilt weiter nach § 2084 BGB der Grundsatz der wohlwollenden Testamentsauslegung, d.h. letztwillige Verfügungen sind so darzulegen, daß nach Möglichkeit der mit ihnen angestrebte Erfolg eintritt.
Ausdrücke wie „vererben" oder „vermachen" sowie „als Erben einsetzen" werden in Testamenten — die in privatschriftlicher Form ja oft von Nichtjuristen verfaßt werden — häufig nicht im exakten juristischen Sinn gebraucht, so daß Zweifel darüber entstehen, ob der Erblasser eine Erbeinsetzung treffen wollte oder ein Vermächtnis angeordnet hat. Oftmals ist der Rechtsgrundsatz der Universalsukzession (Gesamtrechtsnachfolge) unbekannt, weshalb er ein Haus, ein Auto oder ähnliches „vererbt". Das Gesetz hilft in diesen Fällen weiter, indem es anordnet, daß der Bedachte nur Vermächtnisnehmer und nicht Erbe sein soll, wenn ihm der Erblasser aus dem Nachlaß nur einzelne Gegenstände zugewandt hat; dies gilt nach der Auslegungsregel des Gesetzes (§ 2087 II BGB) auch dann, wenn der Bedachte als Erbe bezeichnet sein sollte.

Für eine Erbeinsetzung dagegen ist kennzeichnend, daß der Erblasser dem Bedachten sein gesamtes Vermögen oder zumindest einen Bruchteil seines Vermögens zuwendet (vergl. § 2087 I BGB).
Durch Heranziehen der dargestellten Auslegungsregeln des § 2087 BGB werden also auftretende Unklarheiten über das Vorliegen einer Erbeinsetzung in der Regel zu lösen sein.
Hat der Erblasser sein gesamtes Vermögen durch Bezeichnung der wichtigsten Vermögensgegenstände auf verschiedene Personen verteilt, so können darin Erbeinsetzungen nach Bruchteilen gesehen werden, verbunden mit einer entsprechenden Teilungsordnung des Erblassers an die Erben, wie sie den Nachlaß unter sich aufteilen sollen. In diesem Falle sind die Erbanteile (Bruchteilswerte) nach dem Wert der zugewandten Einzelgegenstände in Relation zum Gesamtnachlaß zu bestimmen.
Häufig entstehen bei Testamenten auch Zweifel über die Person der Bedachten. Ist von „Erben", „gesetzlichen Erben" oder „Verwandten" die Rede und läßt sich nicht durch sonstige Umstände genauer aufklären, wen der Erblasser damit gemeint hat, so gelten die Personen bedacht, die zum Zeitpunkt des Erbfalls die gesetzlichen Erben wären; die Höhe der Erbteile richtet sich nach den Bestimmungen über die gesetzliche Erbfolge. Sind die „Verwandten" eingesetzt, so gelten die Personen als bedacht, die beim Erbfall gesetzliche Erben wären; nicht jedoch der Ehegatte, der bei einer Einsetzung der Verwandten ausgeschlossen ist.
Sind die „Kinder" eingesetzt, so bestimmt das Gesetz, daß im Zweifel an Stelle eines verstorbenen Kindes dessen Abkömmlinge an seine Stelle treten, so wie sie auch bei gesetzlicher Erbfolge nachrücken würden.
Zuwendungen an den Ehegatten oder Verlobten sind im Regelfall als unwirksam anzusehen, wenn die Ehe bzw. das Verlöbnis vor dem Erbfall aufgelöst wurde bzw. falls ein Scheidungsverfahren eingeleitet ist.
Ergeben sich Unklarheiten über die Höhe der Erbteile, so wird ergänzend die gesetzliche Erbfolge herangezogen. Das ist dann der Fall, wenn der Erblasser im Testament nicht über seinen ganzen Nachlaß verfügt hat, sei es, daß er nur einen Erben auf einen Bruchteil eingesetzt hat, sei es, daß er mehrere Erben auf Bruchteile gesetzt hat, die zusammen nicht ein Ganzes ausmachen. Die gesetzliche Erbfolge gilt in diesem Fall jedoch dann nicht, wenn sich dem Testament entnehmen läßt, daß entgegen dem Wortlaut doch der gesamte Nachlaß verteilt werden sollte. Liegt ein Rechenfehler des Erblassers vor, so werden die Erbteile in dem Verhältnis erhöht, in dem die Erben „fehlerhaft" bedacht worden waren.
Hat der Erblasser vergessen, die Anteile der Erben zu bestimmen, so erben die eingesetzten Personen nach der gesetzlichen Auslegungsregel den gesamten Nachlaß zu gleichen Teilen.
Ergibt sich aus dem Testament, daß der Erblasser die gesetzliche Erbfolge völlig ausschließen wollte, dann geht das Gesetz davon aus, daß es dem Willen des Erblassers entspricht, daß beim Wegfall eines Bedachten — etwa wegen Ausschlagung

oder Vorversterbens dessen Anteil den verbleibenden testamentarischen Erben zufällt; sog. Anwachsung gem. § 2094 BGB. Die Erbteile dieser verbleibenden Erben werden anteilig erhöht.

Neben den inhaltlich unklaren Testamenten — bei denen in der Regel die Auslegung weiterhilft — trifft man in der Praxis nicht selten auch auf Verfügungen von Todes wegen, die keine Wirkung entfalten können. Hier ist zu denken an nichtige und unwirksame Testamente. Nichtigkeit liegt vor, wenn das Testament nicht in der vorgeschriebenen Form (eigenhändig privatschriftlich oder öffentlich) errichtet wurde, wenn der Erblasser nicht testierfähig war oder wenn Sittenwidrigkeit vorliegt. Im Falle der Nichtigkeit beurteilt sich die Erbfolge nach dem Gesetz. Möglich sind auch Fälle von Teilnichtigkeit — hier gelten all die Bestimmungen des Testaments unverändert weiter, die nicht sittenwidrig sind, während die sittenwidrige Erbeinsetzung durch die an ihre Stelle tretende gesetzliche Erbfolge ersetzt wird (vergl. Beispiele in Kapitel 7).

Unwirksamkeit eines Testaments ist dagegen dann gegeben, wenn die Verfügung von Todes wegen keine Wirkung mehr zeigen kann. Dies ist der Fall, wenn der eingesetzte Erbe vorverstorben ist, wenn das ursprünglich wirksame Testament durch Widerruf unwirksam wurde, wenn die Ehe vor dem Erbfall aufgelöst wurde, so daß die Zuwendung an den Gatten nach der Regel des § 2077 BGB als unwirksam anzusehen ist.

Ebenso wie bei Nichtigkeit ist auch eine Teilunwirksamkeit eines Testaments denkbar. Nach der Absicht des Gesetzes soll eine teilweise Unwirksamkeit — etwa wegen Vorversterbens eines eingesetzten Erben — gerade nicht zu Unwirksamkeit des gesamten Testaments führen.

Eine weitere Problemgruppe sind die Testamente, die mit Erfolg angefochten werden können. Ziel der Anfechtung ist es, Verfügungen von Todes wegen zu beseitigen, die nicht dem wahren Willen des Erblassers entsprechen. Folgende Anfechtungsgründe finden sich im Gesetz:

— *Erklärungs- und Inhaltsirrtum*

  Danach kann eine Erklärung angefochten werden, die der Erblasser überhaupt nicht abgeben wollte, oder über deren Inhalt er irrte.

  Bsp.: Der Erblasser hat sich bei der Einsetzung eines Vermächtnisses verschrieben, er wollte 1000 DM aussetzen und hat 100 000 DM niedergeschrieben.

  Ein Inhaltsirrtum ist z.B. beim Erbvertrag anzunehmen, wenn der Erblasser geglaubt haben sollte, er könne auch eine vertragliche Erbeinsetzung jederzeit frei nach seinem Belieben widerrufen.

Das Vorliegen eines Inhalts- oder Erklärungsirrtums reicht allein nicht zur Anfechtung aus. Es muß vielmehr die Annahme hinzukommen, daß der Erblasser die Erklärung bei Kenntnis der Sachlage nicht abgegeben haben würde — der Irrtum muß also ursächlich für die Erklärung gewesen sein.

Weiter berechtigt zur Anfechtung der

— *Irrtum im Beweggrund*

Hat der Erblasser z.B. ein Vermächtnis in der irrigen Annahme ausgesetzt, der Bedachte sei bedürftig und die Bedürftigkeit bestehe künftig weiter, so kann angefochten werden, wenn der Vermächtnisnehmer bei Eintritt des Erbfalls nicht bedürftig ist.

Über den Anfechtungsgrund „Irrtum im Beweggrund" wird von den Erben immer wieder versucht, mißliebige testamentarische Bestimmungen zu Fall zu bringen. Dabei herrscht in diesem Bereich durchaus eine gewisse Rechtsunsicherheit, und da es auch noch auf das Ergebnis von Beweisaufnahmen ankommt, haben Anfechtungen, die auf diesen Gesichtspunkt gestützt werden, zuweilen durchaus Chancen. Der BGH vertritt die Auffassung, daß nur solche Vorstellungen und Erwartungen des Erblassers geeignet sind, die Anfechtung zu begründen, die dieser bei der Errichtung der letztwilligen Verfügung tatsächlich gehabt habe. Andererseits führt die BGH aber aus, zu den wirklichen Vorstellungen und Erwartungen gehörten auch solche, die beim Erblasser unbewußt vorhanden waren — die der Erblasser also nicht in sein Bewußtsein aufgenommen habe, die aber ganz selbstverständlich seiner Verfügung zugrunde gelegen hätten. Eine solche unbewußte Vorstellung und selbstverständliche Erwartung des Inhalts, es werde auch in Zukunft nicht zu Unstimmigkeiten zwischen dem Erblasser und dem Bedachten kommen (Wohlverhaltenserwartung) hat der BGH bejaht. Nach dem BGH kann man durchaus davon ausgehen, daß der Erblasser unbewußt und ganz selbstverständlich davon ausging, daß der eingesetzte Erbe kein schwerwiegendes Fehlverhalten gegen ihn an den Tag legen wird. Diese Fiktion von einer unbewußten Vorstellung ist bedenklich, sie ermuntert risikofreudige Erben zu Prozessen mit ungewissem — oft zufälligem — Ausgang. Die Rechtsprechung sollte daher für diesen Anfechtungsfall klarere Konturen fordern und die Zuflucht zu unbewußten Vorstellungen nicht zulassen.

Als nächste Anfechtungsgründe sind zu nennen

— *widerrechtliche Drohung,*

die vorliegt, wenn der Erblasser durch die in Aussichtstellung eines Übels zu einer Verfügung bewogen wird

und

— *Übergehung eines Pflichtteilsberechtigten,*

von der dann auszugehen ist, wenn ein Pflichtteilsberechtigter im Testament nicht erwähnt ist (also weder bedacht noch bewußt von der Erbfolge ausgeschlossen wurde).

Hier wird vermutet, daß der Erblasser bei Kenntnis vom Pflichtteilsberechtigten anders testiert hätte. Erforderlich ist in diesem Fall, daß der Erblasser das Vorhandensein des Pflichtteilsberechtigten bei der Errichtung des Testaments nicht kannte, daß er z.B. annahm, der Übergangene sei verstorben, oder daß der Übergangene erst nach Testamentserrichtung geboren oder pflichtteilsberechtigt wurde — z.B. die Ehefrau durch Heirat.

Die Anfechtung eines Testaments kann von den Personen vorgenommen werden, denen der Wegfall der mit der Anfechtung bekämpften letztwilligen Verfügung unmittelbar zugute kommt. Nur sie sind anfechtungsberechtigt. Je nach Konstellation können dies eine oder mehrere Personen sein.

Das Anfechtungsrecht entsteht erst mit dem Eintritt des Erbfalles. Die Anfechtung muß innerhalb eines Jahres ab Erlangung der Kenntnis vom Anfechtungsgrund erklärt werden. Die Wirkung der Anfechtung beschränkt sich auf die Verfügungen im Testament, die vom Anfechtungsgrund beeinflußt sind. Die übrigen Verfügungen bleiben im Zweifel wirksam.

Die Beweislast für all die Tatsachen, die die Anfechtung begründen sollen, trägt der Anfechtungsberechtigte. Bleibt es nach Durchführung einer Beweisaufnahme für das Gericht zweifelhaft, ob die behaupteten Anfechtungsgründe vorliegen, so ist von der Gültigkeit der letztwilligen Verfügung auszugehen.

Letztwillige Verfügungen können unter aufschiebenden oder auflösenden Bedingungen getroffen werden. Dies sieht das Gesetz ausdrücklich vor. Oft versucht der Erblasser durch eine Bedingung das künftige Verhalten des Bedachten zu beeinflußen. Eine solche Bedingung ist ohne weiteres zulässig, solange sie nicht gegen die guten Sitten verstößt. Bei Sittenwidrigkeit ist die Bedingung nichtig. Sittenwidrigkeit ist zu bejahen, wenn der Erblasser durch den Einsatz seines Vermögens eine Entscheidung beeinflussen will, die nach dem Anstandsgefühl aller billig und gerecht Denkenden in voller persönlicher Freiheit getroffen werden sollte. So verstößt eine Erbeinsetzung unter der Bedingung, daß der Erbe die Religion wechsle, gegen die guten Sitten. Ebenso die Bedingung, daß der Bedachte eine Person heirate, nicht heirate oder sich von ihr scheiden lasse.

10. Der Erbvertrag

Wie dargelegt, kann der Erblasser für sich alleine ohne Mitwirkung anderer Personen ein Testament errichten, verändern, aufheben. Im Gegensatz dazu steht der *Erbvertrag.* An ihm sind immer zwingend neben dem Erblasser eine oder mehrere weitere Personen beteiligt. Der Erbvertrag ist — wie jeder Vertrag — für die Beteiligten, die ihn abgschlossen haben, grundsätzlich bindend. Verträge sind zu halten! Der Erblasser kann sich also nicht — wenn er sich die ganze Sache anders überlegt — vom Vertrag lossagen, wenn die Beteiligten damit nicht einverstanden sind. Allerdings ist auch ein Erbvertrag — wie grundsätzlich jeder Vertrag — abänderbar *(Änderungsvertrag)* oder kann gar aufgehoben *(Aufhebungsvertrag)* werden. Es bedarf dazu aber der zustimmenden Mitwirkung der Vertragspartner des Erblassers; eine rechtliche Möglichkeit, diese Mitwirkung zu erzwingen, besteht nicht. Dies ist der Vorteil des Erbvertrags, der häufig in der Form geschlossen wird, daß der Erblasser mit dem eingesetzten Erben einen Vertrag über ihre Erbeinsetzung schließt. Die so eingesetzten Erben können sicher sein, beim Erbfall auch tatsächlich zum Zug zu kommen, während bei testamentarischer Erbeinsetzung immer die Möglichkeit besteht, daß der Erblasser das Testament noch aufhebt, ohne daß dies zu seinen Lebzeiten bekannt wird. Im Erbvertrag ist es möglich, daß nur eine Person Verfügungen von Todes wegen trifft, genauso gut ist es aber auch möglich, da mehrere Beteiligte des Vertrags solche Verfügungen treffen und sich z.B. gegenseitig zu Erben einsetzen — ähnlich der Möglichkeiten beim gemeinschaftlichen Ehegattentestament oder sich mit Vermächtnissen bedenken. Wollen Personen, die nicht Ehegatten sind, sicherstellen, daß sie gegenseitig erben (z.B. Geschwister untereinander oder Eltern im Bezug zu Kindern) so bleibt nur der Weg über den Erbvertrag. Der Erbvertrag kann nicht privatschriftlich geschlossen werden, sondern ist nur dann rechtswirksam, wenn er zur Niederschrift eines Notars erfolgt. Die am Erbvertrag Beteiligten müssen während der Beurkundung vor dem Notar anwesend sein. Der Erblasser kann sich nicht vertreten lassen, sondern er muß — wie beim Testament — höchstpersönlich bei der Vertragserrichtung mitwirken. Immer wieder kommen Fälle vor, in denen die Beteiligten in Unkenntnis dieser Formvorschriften davon ausgingen, daß auch ein nicht notariell geschlossener Vertrag gelten würde. Es muß deshalb in diesem Zusammenhang gesagt werden, daß die Rechtssprechung hier sehr streng ist und daran festhält, daß ohne Beachtung der Form (notarielle Beurkundung) geschlossene Verträge nichtig sind (§125 BGB).

In einem Erbvertrag können grundsätzlich alle Verfügungen von Todes wegen getroffen werden, die auch Inhalt eines Testaments sein können.

Obwohl der Erblasser grundsätzlich beim Erbvertrag an seine Verfügung von Todes wegen gebunden ist, gibt es auch hier wieder — wie fast immer im Recht —

gewisse Ausnahmen, die den Erblasser berechtigen, vom Erbvertrag zurückzutreten. Das Gesetz kennt folgende Gründe für den Rücktritt:

— *Rücktrittsvorbehalt im Erbvertrag*
  Hier hat der Erblasser sich durch Vereinbarung einer entsprechenden Klausel im Erbvertrag den Weg offen gehalten, die Wirkung des Vertrags dadurch zum Wegfall zu bringen, daß er den Rücktritt erklärt.
— *Rücktritt wegen schwerer Verfehlungen des Bedachten*
  Diese Verfehlungen müssen so schwerwiegend sein, daß sie den Erblasser dazu berechtigen würden, dem Betreffenden den Pflichtteil zu entziehen.
  Beispiel: Angriff auf das Leben des Erblassers; aber auch: ehrloser oder unsittlicher Lebenswandel wider den Willen des Erblassers.
— *Rücktritt wegen Aufhebung der Gegenverpfichtung*
  Hier geht es um die Fälle, in denen sich der Bedachte im Gegenzug zur Erbeinsetzung dazu verpflichtete, auf Lebzeiten an den Erblasser wiederkehrende Leistungen zu erbringen. Entfällt diese Verpflichtung, so fällt damit auch der Grund zur Erbeinsetzung weg, weshalb das Gesetz dem Erblasser ein Rücktrittsrecht einräumt.

Auch für den Rücktritt gilt, daß zu seiner Wirksamkeit die Beachtung strenger Formvorschriften erforderlich ist. Der Rücktritt muß zur notariellen Urkunde erklärt werden. Auch hier muß der Erblasser höchstpersönlich handeln. Die Rücktrittserklärung ist dem Vertragspartner zuzustellen.
Nach dem Tod des Bedachten kann der Erblasser durch Testament zurücktreten.
Wie ein Testament kann auch ein Erbvertrag angefochten werden. Die Anfechtungsgründe, die vom Gesetz zugelassen werden, sind die gleichen wie beim Testament. Beim Erbvertrag sind nicht nur die Personen zur Anfechtung berechtigt, denen der Wegfall der Verfügung zustatten kommt, sondern auch der Erblasser selbst. Grund: Der Erblasser ist an den Vertrag — im Gegensatz zum Testament — gebunden. Die Anfechtung bewirkt, daß die von ihr betroffene vertragsmäßige Verfügung nichtig ist. Ergänzend verweise ich auf die Ausführungen zur Anfechtung des Testaments; insbesondere hinsichtlich der Anfechtungsgründe (s. Kapitel 9).
Obwohl der Erbvertrag den vertragsmäßig Bedachten durch die Bindungswirkung schützt, tritt nicht selten das Problem auf, daß der Erblasser zu Lebzeiten nach Abschluß des Erbvertrags durch Verfügungen unter Lebenden Teile seines Vermögens weggibt. Das vertragsmäßige Erbrecht kann dadurch wertlos oder zumindest entwertet werden; ein Vermächtnis ist grundsätzlich unwirksam, wenn der zugewandte Gegenstand beim Eintritt des Erbfalls nicht mehr zum Vermögen des Erblassers gehört, weil er ihn z.B. vorher verkauft oder verschenkt hat.
Das Gesetz stellt klar, daß der Erblasser in seiner Befugnis, über sein Vermögen nach seinem Belieben zu seinen Lebzeiten zu verfügen, durch Abschluß des Erbvertrags nicht beschränkt wird. Von ihm zu Lebzeiten vorgenommene Verfügungen sind vielmehr grundsätzlich wirksam.
Allerdings ergibt sich aus §§ 2287, 2288 BGB, daß Handlungen, die der Erblasser

zu Lebzeiten in der Absicht vorgenommen hat, die von ihm vertragsmäßig eingesetzten Erben zu beeinträchtigen, angreifbar sind. Die Vertragserben haben gegen den Beschenkten einen Anspruch auf Herausgabe des Geschenkes, wenn die Schenkung in Beeinträchtigungsabsicht erfolgt ist. Wurde der Gegenstand eines Vermächtnisses vom Erblasser in Beeinträchtigungsabsicht zerstört, bereits geschafft oder beschädigt und dadurch die Erfüllung unmöglich, so hat der Vermächtnisnehmer beim Erbfall einen Anspruch auf Wertersatz.

Wie weit die Schutzrechte der Erbvertragspartner aus §§ 2287, 2288 BGB gehen, hängt davon ab, wann man vom Vorliegen der Beeinträchtigungsabsicht ausgehen darf. In der Regel wird man dann von ihr ausgehen können, wenn der Erblasser die Absicht hat, einem anderen als dem Vertragserben wesentliche Teile seines Vermögens zuzuwenden, um so den Erben ins Leere laufen zu lassen, ohne daß für diese Zuwendung ein beachtenswertes lebzeitiges Eigeninteresse des Erblassers vorliegt.

11. Motive des Erblassers und ihre rechtliche Realisierung

Der Erblasser — und möglicherweise seine Familienangehörigen — müssen sich vor der Errichtung eines Testaments oder eines Erbvertrags immer darüber klar werden, welche Ziele sie anstreben. Nur dann, wenn sie eine Regelung wollen, die vom Ergebnis der gesetzlichen Erbfolge abweicht, muß ein Testament oder Erbvertrag errichtet werden. Häufig wird es so sein, daß die Realisierung eines angestrebten Zieles nicht immer frei von Bedenken möglich ist. So können sich z.B. im Hinblick auf mögliche Pflichtteilsrechte Unwägbarkeiten ergeben. Häufig gibt es zur Erreichung eines angestrebten Zieles mehrere Wege, je nachdem, welche erbrechtlichen Gestaltungsmittel eingesetzt werden. Das Erbrecht hat eine ganze Reihe von gesetzlich festgelegten Mitteln, die dem Erblasser zur Realisierung seines Willens zur Verfügung stehen. In der Beratungspraxis tauchen gewisse Interessenlagen immer wieder auf, so daß sich Fallgruppen bilden lassen. Hier einige Beispiele:

Der Erblasser will, daß sein Ehegatte besondere Berücksichtigung findet.
Motiv für diesen Wunsch kann z.B. sein:
- gemeinsamer Erwerb des Vermögens durch die Eheleute;
- Gefahr des Entzuges der Lebens- und Existenzgrundlage des überlebenden Ehegatten (Wohnhaus) durch die Kinder (Zwangsversteigerung zur Teilung);
- kinderlose Ehe;
- Kinder aus einer anderen Ehe eines Gatten;
- sehr kleine Kinder, deren Entwicklung noch völlig offen ist.

Das in diesem Fall angestrebte Ziel, die wirtschaftliche Existenz und Altersversorgung des überlebenden Gatten zu sichern, das Vermögen in einer Hand zu erhalten und dadurch eine vernünftige Verwaltung zu erreichen, bis es auf andere — z.B. die Kinder — übergeht, läßt sich auf verschiedenen Wegen erreichen.
Lösungen sind:
- Gegenseitige Einsetzung der Ehegatten zu Alleinerben, wobei eine Bindung durch Erbvertrag oder gemeinschaftliches Ehegattentestament herbeizuführen ist.
- Bestimmung gemeinsamer Schlußerben und Abwehr eventueller Pflichtteilsansprüche durch Aufnahme einer „Strafklausel“ des Inhalts, daß derjenige, der seinen Pflichtteil in Anspruch nimmt, auch im zweiten Erbfall nur den Pflichtteil erhalten soll.
- Einsetzung des Ehegatten zum Vorerben.
- Einsetzung des Ehegatten zum Miterben mit einer Quote, die von der des gesetzlichen Erbrechts abweisen kann, und Bestimmungen einer Teilungsanordnung oder eines Teilungsanschlusses.
- Einsetzung des Ehegatten zum Verwaltungstestamentsvollstrecker.

— Einsetzen des Ehegatten als Vemächtnisnehmer durch Einräumen eines lebtäglichen Nießbrauchs.
— Pflichtteilsverzicht der Kinder gegen Abfindung.
— Zuwendungen unter Lebenden, eventuell verbunden mit Nutzungsvorbehalt zugunsten des Schenkers, wobei hier mögliche Pflichtteilsergänzungsansprüche zu bedenken sind.

Nachteile der aufgezeigten Lösungen können sich daraus ergeben, daß der überlebende Ehegatte möglicherweise
— hohen Pflichtteilsansprüchen von Kindern ausgesetzt ist und je nach Vermögenslage wegen fehlender Mittel zur Erfüllung dieser Ansprüche zum Verkauf gezwungen sein kann.
— doppelte Erbschaftssteuer entsteht, da das Vermögen zuerst an den Ehegatten und dann von diesem an die Kinder vererbt wird.

Der Erblasser will, daß seine Kinder besonders berücksichtigt werden.
Motiv kann hier sein:
— fehlendes Vertrauen zum Ehegatten.
— Erwartung einer späteren Wiederheirat des Ehegatten.
— Trennung oder Scheidung vom Ehegatten.
— hohes eigenes Vermögen und ausreichende Versorgung des Ehegatten.
— zweite oder spätere Ehe des Erblassers.

Ziel ist also letztlich die Erhaltung des Vermögens in der eigenen Familie und die Sicherstellung der Versorgung der Kinder. Bedenken ergeben sich daraus, daß die Kinder
— dem Pflichtteilsanspruch und dem Anspruch auf Zugewinnausgleich des überlebenden Ehegatten ausgesetzt und damit im Falle fehlender Liquidität zum Verkauf gezwungen sind.

Das Ziel kann auf folgenden Wegen erreicht werden:
— Einsetzung der Kinder zu Alleinerben, was die Enterbung des Gatten bedeutet.
— Erbeinsetzung der Kinder neben dem Gatten mit Wiederverheiratungsklausel, d.h. es wird für den Fall der Wiederheirat angeordnet, daß die Erbschaft des Ehegatten auf die Kinder im Wege der Nacherbschaft übergeht.
— Einsetzung des Ehegatten neben den Kindern, aber nur als Vorerbe.
— Vereinbarung eines Erb- und ggfs. auch Pflichtteilsverzichts zwischen den Ehegatten.
— Schenkungen an die Kinder zu Lebzeiten, die aber Pflichtteilsergänzungsansprüche auslösen können.

Der Erblasser will, daß ein Kind
oder einige seiner Kinder besondere Berücksichtigung finden.
Motive können sein:
— besondere (erwartete) Leistungen eines Kindes für den Erblasser (Pflege und Versorgung im Alter).

— besondere Bedürftigkeit (z.B. Behinderung des Kindes).
Nachfolge eines Kindes im Unternehmen, Erhaltung des Betriebes in einer Hand, wobei das am geeignetsten erscheinende Kind den Betrieb fortführen soll.
— Einsetzung eines Kindes als Hoferben.
— bei Beteiligung des Erblassers an einer Personengesellschaft Bestimmung eines Kindes als Nachfolger.
Ziel des Erblassers ist es also, ein bestimmtes Kind besser zu versorgen als die anderen, ein Kind vor den anderen zu belohnen oder aber sein Lebenswerk zur Fortführung in seinem Sinne in die Hand des Kindes zu legen, das er dafür ausersehen hat und für befähigt hält.
Das Ziel kann erreicht werden durch:
— Einsetzung eines Kindes zum Alleinerben, was die Enterbung der übrigen bedeutet. Dabei ist zu bedenken, daß die anderen Kinder Pflichtteilsansprüche haben, die das vom Erblasser angestrebte Ziel gefährden können. Um dies zu vermeiden, sollten auch an die übrigen Kinder Zuwendungen (Vermächtnis) erfolgen, unter der Bedingung, daß der Pflichtteil nicht gefordert wird.
— Zuwendung eines Landguts mit der Maßgabe, daß bei der Auseinandersetzung nicht vom Verkehrswert, sondern nur vom viel geringeren Ertragswert des Gutes auszugehen ist.
— Zuwendungen an das Kind zu Lebzeiten des Erblassers mit der Anordnung, daß diese nicht ausgleichspflichtig sind.
— Nachfolgeklauseln in Gesellschaftsverträgen.

Der Erblasser will sicherstellen,
daß das Familienvermögen erhalten wird und auch nach seinem Tod in seinem Sinne weiterhin erfolgt.
Motive hierfür sind:
— Zweifel des Erblassers an der Fähigkeit seiner Erben, den Nachlaß optimal bzw. in seinem Sinne zu verwalten.
— Erhaltung ungeteilter Gegenstände und Ertragsquellen für spätere Generationen.
— Erhaltung konkurrenzfähiger, kapitalstarker Betriebe.
— Verhinderung der Veräußerung von Familienvermögen an Dritte oder gar an die Konkurrenz.
— Verhinderung der Vererbung von Familienvermögen an Familienfremde.
Der Erblasser kann diese Ziele erreichen durch:
— Bedingte Erbeinsetzungen von Familienangehörigen, Anordnung von Vor- und Nacherbschaft über mehrere Generationen.
— Gründung einer Familienstiftung oder -gesellschaft.
— Anordnung von Veräußerungs- und Teilungsverboten, Auflagen und Vorkaufsrechten.
— Anordnung von Testamentsvollstreckung, insbesondere durch Bestimmungen hinsichtlich der Verwaltungs- und Auseinandersetzungsvollstreckung.

Probleme können sich hier ergeben, wenn es nicht gelingt, ausreichend Liquidität zu schaffen für die Erfüllung von Pflichtteilsansprüchen, Abfindungen, Steuern.

Der Erblasser will sicherstellen,
daß bestimmte Personen absolut von der Erbfolge ausgeschlossen sind:
Gründe können sein:
- Verfeindung mit direkten oder indirekten Erbberechtigten.
- Die nicht auszuschließende Möglichkeit des Auftretens unehelicher Abkömmlinge nach Eintritt des Erbfalls.

Das Ziel des Erblassers, der totale Ausschluß von jedem erbrechtlichen Vorteil, kann erreicht werden durch:
- Ausdrückliche Enterbung gesetzlicher Erben, auch soweit sie nicht zur Erbfolge berufen wären, einschließlich dem Erblasser nicht bekannter Erbersatzberechtigter.
- Entzug des Pflichtteils, sofern hierfür die gesetzlich vorgeschriebenen Voraussetzungen vorliegen.
- Entzug des Erbersatzanspruchs.
- Vereinbarung eines Pflichtteilsverzichts.

Der Erblasser will sicherstellen, daß sein Firmenvermögen ungeteilt vererbt wird.
Motiv für diesen Wunsch kann sein:
- Vermeidung der Zerstückelung eines Unternehmens.
- Vermeidung des Entzugs von Liquidität im Rahmen einer zu erwartenden Teilungsauseinandersetzung.

Das vom Erblasser angestrebte Ziel der Unternehmungsfortführung und Sicherung der Familie, verbunden mit der Beschränkung der finanziellen Belastung der Erben, kann auf folgenden Wegen errichtet werden:
- Anordnung von Testamentsvollstreckung.
- Vereinbarung von Erb- und Pflichtteilsverzicht gegen Abfindung zu Lebzeiten des Erblassers.
- Wahl des richtigen Güterstandes.
- Familienstiftung.
- Gründung einer Familiengesellschaft zu Lebzeiten des Erblassers unter Einbeziehung der für das Unternehmen vorgesehenen Erben. Einbau starker Hindernisse gegen das Ausscheiden aus der Gesellschaft. Begrenzung von Abfindungsforderungen-, Sicherstellung einer professionellen Geschäftsleitung (Geschäftsführer), Vereinheitlichung der Willensbildung durch entsprechende Gesellschaftsorgane (Aufsichtsrat, Beirat, Gesellschafterversammlung). Auswahl und Eingliederung der/des geeigneten Nachfolger/s.

Der Erblasser will sicherstellen,
daß einzelne Gegenstände aus dem Nachlaß an bestimmte Personen übergehen.

Motiv für diesen Wunsch kann sein:

— Der Erblasser will durch Zuwendung einzelner Gegenstände Streit unter den Erben, der sonst im Rahmen der Auseinandersetzung des Nachlasses auftreten kann, verhindern.

— Der Erblasser hat die Idee, daß aus den unterschiedlichsten Gründen (wirtschaftlich/emotional) eine bestimmte Person einen bestimmten Gegenstand erhalten soll (Bedürftigkeit, Würdigkeit, Fähigkeit, den Gegenstand zu nutzen und zu schätzen usw.).

Das angestrebte Ziel kann nicht durch Erbeinsetzung erreicht werden, sondern durch

— Vermächtnisse.

— Teilungsanordnung.

Der Erblasser sollte aber auf jeden Fall auch eine Bestimmung hinsichtlich der Erben treffen, da sich sonst Probleme ergeben, wenn Gegenstände vergessen wurden, nach Testamentserrichtung wegfallen, der Erblasser nach Testamentserrichtung neue Gegenstände erwirbt u.ä.

Der Erblasser will verhindern,
daß sein Vermögen an überschuldete Erben (Ehegatten/Abkömmlinge) fällt.

Motiv ist hier, daß der Erblasser das Risiko sieht, daß seine gesetzlichen Erben von der Erbschaft nichts haben werden, da abzusehen ist, daß die Gläubiger des Erben den Nachlaß für sich in Beschlag nehmen.

Der Erblasser kann sein Ziel, den Nachlaß im Familienstamm zu erhalten und die Versorgung des Überschuldeten ohne Zugriffsmöglichkeit der Gläubiger zu sichern, wie folgt erreichen:

— durch Beschränkung des Pflichtteils in guter Absicht (§ 2338 BGB) hinsichtlich des Abkömmlings (bei Ehegatten nicht möglich) und Anordnung von Testamentsvollstreckung, so daß der Abkömmling nur Anspruch auf den Ertrag und nicht das Vermögen hat.

Oder

durch Einsetzung des Abkömmlings als Mitnacherben oder Nachvermächtnisnehmer.

— bei Ehegatten

Einsetzung des Ehegatten als (eventuell befreiter) Vorerbe mit den Kindern als Nacherben und Dauertestamentsvollstreckung für die Zeit der Vorerbschaft.

Der Testamentsvollstrecker kann Nutzungen nach billigem Ermessen und in der Form von Naturalleistungen (Verpflegung, Wohnung) gewähren, so daß eine Pfändung in der Regel ins Leere geht.

Ist die Überschuldung Motiv für die Enterbung, so sollte der Erblasser dies in der letztwilligen Verfügung eindeutig und zweifelsfrei zum Ausdruck bringen, da dann bei Wegfall der Zwangslage (Überschuldung) das Testament eventuell angefochten werden könnte.

12. Die erbrechtlichen Gestaltungsmittel

Erbeinsetzung, Ersatzerbeinsetzung

Der Erblasser sollte im Testament eine oder mehrere Personen zu seinen Erben bestimmen. *Diese Bestimmung zum Erben nennt man Erbeinsetzung.* Zwar ist eine letztwillige Verfügung, die keine Erbeinsetzung enthält, denkbar, sie wird aber in der Praxis selten vorkommen.

Bei der Errichtung des Testaments ist häufig nicht abzusehen, ob alle als Erben eingesetzten Personen bei Eintritt des Erbfalles noch leben werden und ob sie bereit sind, die Erbeinsetzung anzunehmen. Grundsätzlich hat nämlich jeder zum Erben Berufene das Recht und die Möglichkeit, die Erbschaft auszuschlagen, ohne daß er ein solches Verhalten begründen müßte. Fällt ein eingesetzter Erbe durch Vorversterben weg, oder kommt es zu einer Erbausschlagung, so kann dies dazu führen, daß Teile des Nachlasses an entferntere Verwandte fallen. Will der Erblasser dies verhindern, so hat er die Möglichkeit der Ersatzerbeinsetzung.

Ersatzerbe ist der Erbe, der vom Erblasser für den Fall eingesetzt ist, daß ein anderer Erbe vor oder nach dem Eintritt des Erbfalls wegfällt. In einem Testament kann der Text für die Einsetzung eines Erben und eines Ersatzerben beispielsweise wie folgt lauten:

Ich setze Anton, Berta und Franz zu gleichen Teilen zu meinen Erben ein.

Für den Fall, daß Anton nicht Erbe wird, soll an seiner Stelle Friedrich erben.

Stirbt im Beispielsfall Anton vor Eintritt des Erbfalls oder schlägt er das Erbe aus, so ist er niemals Erbe geworden. An seiner Stelle wird mit dem Erbfall Friedrich Erbe des Erblassers, und zwar mit Berta und Franz zusammen zu gleichen Teilen.

Unterläßt der Erblasser die Einsetzung eines Ersatzerben, so führt dies entweder dazu, daß hinsichtlich des Anteils des weggefallenen Erben gesetzliche Erbfolge eintritt oder daß der für den weggefallenen Erben vorgesehene Teil den übrigen Erben zufällt. Im letzteren Fall spricht man von *Anwachsung.* Anwachsung ist also die Erhöhung des Erbteils der gewillkürten (eingesetzten) Erben wegen Wegfalls eines Miterben.

Es ist ohne weiteres möglich, mehrere Personen hintereinander als Ersatzerben einzusetzen. Der Text kann beispielsweise lauten:

Ich setze Anton, an seiner Stelle Fritz, und falls auch dieser nicht Erbe werden sollte, Wolfgang zu meinem Erben ein.

Enterbung

Die Enterbung ist der Ausschluß eines gesetzlichen Erben von der Erbfolge durch Verfügung von Todes wegen. Sie ist aufgrund der Testierfreiheit ohne weiteres möglich und führt beim Enterbten zu einem Pflichtteilsanspruch. Die Enterbung kann ausdrücklich angeordnet werden.

Beispiel:
Ich will nicht, daß mich meine Frau und meine Kinder beerben.
Die Enterbung kann sich auch daraus ergeben, daß der Erblasser in einem Testament seinen vollen Nachlaß durch Erbeinsetzung anderweitig vergibt.
Beispiel:
Alleinerbe soll mein Freund Fridolin sein.
Schließlich ist es ohne weiteres möglich, daß die Erbeinsetzung anderer (nicht pflichtteilsberechtigter) Personen verbunden wird mit der ausdrücklichen Enterbung. Dies hat besonders dann Bedeutung, wenn die Erbeinsetzung nur für einen Bruchteil des Nachlasses gelten soll.
Beispiel:
Mein Freund Franz soll Erbe zu 1/2 werden.
Mein Sohn Konrad soll auch von dem Rest nichts erben.

Vermächtnis, Ersatzvermächtnis, Vorausvermächtnis
Das Vermächtnis ist keine Erbeinsetzung, sondern die *Zuwendung eines Vermögensvorteils von Todes wegen.*
Das Vermächtnis kann im Testament oder Erbvertrag angeordnet werden. Daneben gibt es Vermächtnisse, die auf einer gesetzlichen Anordnung beruhen (Voraus des Ehegatten; Dreißigster der Hausgenossen; Erklärung der Begriffe „Voraus" und „Dreißigster" in Kapitel 4).
Das Vermächtnis gibt dem Bedachten mit Eintritt des Erbfalls lediglich das Recht von dem Beschwerten (das können alle oder nur ein bestimmter Erbe sein) die Leistung des vermachten Gegenstandes zu fordern. Vermacht werden kann ein Geldbetrag, eine Sache (häufig z.B. bestimmte Möbel oder Kunstgegenstände) oder ein Recht.
Mit dem Vermächtnis kann jede natürliche oder juristische Person, bedacht werden. Ein Vermächtnis ist allerdings unwirksam, wenn der Bedachte zur Zeit des Erbfalls nicht mehr lebt. Ist der Bedachte vor dem Erbfall noch nicht geboren und noch nicht einmal gezeugt, so genügt es, daß er innerhalb von 30 Jahren ab Eintritt des Erbfalls zur Welt kommt, um das Vermächtnis zu erwerben. Der Erblasser kann eine oder mehrere Personen gemeinsam mit einem Vermächtnis bedenken.
Da das Vermächtnis unwirksam wird, wenn der Bedachte zur Zeit des Erbfalls nicht mehr lebt, kann der Erblasser für diesen Fall ein *Ersatzvermächtnis* anordnen. Praktisch bestimmt er eine Person, die an die Stelle des weggefallenen Vermächtnisnehmers tritt.
Beispiel:
Ich vermache meinem Patenkind Fridolin meine wertvolle Briefmarkensammlung. Sollte Fridolin das Vermächtnis ausschlagen oder bei meinem Tod nicht mehr leben, so soll die Briefmarkensammlung an meinen Freund Hans gehen.
Eine wichtige praktische Rolle spielt auch das *Vorausvermächtnis.* Ein solches liegt dann vor, wenn der Erblasser eine Person zum Erben einsetzt und ihr darüber hin-

aus vor den übrigen Miterben ein Vermächtnis zuwendet. Mit diesem Vemächtnis ist dann die Miterbengemeinschaft beschwert.

Beispiel:

Meine Kinder Franz und Josef und mein Enkelkind Kasimir sollen zu gleichen Teilen meine Erben sein. Kasimir vermache ich außerdem 10 000 DM.

Hinsichtlich der Erbschaftssteuer muß beachtet werden, daß Geld- und Sachvermächtnisse eine unterschiedliche steuerliche Behandlung erfahren, da Sachwerte vielfach privilegiert sind. So wird Grundbesitz nicht nach dem Verkehrswert sondern nach dem Einheitswert zuzüglich 40 % bewertet, wenn es um die Erbschaftssteuer geht.

Auflagen

Die Auflage ist kein Zuwendung, sondern die Auferlegung einer Verpflichtung, ohne daß der durch die Auflage Begünstigte einen Erfüllungsanspruch erhält. Mit der Auflage kann sowohl der Erbe als auch ein Vermächtnisnehmer beschwert werden. Inhalt der Auflage kann jedes Tun oder Unterlassen sein. Typische Beispiele für Auflagen sind: Verpflichtung zur Grabpflege, Verteilung einer Geldsumme zu wohltätigen Zwecken, Veröffentlichung oder Nichtveröffentlichung eines hinterlassenen Briefwechsels.

Bedingte Erbeinsetzung

Die Erbeinsetzung kann auch unter aufschiebenden und auflösenden Bedingungen erfolgen.

Häufiger Fall einer solchen bedingten Erbeinsetzung ist die *Wiederverheiratungsklausel,* wie sie in Ehegattentestamenten vorkommt. Der Erblasser will hier für den Fall, daß der ihn überlebende Ehegatte wieder heiraten sollte, sicherstellen, daß sein Nachlaß im wesentlichen in seiner Familie bleibt und seinen Kindern zugute kommt. Dies kann er dadurch erreichen, daß er den überlebenden Ehegatten zum (Allein)erben einsetzt und in das Testament eine Klausel aufnimmt, die besagt, daß der überlebende Ehegatte durch die Wiederheirat seine Erbenstellung zwar nicht verlieren soll, daß er aber vom Zeitpunkt der Wiederheirat nicht mehr Vollerbe ist, sondern nur noch die Stellung eines Vorerben haben soll, während die Kinder ab der Wiederheirat Nacherben werden.

Diese Konstruktion führt dazu, daß der Gatte zwar nach wie vor die Nutzungen aus dem vom Vorverstorbenen ererbten Vermögen ziehen kann, ihm aber der Zugriff auf die Substanz verwehrt ist, so daß diese den ehegemeinsamen Kindern erhalten bleibt.

Beispiel:

Wir, die Eheleute Hans und Gerda Müller, geb. Maier, setzen uns gegenseitig zu alleinigen Vollerben ein.

Im Falle einer Wiederverheiratung ist das ererbte Vermögen an unsere gemeinschaftlichen Abkömmlinge herauszugeben. Der Überlebende von uns soll in diesem Fal-

le alleiniger Vorerbe sein, während unsere Kinder zu gemeinschaftlichen Nacherben eingesetzt sind.

Vor- und Nacherbschaft

Im Normalfall liegt bei der Anordnung einer Vor- und Nacherbschaft eine Befristung der Erbeinsetzung vor. Der Vorerbe wird auf die Dauer seiner Lebenszeit Erbe, der Nacherbe wird vom Tod des Vorerben an Erbe.

Es ist aber auch möglich, den Eintritt der Nacherbschaft an jede andere Frist oder Bedingung zu knüpfen. Für den Fall der Wiederheirat habe ich bereits obiges Beispiel dargestellt.

Der Vorerbe ist mit Beschränkungen zum Schutz der Nacherben belastet. Er kann über den Nachlaß nicht nach seinem freien Belieben verfügen, andererseits kann er den Nachlaß umfassend nutzen und verwalten. Der Erblasser kann darüber hinaus testamentarisch anordnen, daß die Beschränkungen entfallen sollen. In diesem Fall spricht man von der Einsetzung zum befreiten Vorerben.

Teilungsanordnung und Teilungsausschluß

Mit diesen Instrumenten des Erbrechts hat der Erblasser die Möglichkeit, durch leztwillige Verfügung Bestimmungen für die Auseinandersetzung des Nachlasses unter den Miterben zu treffen.

Mit der Teilungsanordnung nach § 2048 BGB kann der Erblasser nicht nur bestimmen, wer sein Vermögen erhält, sondern auch wie die einzelnen Vermögensgegenstände aufzuteilen sind. Damit kann vermieden werden, daß unter den Erben diesbezüglich Streit ensteht und es zu Zwangsveräußerungen des Nachlasses kommt, die Vermögen zerschlagen. Andererseits können sich die Erben über die Teilungsanordnung hinwegsetzen, wenn sie sich alle über die Verteilung des Nachlasses einig sind.

Durch Teilungsanordnung wird dem einzelnen Miterben ein bestimmter Gegenstand zugewiesen. Den Wert des zugewiesenen Gegenstands muß sich der Miterbe auf seinen Anteil am Nachlaß anrechnen lassen. Zeichnet sich ab, daß durch die Teilungsanordnung ein Miterbe wertmäßig mehr erhält als die übrigen, so ist dazu zu raten für den vorzunehmenden Wertausgleich gleich einen entsprechenden Betrag mit ins Testament aufzunehmen. Will der Erblasser einen Wertausgleich ausschließen, so sollte er klarstellen, daß der Wertüberschuß nicht auszugleichen ist. Eine entsprechende Anordnung ist ohne weiteres möglich und auch als Vorausvermächtnis denkbar.

Der Erblasser hat die Möglichkeit, die Teilungsanordnung mit der Anordnung einer Testamentsvollstreckung zu verbinden. In diesem Fall ist dann der Testamentsvollstrecker verpflichtet, den Nachlaß gemäß der Anordnung des Erblassers auf die Erben aufzuteilen.

Das *Teilungsverbot* stellt den Gegensatz zur Teilungsordnung dar.

Der Erblasser kann für die Dauer von bis zu 30 Jahren nach dem Erbfall die Aufteilung des Nachlasses unter den Miterben ausschließen. Die Miterben können in diesem Falle keine zwangsweise Auseinandersetzung der Erbengemeinschaft — die sonst nach dem Belieben jedes Erben jederzeit begehrt werden kann — betreiben. Ein Teilungsverbot empfiehlt sich nicht nur zur Erhaltung eines Familienunternehmens, sondern es ist beispielsweise auch dann sinnvoll, wenn verhindert werden soll, daß die Kinder des Erblassers das Vermögen erlangen, bevor sie ein gewisses Alter und die damit verbundene Lebenserfahrung erworben haben.

Testamentsvollstreckung

Die Einsetzung eines Testamentsvollstreckers gibt dem Erblasser die Möglichkeit, über seinen Tod hinaus durch eine Person seines Vertrauens auf den Nachlaß und das weitere Schicksal dieser Vermögensmasse nachhaltig Einfluß zu nehmen. Er kann

— eine Auseinandersetzungsvollstreckung mit entsprechender Teilungsanordnung,
— eine Verwaltungsvollstreckung für 30 Jahre, etwa zur Fortführung eines Betriebes,
— eine Vermächtnissvollstreckung zur Sicherstellung der angeordneten Vermächtnisse,
— oder eine Testamentsvollstreckung für einige beschränkte Aufgaben, z.B. Sicherstellung der Erfüllung von Auflagen,

durch Verfügung von Todes wegen anordnen.

In vielen Fällen wird es für den Erblasser eine Beruhigung sein, wenn er eine neutrale Person seines Vertrauens zum Testamentsvollstrecker einsetzen kann, die die Gewähr dafür bietet, daß seine letztwilligen Anordnungen vollständig und gewissenhaft erfüllt werden. Gerade im Hinblick auf sonst mögliche Interessenkollisionen ist in der Regel dazu zu raten, eine neutrale Person und nicht einen der Erben als Testamentsvollstrecker zu berufen. Weiter sollte ins Testament aufgenommen werden, daß das Nachlaßgericht eine geeignete Person zum Testamentsvollstrecker einsetzen soll, sofern der im Testament Vorgesehene das Amt nicht ausüben kann.

Der Testamentsvollstrecker muß kraft seines Amtes dafür Sorge tragen, daß der Wille des Erblassers durchgesetzt wird. Er hat Vermächtnisse und Auflagen zu erfüllen, muß bei der Abwicklung und Erfüllung eventueller Pflichtteilsansprüche mitwirken und hat darüber hinaus den Nachlaß nach den Grundsätzen einer ordnungsgemäßen Verwaltung zu betreuen. Er ist über alle von ihm vorgenommenen Maßnahmen den Erben gegenüber auskunfts- und rechenschaftspflichtig. Er hat die Nachlaßverbindlichkeit zu berichtigen und ist für die Regulierung der Erbschaftssteuer — für die er persönlich haftet — verantwortlich.

Das Amt endet, wenn er die im Testament festgelegten und aus dem Amt folgenden Aufgaben erledigt hat. Bei Abschluß der Tätigkeit muß der Testamentsvollstrecker umfassend berichten und Rechnung legen. Für seine Tätigkeit steht ihm eine angemessene Vergütung zu, die sich nach dem Wert des verwalteten Nachlasses und der Dauer seiner Tätigkeit bemißt. Die Vergütung kann vom Erblasser bereits im voraus im Testament festgelegt werden; z.B. ein bestimmter Prozentsatz vom Nachlaßwert.

Pflichtteilsentzug und Pflichtteilsbeschränkung

Wie bereits dargelegt, geht der Entzug des Pflichtteils wesentlich weiter als die Enterbung. Er ist deshalb nur in Ausnahmefällen bei Vorliegen besonderer Gründe rechtlich zulässig, während eine Enterbung jederzeit auch ohne daß dies begründet werden müßte, vom Erblasser verfügt werden kann.

Gegenüber einem Abkömmling liegt ein Grund zum Pflichtteilsentzug dann vor, wenn der Abkömmling dem Erblasser oder dessen Ehegatten nach dem Leben trachtet, sie vorsätzlich körperlich mißhandelt, eine strafbare Handlung ihnen gegenüber begeht, die ihm obliegende Unterhaltspflicht böswillig verletzt oder einen ehrlosen bzw. unsittlichen Lebenswandel gegen den Willen des Erblassers führt.

Auch gegenüber dem Ehegatten und gegenüber den Eltern hat der Erblasser die Möglichkeit des Pflichtteilentzugs.

Wenig bekannt, aber von erheblicher Konsequenz ist die *Pflichtteilsbeschränkung in guter Absicht,* die gegenüber Abkömmlingen dann erfolgen kann, wenn bei diesen Verschwendungssucht und Überschuldung in einem Ausmaß vorliegt, das dazu führt, daß das als Erbe normalerweise erworbene Vermögen erheblich gefährdet und dem Zugriff der Gläubiger ausgesetzt ist. In diesen bedauerlichen Fällen kann der Erblasser anordnen, daß die gesetzlichen Erben des Abkömmlings das diesem Hinterlassene bzw. dessen Pflichtteil als Nacherben oder als Nachvermächtnisnehmer erhalten sollen. Weiter kann für die Lebzeit des Abkömmlings die Verwaltung des Hinterlassenen einem Testamentsvollstrecker übertragen werden. Der Abkömmling hat dann nur Anspruch auf den jährlichen Ertrag. Damit ist das Erbe sowohl vor einer Selbstschädigung durch den Abkömmling geschützt, als auch dem Zugriff der Gläubiger entzogen.

Erb- und Pflichtteilsverzicht

Große praktische Bedeutung hat der Pflichtteilsverzicht, während das Ergebnis des Erbverzichts auch einseitig durch Enterbung herbeigeführt werden kann. Ein entsprechender Pflichtteilsverzichtvertrag ist nur dann wirksam, wenn er in notariell beurkundeter Form abgeschlossen wird.

Der Verzicht eines Abkömmlings oder eines Seitenverwandten des Erblassers erstreckt sich normalerweise auch auf die Abkömmlinge, die durch den Verzichtenden mit dem Erblasser verwandt sind.

Erb- und Pflichtteilsverzicht sind neben dem vorzeitigen Erbausgleich auch zwischen dem nichtehelichen Kind und seinem Vater möglich.

Normalerweise kann der Erblasser den von ihm angestrebten Verzicht nur durch attraktive anderweitige Zugeständnisse — z.B. Abfindungen — erreichen. Einen rechtlich durchsetzbaren Anspruch auf Abschluß eines Verzichtvertrags hat er nicht.

Die Bedeutung des Verzichts ist darin zu sehen, daß dadurch dem Erblasser die Möglichkeit eröffnet wird, ohne Rücksicht auf das Risiko künftiger Pflichtteilsansprüche — die sonst für die Erben und den Nachlaß zu einer erheblichen Belastung und Gefahr werden können (Liquiditätsprobleme) — nach seinem Belieben letztwillig zu verfügen. Dies ist häufig bei der Unternehmensnachfolge oder bei der Nachfolge in werthaltige Beteiligungen an (Familien)unternehmen wünschenswert.
Es muß beachtet werden, daß der Erbverzicht aufgrund der gesetzlichen Vorschriften die Erbquote und damit auch den Pflichtteil anderer Berechtigter erhöht.

Abfindung von Erbersatzansprüchen
Das nichteheliche Kind hat am Nachlaß seines Vaters einen Erbersatzanspruch. Es kann auch den vorzeitigen Erbausgleich geltend machen. Der Vater dagegen hat keinerlei rechtliche Möglichkeit, das Kind zur Vornahme eines vorzeitigen Erbausgleichs zu zwingen. Auch hier bleibt nur der Weg, daß der Vater ein attraktives finanzielles Angebot unterbreitet, um so das Kind zum Abschluß eines Abfindungsvertrags zu bewegen.

Verzicht auf Zugewinnausgleich
Der Erbverzicht eines Ehegatten und auch sein Verzicht auf das Pflichtteil läßt die ihm zustehenden Ansprüche aus ehelichem Güterrecht unberührt. So kann insbesondere im Falle des gesetzlichen Güterstands der Zugewinngemeinschaft ohne weiteres bei Beendigung der Ehe durch Tod des Ehegatten der Anspruch auf Zugewinnausgleich geltend gemacht werden. Dieser kann recht erheblich sein; vergl. das Beispiel in Kapitel 4. In manchen Fällen wird deshalb zu erwägen sein, ob der Ehegatte nicht auch auf einen Anspruch auf Zugewinnausgleich verzichtet. Dies ist möglich, ohne daß damit Gütertrennung eintreten würde. Damit würde ein weiterer Unsicherheitsfaktor ausgeräumt, der sonst bei einer späteren Erbauseinandersetzung im Einzelfall erhebliche finanzielle Probleme schaffen kann. Es stellt sich aber die Frage, ob es in diesem Fall nicht insgesamt interessengerechter und sinnvoller wäre, wenn die Ehegatten ihren Güterstand ändern.

Änderung des Güterstands
Die Änderung des Güterstands kann sinnvoll sein, wenn der Ehegatte hinsichtlich seines Erbrechtes bevorzugt werden soll. Nach Aufhebung des gesetzlichen Güterstands und Ausgleich des Zugewinns unter Lebenden hat der Ehegatte je nach Anzahl der Kinder noch eine Erbquote von 1/2 oder 1/3 zu erwarten; wegen der Einzelheiten vergl. Kap. 4. Dies kann im Einzelfall deutlich mehr sein, als wenn der gesetzliche Güterstand beibehalten wird.
Umgekehrt gibt es Fälle, bei denen die Ehegatten zur Zeit der Eheschließung den Güterstand der Gütertrennung vereinbarten und es sich lohnt, nachträglich den gesetzlichen Güterstand der Zugewinngemeinschaft zu vereinbaren, um so dem Ehegatten den Genuß eines Anspruchs auf Zugewinnausgleich zu verschaffen. Dies

kann besonders auch deshalb bei größeren Vermögen interessant sein, weil der Zugewinnausgleich nicht der Erbschaftssteuer unterliegt.

Verzicht auf Anfechtungsrechte

Wie bereits in Kapitel 9 ausführlich dargestellt, gibt es die Möglichkeit, daß der Erblasser vertragsgemäß getroffene Verfügungen von Todes wegen später anfechten kann. Insbesondere der Motivirrtum führt zu weitreichenden Anfechtungsmöglichkeiten. Dieser Umstand stellt ein erhebliches Risiko für den Bestand erbvertraglicher Verfügungen und gemeinschaftlicher Testamente dar. Deshalb gibt es die Möglichkeit, daß der Erblasser auf entsprechende Anfechtungsrechte vertraglich verzichten kann.

Erbvertragliche Verfügungsbeschränkungen unter Lebenden

Wie bereits erwähnt, kann der Erblasser zu Lebzeiten über sein Vermögen grundsätzlich frei verfügen, so daß sich auch für den Vertragserben entsprechende Risiken ergeben. Andererseits ergibt sich häufig die Notwendigkeit, zu Gunsten des Erblassers zu seinen Lebzeiten gewisse Leistungen (z.B. Unterhalt u.ä.) zu erbringen oder aber in ein Anwesen des Erblassers zu investieren (Instandhaltung, Renovierung), in der Hoffung, dieses dann später auch durch Erbgang zu erwerben. Selbst wenn der Vertragserbe — soweit man vom Anfechtungsrisiko absieht — relativ sicher sein kann, einmal Erbe zu werden, muß er doch mit dem Risiko leben, daß einzelne (ihm vielleicht wichtige bzw. werthaltige) Gegenstände bei Eintritt des Erbfalls nicht mehr vorhanden sind. Hier hilft eine Vereinbarung mit dem Erblasser, nach der sich dieser verpflichtet, zu seinen Lebzeiten über bestimmte Gegenstände (z.B. Grundstücke) nicht zu verfügen. Freilich ist auch eine solche Vereinbarung nicht ganz unproblematisch, denn sie kann nicht grundbuchmäßig abgesichert werden; andererseits besteht aber bei Vereinbarung eines Verfügungsverbots in bestimmten Fällen im Wege einer einstweiligen Verfügung doch eine — wenn auch minimale — Sicherungsmöglichkeit. Will sich der Vertragserbe auf dieses Risiko nicht einlassen, so tut er gut daran, für die von ihm zu Lebzeiten des Erblassers erbrachten Leistungen eine entsprechende Sicherheit zu verlangen, die den geldwerten Vorteil seiner im Hinblick auf das erwartete Erbe erbrachten Aufwendungen abdeckt. Alternativ kommt eine Schenkung in Betracht, die dem Erblasser aber durch Einräumung eines lebtäglichen Nießbrauchs (Nutzungsrecht) ebenfalls eine Sicherheit bietet.

Vorweggenommene Erbfolge

Bei größeren Vermögen und komplizierten Familienverhältnissen empfiehlt es sich, Regelungen unter Lebenden zu treffen, die die gewollte Erbfolge zumindest teilweise vorwegnehmen. Hierzu bieten sich Schenkungen an, da sie auch ermöglichen, die Freibeträge des Erbschafts- bzw. Schenkungssteuerrechts mehrfach — alle zehn Jahre — in Anspruch zu nehmen.

Wichtig ist, daß Schenkungen nur dann wirksam sind, wenn sie entweder bereits vollzogen wurden — der geschenkte Gegenstand also auf den Beschenkten übereignet worden ist — oder aber das Schenkungsversprechen notariell beurkundet wurde. Soweit es sich um Grundstückseigentum oder eine Eigentumswohnung handelt, muß ein Schenkungsvertrag immer zur Rechtswirksamkeit vor dem Notar beurkundet werden.

Soll Sparguthaben oder der Wert eines Depots übertragen werden, so kann der Erblasser hier unter verschiedenen Möglichkeiten wählen. Zum einen kann er das Guthaben einfach auf den Beschenkten umschreiben lassen, es handelt sich dann um eine ganz normale Schenkung unter Lebenden. Zum anderen besteht die Möglichkeit, daß sich der Schenker zu seinen Lebzeiten das alleinige Verfügungsrecht gegenüber der Bank vorbehält, obwohl eine Umschreibung auf den Beschenkten erfolgt. Und schließlich gibt es über den sog. Vertrag zugunsten Dritter auf den Todesfall noch die Möglichkeit der Bank die Anweisung zu erteilen, im Falle des Todes ein Guthaben nur an eine bestimmte Person auszubezahlen. Die Banken haben für die dargestellten Varianten entsprechende Formulare, so daß die Realisierung eines solchen Vorhabens einfach zu praktizieren ist.

Vollmacht über den Tod hinaus

Nach den gesetzlichen Bestimmungen erlischt eine Vollmacht nicht mit dem Tod des Vollmachtgebers. Es ist weiter möglich, eine Vollmacht ausdrücklich auf den Todesfall zu erteilen oder zu bestimmen, daß die Vollmacht über den Tod hinaus gelten soll. Zwar können in einem solchen Fall die Erben — bei mehreren Personen jede für sich und unabhängig von den übrigen — die Vollmacht jederzeit widerrufen, dies ändert aber nichts daran, daß die vor dem Widerruf getätigten Geschäfte in aller Regel als wirksam anzusehen sind. So könnte sich z.B. der Bevollmächtigte aufgrund der ihm erteilten Bankvollmacht Vermögenswerte übertragen und dann behaupten, es handle sich dabei um das Vollzugsgeschäft einer formlos mit dem Erblasser vereinbarten Schenkung. Dies zeigt, daß eine solche Bevollmächtigung andererseits auch für die Erben nicht ohne Risiko ist. Der Erblasser sollte sorgfältig abwägen, was er tut.

13. Mustertexte für Testamente

A. Ehegattentestament für den Normalfall

1. Der Erstversterbende von uns beruft den überlebenden Ehegatten zu seinem unbeschränkten Alleinerben.
Für den Fall einer etwaigen Wiederverheiratung des überlebenden Ehegatten treffen wir keine besonderen Bestimmungen.
2. Der Überlebende von uns beruft zu seinen Erben die gemeinschaftlichen Kinder Fritz, Johanna und Erwin zu gleichen Teilen.
Für den Fall, daß eines unserer Kinder nicht Erbe werden kann oder will, treten seine Abkömmlinge an seine Stelle. Fehlen solche Abkömmlinge, so soll Anwachsung zugunsten unserer anderen Kinder bzw. deren Nachkommen eintreten.
3. Der Überlebende von uns kann nach dem Tod des Erstversterbenden und Annahme der Alleinerbschaft die Erbfolge hinsichtlich unserer Kinder nicht mehr ändern.

Hans Müller, Erna Müller geb. Faul

B. Ehegattentestament mit Klausel für den Fall der Wiederheirat

1. Wir setzen uns gegenseitig zu alleinigen Erben ein.
2. Sollte der Überlebende von uns wieder heiraten, so ist er verpflichtet, insgesamt die Hälfte dessen, was er vom Erstversterbenden geerbt hat, an unsere gemeinschaftlichen Kinder zu gleichen Teilen herauszugeben. Die gesamte Haushaltseinrichtung, Kleider, Wäsche und die Hochzeitsgeschenke stehen dem überlebenden Ehegatten aber auch in diesem Falle uneingeschränkt als Vorausvermächtnis zu. Soweit eine Herausgabepflicht entstehen sollte, ist der überlebende Ehegatte befreiter Vorerbe, im übrigen bleibt er Vollerbe.
3. Der Überlebende von uns beruft unsere Kinder Emil und Franz und etwaige weitere aus unserer Ehe hervorgehenden gemeinschaftlichen Kinder zu gleichen Teilen zu seinen Erben.
Fällt ein Kind weg, so treten, wenn es keine eigenen Kinder hat, unsere übrigen Kinder an seine Stelle.
4. Sollte bei Ableben des Erstversterbenden eines unserer Kinder den Pflichtteil verlangen, so schließt ihn der Überlebende von uns als Erben bzw. Nacherben aus. Dies gilt auch für seine Abkömmlinge.
5. Weiter bestimmen wir, daß für den Fall, daß eines der Kinder den Pflichtteil geltend macht, alle die Abkömmlinge, die den Pflichtteil nicht verlangen, aus dem Nachlaß des Erstversterbenden von uns ein Geldvermächtnis erhalten sollen. Die Höhe des Vermächtnisses bestimmt sich für jedes Kind nach der Quote seines gesetzlichen Erbteils unter Abzug der darauf entfallenden Pflichtteilslast.
Das Vermächtnis fällt zwar mit dem Tode des Erstversterbenden von uns an, es unterliegt aber dem Nießbrauch des Überlebenden von uns bis zu seinem Tod oder seiner etwaigen Wiederheirat.

6. Der Überlebende von uns ist nicht befugt, die hier getroffenen Erbeinsetzungen nach dem Tode des Erstversterbenden zu widerrufen, wenn er die Alleinerbschaft angenommen hat.
Allerdings soll der Überlebende das Recht haben, die in diesem Testament bestimmte Enterbung eines Abkömmlings für den Fall, daß dieser das Pflichtteil geltend macht, jederzeit nach seinem Belieben zu widerrufen.
7. Heiratet der Überlebende von uns wieder, so hat er die unter Ziffer 2 dieses Testaments getroffenen Vereinbarungen zu vollziehen. Danach ist er berechtigt, über sein Vermögen durch Errichtung einer anderweitigen Verfügung von Todes wegen frei zu disponieren. Bei der Beerbung unserer gemeinschaftlichen Kinder bleibt es in diesem Fall nur dann, wenn der Überlebende nichts anderes letztwillig bestimmt haben sollte.

Altdorf, den 1. April 1991 *Hans Neu*
Frieda Neu geb. Altklug

C. Ehegattentestament nur zugunsten der Kinder bzw. der Abkömmlinge

UNSER LETZTER WILLE

1. Jeder von uns Ehegatten setzt zu Erben seines Nachlasses unsere gemeinsamen Kinder ein. Die Höhe der Erbquote jedes Kindes soll sich nach den Bestimmungen der gesetzlichen Erbfolge richten.
Falls eines unserer Kinder nicht erben kann oder will, sollen seine Abkömmlinge nach der gesetzlichen Erbfolge an seiner Stelle erben. Sind keine Abkömmlinge vorhanden, so soll Anwachsung zugunsten unserer anderen Kinder bzw. deren Nachkommen eintreten.
Der überlebende Ehegatte von uns wird also nicht zum Miterben berufen. Würden wir heute versterben, so wären aufgrund der vorstehenden Erbeinsetzung unsere Kinder
Thomas Müller
Theresia Maier geb. Müller
Dieter Müller
Erben, und zwar je zu einem Drittel des Nachlasses.
2. Die obige Erbeinsetzung soll auch dann gelten, wenn wir gleichzeitig versterben sollten bzw. falls nicht festgestellt werden kann, wer von uns früher oder später verstorben ist.
3. Bestimmungen darüber, wann und wie unsere Erben den Nachlaß im Wege der Auseinandersetzung unter sich aufzuteilen haben, treffen wir nicht.
4. Jeder von uns Eheleuten ist berechtigt, die in diesem Testament erfolgte Erbeinsetzung jederzeit, also auch nachdem einer von uns beiden verstorben ist, zu widerrufen und nach seinem Belieben anderweitig zu testieren oder auch die Errichtung eines anderweitigen Testaments zu unterlassen.

Neuerhausen, den 14. April 1992 *Berta Müller geb. Jung*
Franz Müller

D. Ehegattentestament mit Erbeinsetzung der Kinder und Nießbrauch für den überlebenden Ehegatten

UNSER TESTAMENT

Der Erstversterbende von uns beruft zu seinen Erben unsere Kinder Florian und Max zu gleichen Teilen.
Ersatzerben sind jeweils die Abkömmlinge der Erben, einschließlich adoptierter, jedoch mit Ausnahme nichtehelicher in männlichen Linien, unter sich nach den Regeln der ersten Erbordnung zum Zeitpunkt des Erbfalls.
Sind keine Ersatzerben vorhanden, soll Anwachsung eintreten.
2. Der Erstversterbende von uns räumt dem Überlebenden án seinem gesamten Nachlaß den Nießbrauch ein.
Dieser Nießbrauch soll lebtäglich sein, sofern der Überlebende nicht wieder heiratet. Im Falle der Wiederheirat erlischt der Nießbrauch. Der Nachlaß des Erstverstorbenen ist dann sofort an die in diesem Testament berufenen Erben herauszugeben. Allerdings soll der Überlebende in diesem Fall berechtigt sein, ein Viertel des auf den Tag seiner Wiederheirat festzustellenden Wertes des Nachlasses in Geld als sofort fälliges Vermächtnis gegen die Erben geltend zu machen. Die Erträgnisse des Nießbrauchs sollen dabei keine Berücksichtigung finden und sind nicht anzurechnen.
3. Der Erstversterbende von uns ernennt hiermit den überlebenden Ehegatten zu seinem Testamentsvollstrecker mit der einzigen Aufgabe, sich selbst nach seinem Tode den Nießbrauch am Nachlaß in rechtlich vorgeschriebener Form zu verschaffen. Im übrigen ist der Nachlaß des erstverstorbenen Ehegatten nicht mit Testamentsvollstreckung belastet.
4. Sollte einer der in diesem Testament zum Erben berufenen Abkömmlinge die Erbschaft ausschlagen und den Pflichtteil aus dem Nachlaß des erstverstorbenen Ehegatten verlangen, so geht sein Erbteil mit der Pflichtteilslast auf die übrigen Erben über.
Sollten alle in diesem Testament berufenen Erben die Erbschaft ausschlagen und den Pflichtteil verlangen, so beruft der Erstversterbende von uns den überlebenden Ehegatten zu seinem unbeschränkten Alleinerben.
5. Der Überlebende von uns trifft keinerlei Verfügung von Todes wegen, so daß es ihm unbenommen bleibt, nach dem Tod des Erstversterbenden nach seinem Belieben letztwillig zu verfügen.

Freiburg, den 1. Mai 1990 — *Karl Karle*
Emma Maier-Karle geb. Maier

E. Ehegattentestament bei kinderloser Ehe mit Vermächtnisanordnung

UNSER GEMEINSAMES TESTAMENT

1. Der Erstversterbende von uns beruft den Überlebenden zu seinem unbeschränkten Alleinerben. Dieser ist über das gesamte Vermögen unter Lebenden frei verfügungsberechtigt, von Todes wegen, soweit sich aus diesem Testament nichts Gegenteiliges ergibt.

2. Der Überlebende von uns belastet seine Erben — gleichgültig ob sie zur Erbfolge aufgrund Gesetzes oder aufgrund letztwilliger Verfügung berufen sind — mit einem Vermächtnis in Höhe des halben Wertes des zum Zeitpunkt seines Todes vorhandenen reinen Gesamtvermögens zugunsten derjenigen Verwandten des erstversterbenden Ehegatten, die dessen gesetzliche Erben wären, wenn dieser erst mit dem Längstlebenden von uns beiden versterben würde. Das Vermächtnis ist zahlungsunfähig 1 Jahr nach dem Tod des Längstlebenden und bis dahin unverzinslich. Bei der Berechnung des Vermächtnisses sind bestehende Verbindlichkeiten, die Kosten der Bestattung, des Grabmales und der Grabpflege zu berücksichtigen.

Der überlebende Ehegatte ist an vorstehendes Vermächtnis nach Annahme der Alleinerbschaft vom erstverstorbenen Ehegatten gebunden. Im übrigen ist er durch dieses Testament in seiner Verfügungsfreiheit von Todes wegen nicht eingeschränkt und unterliegt keinerlei Bindungen.

3. Sollten wir beide gleichzeitig versterben oder kann nicht festgestellt werden, wer von uns früher und wer später verstorben ist, so soll der Ehemann von seinen Verwandten, die Ehefrau von ihren Verwandten beerbt werden. Diese Bestimmung soll aber nicht bindend sein, sondern jeder Ehegatte hat das Recht, für diesen besonderen Fall unseres Ablebens beliebige anderweitige Verfügungen zu treffen.

Neudorf, den 1. Januar 1991 *Emilia Vogel geb. Habicht*
Waldemar Vogel

F. Testament einer verwitweten, kinderlosen Erblasserin mit Auflagen und verschiedenen Vermächtnissen

TESTAMENT

1. Zu meinen Erben berufe ich meine Nichte Cornelia und meinen Neffen Bernd zu gleichen Teilen.

Ersatzerben sind jeweils deren Abkömmlinge nach den gesetzlichen Bestimmungen. Soweit keine Ersatzerben vorhanden sind, soll keine Anwachsung erfolgen, sondern es soll gesetzliche Erbfolge eintreten.

2. Meine Erben belaste ich mit folgenden Vermächtnissen:
a) Meine Haushälterin Anna erhält das lebtägliche, ausschließliche und unentgeltliche Wohnrecht an der Zweizimmerwohnung in meinem Haus in F-Stadt, S-Str. 12. Das Wohnrecht ist nach meinem Tod durch Eintrag im Grundbuch dinglich zu sichern. Die Überlassung des Wohnrechts an Dritte ist nicht gestattet.
b) Erwin, der Freund meines verstorbenen Mannes, erhält aus der Gemäldesammlung ein Bild nach seiner Wahl.
c) Meine Freundin Sofie schuldet mir aus Darlehen 10 000 DM. Diesen Betrag erlasse ich ihr.
d) Dem Verein der Sportfischer in B-Stadt vermache ich ein von meinem Testamentsvollstrecker auszusuchendes geeignetes Ufergrundstück am Bodensee nebst der Verpflichtung des Testamentsvollstreckers, darauf ein bewirtschaftetes Vereinsheim erstellen zu lassen, das den Namen „Zum alten Simpel“ tragen soll.
3. Ich treffe folgende Auflagen:
a) Dem Tierheim in F-Stadt, Y-Str. vermache ich 15 000 DM verbunden mit der Auflage, meinen Hund „Eike“ nach meinem Tod aufzunehmen und zu pflegen. Das Vermächtnis soll auch dann bestehen bleiben, wenn mein Hund bei meinem Tod nicht mehr leben sollte.
b) Meinen Erben mache ich die Auflage, das Bild „Rosengarten“ aus der Gemäldesammlung an den Rechtsträger des Museums für die neue Kunst in F-Stadt zu übereignen, verbunden mit der Auflage, das Bild für immer in den Räumen des dortigen Museums zu belassen.
c) Meine Erben verpflichte ich aus Mitteln des Nachlasses, die Grabstätte meines verstorbenen Mannes sowie meine eigene Grabstätte auf die volle Dauer der Ruhezeit für Kaufgräber zu schmücken und zu pflegen. Jeder Erbe kann verlangen, daß dazu ein Grabpflegevertrag mit der Genossenschaft der Friedhofsgärtner in X abgeschlossen wird.
Weiter werden die Erben verpflichtet, alljährlich zum Todestag meines Mannes für diesen eine heilige Messe in St. Urban lesen zu lassen und dafür jeweils dem Gemeindepfarrer einen Betrag von 1000 DM mit der Auflage zu überlassen, diesen den Bedürftigen der Gemeinde zuzuwenden.
4. Ich ernenne Herrn Rechtsanwalt Hans Müller aus X zu meinem Testamentsvollstrecker mit der Auflage und Verpflichtung, die von mir ausgesetzten Vermächtnisse und Auflagen zu erfüllen. Will oder kann er das Amt nicht antreten oder fällt er vor seiner Ausführung weg, so ersuche ich das Nachlaßgericht, einen geeigneten Testamentsvollstrecker zu ernennen. Der Testamentsvollstrecker erhält eine einmalige Vergütung in Höhe von 5 % der Verkehrswerte der Vermächtnisse und Auflagen. Er hat darüber hinaus Anspruch auf Erstattung seiner notwendigen Auslagen.
5. Die angeordneten Vermächtnisse stehen den Bedachten nur persönlich zu. Ich benenne keine Ersatzvermächtnisnehmer.

Soweit ich in meinem Testament über Gegenstände verfügt habe, die nicht oder nicht ganz zu meinem Nachlaß gehören sollten, gelten die Anordnungen als Verschaffungsvermächtnisse.

Neustadt, den 24. Dez. 1989 *Hilda Schlau*

G. Testament eines kinderlosen Erblassers zugunsten seiner Verwandten

1. Zu meinen Erben setzte ich meine Geschwister Emil und Franziska zu gleichen Anteilen ein. Ersatzerben sollen ihre Abkömmlinge nach der gesetzlichen Erbregel sein.
2. Die Auseinandersetzung des Nachlasses schließe ich bis zum Tod meiner Mutter Katharine Bär aus. Meiner Mutter vermache ich den Nießbrauch auf Lebzeiten an meinem gesamten Nachlaß. Während dessen Bestehen hat sie die anfallenden Vermögensabgaben und Steuern zu tragen.
Meine Erben verpflichte ich dazu, meiner Mutter den Nießbrauch nach meinem Tod unverzüglich ordnungsgemäß zu bestellen und insbesondere den Eintrag des Nießbrauchs im Grundbuch zu veranlassen.

Mannheim, den 8. Okt. 1988 *Josef Bär*

H. Rentenvermächtnis

1. Zu meinen Erben berufe ich meine zur Zeit meines Todes lebenden Geschwister zu gleichen Teilen.
Soweit Geschwister vor mir sterben, soll Anwachsung eintreten.
2. Über die Art der Verteilung meines Nachlasses will ich keine besondere Bestimmung treffen.
3. Meine Erben belaste ich mit einem Rentenvermächtnis zugunsten meiner Eltern auf deren Lebzeiten. Sie haften dafür den Bedachten gegenüber als Gesamtschuldner. Im Innenverhältnis fällt den Erben das Vermächtnis zu gleichen Teilen zur Last. Das Vermächtnis entspricht der Höhe nach der Miete, die meine Erben aus dem auf sie übergehenden Wohn- und Geschäftshaus in X-Stadt einnehmen, und zwar ohne jeden Abzug. Sollten die Erben Teile des Hauses nicht mehr vermieten, so ist die zuletzt angefallene Miete zu entrichten; stehen Räume länger als zwei Jahre leer oder werden sie von den Erben selbst genutzt, so ist die ortsübliche Vergleichsmiete anzusetzen.
Verkaufen die Erben das Haus, so ist als Rente der Zinsertrag geschuldet, den die Erben am Kapitalmarkt für Festgeld mit monatlicher Laufzeit erzielen können.
Die Rente ist monatlich im voraus zu entrichten und steht meinen Eltern gemeinsam zu. Bei Ableben eines Elternteiles ist die Rente ungeschmälert an den überlebenden Teil weiterzubezahlen.

Bergheim, den 1. Juli 1990 *Xaver Reich*

I. Testament eines Erblassers für seine Kinder

MEIN LETZTER WILLE

1. Zu meinen Erben setzte ich ein
— meinen Sohn Jürgen Fritz zu einem Drittel
— anstelle meiner verstorbenen Tochter Lotte Berg geb. Fritz deren Kinder
— Bernhard Berg zu einem Sechstel
— Josepha Berg zu einem Sechstel
— meine Tochter Hilda Lauter geb. Fritz zu einem Drittel.
Sollte eine der soeben genannten Personen nicht mein Erbe werden, so bestimme ich als Ersatzerben die Abkömmlinge nach der gesetzlichen Regelung des Erbrechts. Sind keine Abkömmlinge vorhanden, soll Anwachsung zugunsten der anderen Stämme eintreten.
2. Zu meinem Testamentsvollstrecker, mit der Aufgabe innerhalb eines Jahres nach meinem Tod den Nachlaß unter meinen Erben nach billigem Ermessen auseinanderzusetzen, berufe ich meine Tochter Hilda Lauter.
3. Im Rahmen der Erbauseinandersetzung ist mein Sohn Jürgen Fritz berechtigt, das Haus in A-Dorf, Y-Str. 10 zum Schätzwert zu übernehmen, der durch den Gutachterausschuß der Gemeinde A-Dorf zu meinem Todestag ermittelt wird.
Kommt der Gutachterausschuß zu einem Schätzwert von mehr als 300 000 DM, so soll die Übernahme zu 85 % des festgelegten Schätzwertes erfolgen, wobei der eigene Anteil von Jürgen in Abzug zu bringen ist.
4. Meiner Tochter Hilda Lauter sind bei der Erbauseinandersetzung die ihr zur Hochzeit bezahlten 25 000 DM als ausgleichspflichtiger Vorempfang anzurechnen.
5. Meiner langjährigen Haushälterin Maria Lieblich wende ich als Vermächtnis 10 000 DM zu. Der Betrag ist drei Monate nach meinem Tod zur Zahlung fällig und bis dahin nicht zu verzinsen. Bei späterer Zahlung sind Zinsen von 12 % zu entrichten, ohne daß hierin eine Stundung liegt.
6. Ich habe mit meiner bereits verstorbenen Ehefrau kein Testament und keinen Erbvertrag errichtet, so daß ich in der Verfügung über mein Vermögen von Todes wegen in keinster Weise gebunden bin.

Neuenheim, 1. Jan. 1990 — *Hans Fritz*

J. Testament mit Wiederverheiratungsklausel in Form eines Vermächtnisses

1. Ich berufe meine Ehefrau Annabelle zu meiner Alleinerbin.
2. Sollte meine Ehefrau wieder heiraten, so hat sie den zum Zeitpunkt der Wiederheirat an mir gesetzlich erbberechtigten Verwandten ein Vermächtnis in Geld auszubezahlen, das dem Wert eines Viertels des von mir geerbten Nachlasses entspricht.

Das Vermächtnis ist innerhalb eines Jahres nach der Wiederverheiratung zu erfüllen und bis dahin ohne Zinsen und ohne Sicherheitsleistung gestundet.
Für die Berechnung des Vermächtnisses ist der Vermögensstand zum Zeitpunkt der Wiederverheiratung meiner Ehefrau maßgebend.

Niederhausen, 11.11.1990 *Carl Gescheidle*

K. Teilungsanordnungen

MEIN TESTAMENT

1. Beerben sollen mich
a) meine Ehefrau Gerda zu einem Viertel
b) meine drei Kinder Benjamin, Sebastian und Simone zusammen zu drei Vierteln meines Vermögens.
2. Ich bestimme für die Nachlaßauseinandersetzung unter meinen Erben folgendes:
a) Meine Ehefrau erhält als Vorausvermächtnis die gesamte Haushaltseinrichtung. Ihr Erbteil ist aus meinem hierzu zweifellos ausreichenden Kapitalvermögen (Sparbücher, Festgeld und Wertpapiere) an sie auszubezahlen.
b) Mein Sohn Benjamin kann meine Eigentumswohnung in F-Stadt, H-Str. 20 zu einem Preis übernehmen, der 20 % unter dem Wert liegt, den der Gutachterausschuß der Gemeinde F für den Zeitpunkt meines Todes im Rahmen gemeinderätlicher Schätzung ermittelt.
c) Mein Sohn Sebastian darf meine bei der X-Bank unter der Depot-Nr. 0815299 verwahrten sämtlichen Wertpapiere zum Kurswert übernehmen, der an meinem Todestag aufgrund amtlicher Feststellung galt.
d) Meine Tochter Simone kann mein Wohnhaus in W-Dorf zu einem Preis übernehmen, den der Gutachterausschuß der Gemeinde im Rahmen einer gemeinderätlichen Schätzung ermittelt.
Meine Erben sollen gleichgestellt sein und im Ergebnis je ein Viertel des Wertes meines Vermögens erhalten. Deshalb sind Wertunterschiede auszugleichen. Soweit möglich, hat die Ausgleichung durch entsprechende Zuweisung vorhandener Bankguthaben zu erfolgen. Soweit dies nicht möglich sein sollte, haben die Erben, die mehr als ein Viertel im Hinblick auf den Vollzug meiner Teilungsanordnung erhalten haben, die anderen durch Zahlung von Gleichstellungsgeld innerhalb eines Jahres nach meinem Ableben gleichzustellen.

Hochstatt, den 15.5.1990 *Fridolin Fünfgeld*

L. Enterbung eines nichtehelichen Kindes

1. Mein nichteheliches Kind Josef, geboren am 24. Dez. 1989, schließe ich samt seiner Nachkommenschaft von jedem Erbrecht an meinem Nachlaß aus. Dies gilt auch für den Erbersatzanspruch.

2. Im übrigen verbleibt es bei meinem Testament vom 23. Feb. 1964.

Breisach, den 22. März 1992 *Johann Hart*

M. Entziehung des Pflichtteils

MEIN LETZTER WILLE

Meinem Sohn Franz Taugenichts entziehe ich hiermit den Pflichtteil. Er hat mich und seine Mutter — meine Frau — am 11.11.1991 ohne jeden Grund vorsätzlich körperlich grob mißhandelt. Meine Frau und ich zogen uns Verletzungen zu. Wir haben ihm dies nie verziehen.
Zeugen für die Mißhandlung sind der Hausarzt Dr. Gut in S-Dorf und unsere Haushaltshilfe Beate Neumann.

A-Dorf, den 1.12.1991 *Otto Taugenichts*

N. Enterbung in guter Absicht

Mein Sohn Jakob ist derart überschuldet und verschwendungssüchtig, daß ihm ein Erwerb an meinem Nachlaß im Hinblick auf seine Gläubiger und seine Neigungen nicht zugute kommen wird.
Deshalb schließe ich meinen Sohn in guter Absicht von der Erbfolge aus.
Ich berufe ihn lediglich zum Vorerben. Sein Erbteil soll nach seinem Tod an seine Kinder zu gleichen Teilen fallen.
Ich entziehe meinem Sohn Jakob auch die Verwaltung seines Erbteiles und übertrage diese auf den von mir insoweit zum Testamentsvollstrecker ernannten Sohn Gottlob. Bei dessen Ausfall möge das Nachlaßgericht einen Testamentsvollstrecker ernennen.
Der Testamentsvollstrecker hat meinem Sohn Jakob nur den Reinertrag seines Erbteils in monatlichen Teilbeträgen auszuzahlen. Er hat weiter die Rechte und Pflichten der Nacherben bis zum Eintritt des Nacherbfalles wahrzunehmen.

Ort und Datum *Unterschrift*

O. Anordnung einer Leibrente

Meine Erben haben an meinen Vater Paul und an meine Mutter Frieda insgesamt eine Leibrente in Höhe des jeweiligen Endgehaltes eines kinderlosen Bundesbeamten der Besoldungsklasse ... Endstufe als Gesamtschuldner ab dem auf meinen Tod folgenden Monatsersten zu zahlen. Die Rente ist jeweils monatlich im voraus zahlungsfällig. Mit dem Tode eines Elternteils verringert sich die Rente um ein Drittel.

P. Ausschluß eines Verwaltungsrechts bei minderjährigen Erben

Zu meinem Alleinerben berufe ich meinen Neffen Thomas, Sohn meines Bruders Ludwig.
Die Verwaltung des Nachlasses durch den Vater und die Mutter des Alleinerben schließe ich für die Dauer der Minderjährigkeit des Alleinerben aus.
Die Verwaltung hat statt dessen durch Herrn Rechtsanwalt Klug, den ich zu diesem Zwecke zum Testamentsvollstrecker ernenne, zu erfolgen. Er hat mein umfangreiches Vermögen nach meinen bisherigen Prinzipien und Grundsätzen, die ihm aus langjähriger Tätigkeit für mich bekannt sind, sorgsam zu verwalten und zu mehren und dem Alleinerben monatlich ein angemessenes Taschengeld auszuzahlen. Er erhält eine Vergütung in Höhe von 5 % des Verkehrswertes, den das verwaltete Vermögen bei Beendigung seines Amtes hat. Sein Amt endet mit Eintritt der Volljährigkeit des Alleinerben.

Neuenbürg, 13. April 1990 *Franz Xaver Reich*

O. Testamentswiderruf

Hiermit widerrufe ich meine sämtlichen bisher getroffenen Verfügungen von Todes wegen.
Neue testamentarische Bestimmungen will ich heute nicht treffen.

Emmendingen, den 14. Mai 1992 *Ewald Sonne*

R. Widerruf eines gemeinschaftlichen Ehegattentestaments

Wir, die Eheleute Franz und Hilda Maus geb. Katz, widerrufen hiermit unser am 20. Jan. 1968 vor dem Notar Otto Wilde in N-Hausen errichtetes Testament in vollem Umfang.

Landeck, den 10. Jan. 1990 *Franz Maus*
Hilda Maus geb. Katz

S. Unternehmertestament bei einer Einzelfirma

TESTAMENT
Ich, Hans F. Gebrechlich, wohnhaft in X-Stadt, bin alleiniger Eigentümer einer Maschinenfabrik, die unter der Firma „Hans F. Gebrechlich Spezialmaschinenbau" betrieben wird.
Aus meiner Ehe mit Lina Gebrechlich geb. Stark sind unsere beiden Kinder Anton und Bernd hervorgegangen, die beide seit einigen Jahren in meiner Firma tätig sind. Anton ist als Produktionsleiter und Bernd als Leiter des Rechnungswesens unter meiner Führung beschäftigt.

Letztwillig treffe ich heute folgende Bestimmungen:

1. Frühere Testamente widerrufe ich.

Einen Erbvertrag oder ein gemeinsames Testament mit meiner Ehefrau habe ich nicht errichtet, so daß ich frei testieren kann.

2. Meine Ehefrau setze ich zur alleinigen Vorerbin meines gesamten Nachlasses ein.

3. Meine Ehefrau soll von allen nach dem Gesetz vorgesehenen Beschränkungen als Vorerbin befreit sein, mit Ausnahme der folgenden Einschränkungen, die ich ausdrücklich treffe. Das zum Nachlaß gehörende Betriebsgrundstück nebst Büro- und Fabrikbaulichkeiten in X-Stadt, Maschinenstr. 2, darf sie als Vorerbin mit Grundpfandrechten in beliebiger Höhe belasten, aber nicht ohne vorherige Zustimmung meiner Nacherben verkaufen.

4. Zu Nacherben setzte ich meine beiden Söhne zu gleichen Teilen ein. Die Nacherbschaft soll eintreten mit dem Tod oder der Wiederverheiratung meiner Ehefrau. Da ich meine Ehefrau als Vorerbin von den gesetzlichen Beschränkungen befreit habe, sollen meine Söhne nur das erhalten, was bei Eintritt des Nacherbfalls von meinem Nachlaß noch vorhanden ist.

5. Sollte einer meiner Söhne vor mir versterben, so soll der andere alleiniger Nacherbe sein.

6. Nach Eintritt des Nacherbfalls ist von meinen beiden Nacherben mein Unternehmen in der Rechtsform einer offenen Handelsgesellschaft unter der bisherigen Firma forzuführen. In den abzuschließenden Gesellschaftsvertrag ist aufzunehmen, daß die Gesellschaft für mindestens zehn Jahre geschlossen wird, jeder Gesellschafter mit gleichem Kapital beteiligt ist und in gleicher Höhe an Gewinn und Verlust teilnimmt und einzelvertretungsbefugt ist.

Wenn ein Gesellschafter aufgrund Kündigung aus der Gesellschaft ausscheidet, ist der verbleibende Gesellschafter berechtigt, das gesamte Betriebsvermögen zu dem Wertansatz zu übernehmen, der sich aus der Steuerbilanz zum Abschluß des letzten ordentlichen Geschäftsjahrs vor der Kündigung ergibt. Der ausscheidende Gesellschafter ist nicht an vorhandenen stillen Reserven zu beteiligen. Sein Kapitalanteil, der ihm auszuzahlen ist, bestimmt sich vielmehr ausschließlich nach dem Buchwert der Steuerbilanz.

Sollte ein Gesellschafter durch Tod ausscheiden, so sollte möglichst eines seiner Kinder seine Nachfolge in der Gesellschaft antreten. Der Nachfolger ist entweder im Gesellschaftsvertrag durch Eintrittsklausel oder durch letztwillige Verfügung meiner Nacherben zu bestimmen. Fehlt eine derartige Bestimmung, so hat der überlebende Gesellschafter das Recht, das Unternehmen als Einzelfirma fortzuführen. In diesem Fall haben die Erben des verstorbenen Gesellschafters zwar Anspruch auf dessen Kapitalanteil, allerdings nur in Höhe des Buchwertes, wie er sich aus der letzten Steuerbilanz vor dem Tod des Gesellschafters ergibt. Stille Reserven kommen nicht zu Auszahlung, um den Bestand des Unternehmens zu sichern. Das Auseinandersetzungsguthaben ist in vier gleichen Raten zinslos auszubezahlen. Die Raten sind jährlich zu zahlen, die erste Rate ein Jahr nach dem Tod des Gesellschafters.

Sollte bei Eintritt des Nacherbfalls — zu dem die offene Handelsgesellschaft zu errichten ist — einer oder beide Nacherben bereits verstorben sein, so soll aus dem Kreis der Abkömmlinge eine Person bestimmt werden, die an Stelle des verstorbenen Nacherben an der Gesellschaft teilnimmt.

7. Hinsichtlich meines Privatvermögens bestimme ich noch folgendes:

a) Meine Schwester Erna soll nach meinem Tod mein Wochenendhaus in A-Stadt als Vermächtnis erhalten.

b) Bei Eintritt des Nacherbfalls sind an meinen Neffen Fridolin und meine Nichte Franziska je 10 000 DM als Barvermächtnis auszuzahlen.

c) ...usw. . . . .

X-Stadt, den 10.10.1990 *Hans F. Gebrechlich*

T. Besondere letztwillige Anordnung hinsichtlich einer Gesellschaftsbeteiligung

1. Ich bin als persönlich haftender Gesellschafter an der offenen Handelsgesellschaft Gebrechlich & Co. mit dem Sitz in X-Stadt beteiligt.

Mein festes Kapitalkonto beträgt 100 000 DM.

Im Gesellschaftsvertrag ist bestimmt, daß im Falle des Todes eines Gesellschafters dessen Beteiligung nur auf einen seiner Söhne, ersatzweise nur auf eine seiner Töchter, übergehen darf. Die übrigen Kinder sind von der Rechtsnachfolge in der Beteiligung durch den Gesellschaftsvertrag ausgeschlossen. Die Bestimmung des Kindes, das im Todesfalle in die Gesellschaft eintreten soll, hat durch letztwillige Anordnung des einzelnen Gesellschafters zu erfolgen.

2. Da meine Kinder noch zu jung sind, vermag ich heute noch nicht abzusehen, welches Kind sich am besten für meine Nachfolge in der Gesellschaft eignet. Ich will deshalb heute noch keine entsprechende Bestimmung treffen. Vielmehr soll es bei den Bestimmungen des Gesellschaftsvertrags verbleiben, die ich lediglich dahingehend ergänzen will, daß im Falle meines Todes mein ältester Sohn bzw. der zweitälteste und nur für den Fall, daß kein Sohn eintreten kann oder will, eine meiner Töchter, wobei ich die älteste zuerst berufe, an meine Stelle treten soll. Dies ist mein ausdrücklicher letzter Wille.

3. Das Kind, das nach meinem Tod in die Gesellschaft eintritt, hat die anderen von mir zu Miterben berufenen Personen so zu stellen, als ob der Wert der Beteiligung zu meinem Nachlaß gehören würde. Der Wert soll demgemäß bei der Nachlaßauseinandersetzung berücksichtigt werden und Anrechnung finden.

4. Vorstehendes gilt nur für meine Beteiligung an dem in der Bilanz ausgewiesenen Kapitalkonto. Soweit mir gegen die Gesellschafter Ansprüche aus Gewinn zustehen sollte, sollen diese auf meine Erben vererbt werden.

X-Stadt, den 3.3.1983 *Gebrechlich*

U. Testamentvollstreckung hinsichtlich eines Anteils an einer Kommanditgesellschaft

.... Auszug aus einem umfassenden Testament ....

Meine Beteiligung an der Komanditgesellschaft unter der Firma ... mit Sitz in ... hat mein in diesem Testament ernannter Testamentsvollstrecker treuhänderisch für die Erben zu verwalten. Meinen Erben erteile ich die Auflage, die Beteiligung auf den Testamentsvollstrecker für die von mir bestimmte Zeit treuhänderisch zu übertragen. Falls der Testamentsvollstrecker nicht Treuhänder werden kann oder will, bevollmächtige ich ihn hiermit, meine vermögens- und mitgliedschaftlichen Rechte und Pflichten gegenüber den Erben und der Gesellschaft so lange und in dem Umfang zu vertreten, wie dies in diesem Testament für die Testamentsvollstreckung vorgesehen ist.

Sollte vorstehende Vollmacht nicht wirksam sein oder unwirksam werden, so verpflichte ich meine Erben, nach dem Erbfall den Testamentsvollstrecker entsprechend zu bevollmächtigen. Die Vollmacht soll nach entsprechender Aufforderung durch den Testamentsvollstrecker in angemessener Frist — die der Testamentsvollstrecker bestimmen mag — erteilt werden. Erteilt ein Erbe die Vollmacht nicht, so tritt der in § ... bestimmte Ersatzerbe an seine Stelle.

V. Testamentsvollstreckung hinsichtlich eines Unternehmens

... Auszug aus dem Testament des Unternehmers:

§ 10 Ich ordne Testamentsvollstreckung an und berufe Herrn Rechtsanwalt zum Testamentsvollstrecker. Sollte er das Amt nicht ausüben können oder wollen, so ist er befugt, eine Ersatzperson oder einen Nachfolger mit vergleichbarer Vorbildung, Erfahrung und Eignung als Testamentsvollstrecker zu benennen. Kann diese Benennung nicht erfolgen, so soll das Nachlaßgericht — möglichst nach vorstehenden Grundsätzen — einen geeigneten Testamentsvollstrecker ernennen.

Dem Testamentsvollstrecker weise ich folgende Aufgabe zu:

1. Die Auseinandersetzung meines nicht zum Betrieb gehörenden Privatvermögens gemäß den von mir vorstehend getroffenen Bestimmungen, die Erfüllung der Vermächtnisse und Auflagen.
2. Die Verwaltung meines zum Betrieb gehörenden Betriebsvermögens bis zur Vollendung des ... Lebensjahres meines Sohnes Fritz.
3. Soweit rechtlich möglich und zulässig, ist der Testamentsvollstrecker von sämtlichen gesetzlichen Beschränkungen befreit.
4. Für die Auseinandersetzungsvollstreckung hinsichtlich meines Privatvermögens steht dem Testamentsvollstrecker eine einmalige Vergütung in Höhe von 4 % dieses Vermögens zu.
5. Für die Verwaltungsvollstreckung bezüglich des Betriebs erhält der Testamentsvollstrecker ... % des jährlich anfallenden Bilanzgewinns. Dem Vollstrecker steht eine Vergütung von mindestens ... % des von dem Betrieb an den Geschäftsführer bezahlten Jahresgehalts zu.

14. Die Erbschaftssteuer

Der Erwerb von Todes wegen unterliegt der Erbschaftssteuer. Inhaltlich im wesentlichen gleich geregelt ist die bei Zuwendungen unter Lebenden anfallende Schenkungssteuer. Gesetzliche Grundlage ist das Erbschafts- und Schenkungssteuergesetz.

Nach § 15 ErbStG werden die Erben bzw. Beschenkten in unterschiedliche Steuerklassen eingeteilt, für die aufgrund der Tarife eine unterschiedlich hohe Steuer anfällt.

Zur *Steuerklasse I* gehören der Ehegatte, die Kinder, Stiefkinder sowie die Kinder verstorbener Kinder und Stiefkinder.

Der *Steuerklasse II* zugewiesen sind die Abkömmlinge noch lebender Kinder sowie die Eltern und Voreltern des Erblassers.

In der *Steuerklasse III* finden sich die Geschwister, Schwiegerkinder und Schwiegereltern sowie der geschiedene Ehegatte des Erblassers.

Zur *Steuerklasse IV* schließlich gehören alle übrigen Personen.

Die zu entrichtende Erbschaftssteuer hängt ab vom Wert des ererbten Vermögens und dem je nach Steuerklasse unterschiedlichen Tarif. Dabei muß das ererbte oder geschenkte Vermögen nicht von der ersten Mark an versteuert werden, sondern das Gesetz räumt — ebenfalls anknüpfend an die Steuerklasse — den Erwerbern unterschiedlich hohe Freibeträge ein. Weiter ist noch beachtenswert, daß insbesondere das Eigentum an Grundstücken und Wohnungseigentum beim Erwerb insoweit eine besondere Begünstigung erfährt, als hier vom Wertansatz her gesehen nicht vom Verkehrswert der Immobilie, sondern vom 1,4-fachen des Einheitswert auszugehen ist. Es macht deshalb hinsichtlich der zu entrichtenden Erbschaftssteuer einen erheblichen Unterschied, ob ein Erbe ein Bankkonto mit 500 000 DM oder ein schuldenfreies Einfamilienhaus in einem Ballungsgebiet, das in etwa diesem Guthaben gleichwertig ist, erbt. Das Haus wird nämlich zur Berechnung der Erbschaftssteuer mit einem Wert, der zwischen ca. 30-60 000 DM liegt, angesetzt, das Kontoguthaben in seiner vollen Höhe. Man kann also mit Fug und Recht sagen, daß durch die Übertragung von Immobilien erhebliche Vermögenswerte „steuerfrei“ auf Erben oder Beschenkte übergehen.

Weiter ist wissenswert und zur sinnvollen Gestaltung der Übertragung des Vermögens auf die Bedachten zu berücksichtigen, daß die vom Gesetz eingeräumten Freibeträge nach Ablauf von zehn Jahren erneut in Anspruch genommen werden können. Bei entsprechend hohem Vermögen bietet es sich also an, alle zehn Jahre einen Anteil z.B. an Kinder oder Ehegatten zu verschenken, um den Freibetrag auszunutzen und die sonst zu erwartende Erbschaftssteuer möglichst gering zu halten.

Die *Freibeträge* belaufen sich auf

250 000 DM für den Ehegatten
90 000 DM für die Kinder und Kinder verstorbener Kinder
50 000 DM für Personen der Steuerklasse II

10 000 DM für Personen der Steuerklasse III
3000 DM für Personen der Steuerklasse IV.

Daneben wird Kindern und dem Ehegatten ein sogenannter *besonderer Versorgungsfreibetrag* gewährt. Dieser beträgt beim Ehegatten ebenfalls 250 000 DM. Er vermindert sich, soweit dem Ehegatten aus Anlaß des Todes des Erblassers Versorgungsbezüge zustehen, die nicht der Erbschaftssteuer unterliegen, um den Kapitalwert dieser Bezüge. Bei den Kindern hängt der besondere Versorgungsfreibetrag vom Lebensalter ab — nach dem 27. Lebensjahr entfällt er — und stellt sich wie folgt dar:

bis zum 5. Lebensjahr	50 000 DM
vom 5. bis zum 10. Lebensjahr	40 000 DM
vom 10. bis zum 15. Lebensjahr	30 000 DM
vom 15. bis zum 20. Lebensjahr	20 000 DM
vom 20. bis zum 27. Lebensjahr	10 000 DM.

Neben dem Versorgungsfreibetrag stehen dem Ehegatten im Falle des Güterstands der Zugewinngemeinschaft noch weitere Vergünstigungen zu. So muß ein Viertel des Betrages, der dem Gatten als Alleinerbe zufallen würde, nicht versteuert werden. Es handelt sich hier um den erbrechtlichen Zugewinnausgleich, der ebensowenig erbschaftssteuerpflichtig ist, wie der normale Zugewinnausgleich. Voraussetzung ist aber, daß die Vergleichsberechnung einen zumindest gleich hohen Zugewinnausgleichsanspruch ausweist. Erbschaftssteuerlich ist also der Güterstand der Zugewinngemeinschaft in den meisten Fällen günstiger als Gütertrennung.

Die Steuersätze der zu entrichtenden Erbschaftssteuer betragen

in Steuerklasse I	3-35 %
in Steuerklasse II	6-50 %
in Steuerklasse III	11-65 %
in Steuerklasse IV	20-70 %

wobei die im Einzelfall zu entrichtende Steuer vom Wert des steuerpflichtigen Erwerbs abhängt.

Hierzu folgende Beispiele:

Erwerb TDM	Steuer in % in der Steuerklasse			
	I	II	III	IV
50	3	6	11	20
100	4	8	14	24
200	5,5	11	18,5	30
300	6,5	13	21,5	34
400	7	14	23	36
500	7,5	15	24,5	38
1000	10	20	32	48
2000	11	22	34	50

Die Höchststeuersätze werden bei einem Erwerb von über 100 Millionen DM erreicht. Nach Darstellung dieser Grundzüge des Erbschaftssteuerrechts sei nun auf folgende Möglichkeiten der Ersparnis von Erbschaftssteuer durch entsprechende Gestaltung hingewiesen.

Steuervorteile bei zeitlicher Aufteilung von Zuwendungen

Abgesehen von der Möglichkeit, nach Ablauf von zehn Jahren die Steuerfreibeträge erneut auszunutzen, gibt es die Möglichkeit, mehrere Zuwendungen nach und nach vorzunehmen, was dazu führt, daß diese Zuwendungen wie eine einheitliche Zuwendung behandelt werden, sofern sie innerhalb von zehn Jahren erfolgen. Am effektivsten hinsichtlich der Steuerersparnis ist es aber, den Zehnjahresabstand auszunutzen. Dies zeigt folgendes Beispiel:

Im Falle eines Erbganges hätte ein Kind einen Vermögenswert von 250 000 DM zu erwarten. Die Erbschaftssteuer berechnet sich dann wie folgt:

Wert des Erwerbs	250 000 DM
./. Freibetrag	90 000 DM
steuerpflichtiger Erwerb somit	160 000 DM
hieraus Steuer gemäß Klasse I 5,5 % Steuerbelastung also	8800 DM

Wird unter Ausnutzung des Zehnjahreszeitraums eine Schenkung mit einem Vermögenswert von 125 000 DM vorgenommen und der Rest von weiteren 125 000 DM durch letztwillige Verfügung zugewandt, so gestaltet sich die Berechnung der Erbschaftssteuer (immer unter der Voraussetzung, daß das Kind schon 27 Jahre alt ist und ihm deshalb kein Versorgungsfreibetrag zusteht) wie folgt:

Wert des Erwerbs	125 000 DM
./. Freibetrag	90 000 DM
steuerpflichtiger Erwerb somit	35 000 DM
hieraus Steuer gemäß	
Klasse I, 3 % je Erwerbsvorgang	1050 DM
Steuerbelastung also	2100 DM
mögliche Steuerersparnis somit	
insgesamt	6700 DM

Dabei ist noch nicht berücksichtigt, daß in aller Regel das zugewandte Vermögen auch Erträge abwirft, die der Einkommenssteuer unterliegen und dort im Rahmen der Einkommenssteuerprogression der begüterte Erblasser in aller Regel eine weitaus höhere Steuer entrichten muß als das Kind, dessen Vermögen und Einkommen erst im Aufbau ist. Darüber hinaus ist es im Falle der Übertragung von Vermögen auf die Kinder in der Regel möglich die einkommenssteuerrechtlichen Freibeträge — insbesondere hinsichtlich der Zinserträge — ebenfalls auszunutzen, die den Eltern nur einmal zur Verfügung stehen. Rechtzeitige und zu vernünftigen Bedingungen vorgenommene Schenkungen zu Lebzeiten können so insgesamt zu ganz erheblichen Einsparungen führen, wenn man einen längeren Zeitraum vergleichsweise betrachtet. Die ersparte Erbschaftssteuer wird dabei meist geringer sein als die Ersparnis an Einkommenssteuer. Bei entsprechenden Vermögensverhältnissen lohnt sich eine fachkundige Beratung auf jeden Fall.

Erbschaftssteuerersparnis durch Überspringen einer Generation

Da die Erbschaftssteuer mit jedem Erbfall fällig wird, tritt je nach der Anzahl der aufeinanderfolgenden Erbfälle eine Kumulierung ein. Der Ehemann vererbt sein Vermögen an die Frau als Alleinerbin, diese vererbt es an die Kinder, die es an die Enkelkinder weitergeben. Hier wird das gleiche Vermögen dreimal steuerpflichtig vererbt. Dieser unerwünschte Effekt kann durch entsprechende Gestaltung der Erbfolge vermieden werden. Hierzu wird zweckmäßig eine Generation übersprungen. Statt der Kinder werden also in unserem Beispiel direkt die Enkel zu Erben testamentarisch berufen.

Unterbleibt eine solche Gestaltung, so ist nach dem Erbschaftssteuergesetz lediglich dann eine Entlastung vorgesehen, wenn Personen der Steuerklasse I und II durch Erbgang Vermögen erwerben, das in den letzten zehn Jahren vor dem Erbfall bereits schon einmal vererbt worden war. In diesen Fällen ermäßigt sich die Erbschaftssteuer für den zeitlich letzten Erbfall. Die Ermäßigung beträgt zwischen 10 und 50 % der auf das doppelt vererbte Vermögen anfallenden Steuer und richtet sich nach dem Zeitraum, der zwischen den beiden Erbfällen liegt.

Steuerersparnis durch Ausnutzung von Freibeträgen und Staffeltarif

Je mehr Personen zu Erben berufen werden, desto öfter können die Freibeträge ausgenutzt werden und um so geringer wirkt sich die progressive Staffelung des Erbschaftssteuertarifs aus. Es kann also im Einzelfall sinnvoll sein, durch Testament neben Ehegatten und Kindern auch die Enkelkinder zu bedenken, um so eine größere Aufteilung zu erreichen und darüber hinaus eine Generation mit Teilen des Vermögens zu überspringen.

Allerdings muß bei einem solchen Vorhaben beachtet werden, daß die verschiedenen bedachten Empfänger in unterschiedliche Steuerklassen fallen können und auch die Freibeträge unterschiedlich hoch sind, so daß auch eine höhere Steuer entstehen kann, wenn das ganze Vorhaben nicht sorgfältig ausgeführt wird. Man sollte deshalb eine sachkundige Beratung in Anspruch nehmen. Im übrigen wird zu bedenken und mit dem Berater zu besprechen sein, ob nicht sachliche Erwägungen im Einzelfall den Vorzug vor einer nur der Steuerersparnis dienenden Gestaltung haben sollten. Eine zu große Zersplitterung von Vermögenswerten kann wegen anderer negativer Effekte nicht immer empfohlen werden.

Steuerbegünstigungen durch Nießbrauch oder Rentenvermächtnis

Neben den dargelegten Möglichkeiten kann es im Einzelfall steuerlich günstig sein, eine Aufspaltung derart vorzunehmen, daß das zu vererbende Vermögen mit einer Nutznießung belastet wird und eine Person das Vermögen zu Eigentum erhält, während die andere den Nießbrauch erwirbt. Der Nießbrauch ist in diesem Fall als Nachlaßverbindlichkeit zu sehen, so daß sich der Wert des ererbten Vermögens entsprechend vermindert. Beim Nießbrauchberechtigten andererseits kann aus dem Kapitalwert des Nießbrauchs eine Erbschaftssteuer entstehen, die im Einzelfall recht hoch ausfallen kann. Statt des Nießbrauchs kommt alternativ die Bestellung eines Rentenvermächtnisses in Betracht, das für die Erbschaftssteuer die gleichen Konsequenzen hat.

Steuerersparnis durch Aufnahme der Kinder ins elterliche Geschäft

Die Ausnutzung des Zehnjahreszeitraums und der entsprechenden Freibeträge kann zur Ersparnis bei Schenkungs- bzw. Erbschaftssteuer ausgenutzt werden. Daneben bietet im gewerblichen Leben die rechtzeitige Aufnahme von Kindern in den elterlichen Betrieb — auch wenn diese selbst im Einzelfall schenkungssteuerpflichtig sein sollte — den großen Vorteil, daß die Wertsteigerung im Unternehmen dann von selbst schenkungssteuerfrei den Kindern zugute kommt. Der Unternehmer kann dies erreichen, indem er von seinem Kapitalkonto schenkungsweise Beträge an die Kinder abtritt und mit diesen einen Gesellschaftsvertrag abschließt. Das Unternehmen wird dann als OHG oder KG, oder falls man zugleich auch eine Betriebsaufspaltung durchführen will (s. Kapitel 15), als GmbH & Co. KG weitergeführt. Bei Tod des Erblassers gehört dann den Kindern schon der anteilige Mehrwert, so daß hierfür keine Erbschaftssteuer anfällt.

15. Besonderheiten hinsichtlich des Unternehmertestaments und der Erbfolge in einem Unternehmen

Die Rechtsnachfolge in einem Unternehmen gestaltet sich häufig aus verschiedenen Gesichtspunkten heraus schwieriger, als dies bei einem normalen Erbfall der Fall ist.

Regelmäßig soll das Unternehmen über den Tod des Unternehmers hinaus erhalten und gesichert werden. Normalerweise soll das Unternehmen nicht von allen Familienmitgliedern fortgeführt werden, sondern es kommen dafür nur eine oder einige Personen in Betracht. Daneben gilt es natürlich auch hier, möglichst alle Familienmitglieder gerecht zu bedenken und Streit unter den Erben zu vermeiden. Es sollen oft erhebliche Vermögenswerte auch unter steuerlichen Gesichtspunkten möglichst günstig auf den Nachfolger im Unternehmen übertragen werden, um Belastungen für das Unternehmen gering zu halten. Daneben müssen der Lebensstandard und Unterhalt der Familienmitglieder, die nicht in den Betrieb eintreten, sichergestellt werden. Sie sind — auch um die Geltendmachung von Pflichtteilansprüchen zu verhindern — durch die Vererbung von Vermögensteilen angemessen zu berücksichtigen. Zu diesem Zweck ist es ratsam, rechtzeitig für die Bildung von Privatvermögen des Unternehmers zu sorgen. Eine klare Untergliederung der Vermögensverhältnisse sollte erfolgen. Häufig bietet sich an, durch Gründung einer Gesellschaft das Unternehmen rechtlich zu verselbständigen und dabei auch zu Lebzeiten des Unternehmers eine Haftungsbeschränkung für die Geschäftsschulden auf das Gesellschaftsvermögen herbeizuführen. Eine GmbH oder eine GmbH & Co. KG eignen sich hierfür bestens.

Die vielfältigen Auswirkungen, die die getroffenen Entscheidungen und letztwilligen Verfügungen haben können, sollen dazu führen, daß sich der Unternehmer mit der Regelung der anstehenden Fragen in Ruhe und rechtzeitig befaßt. Getroffene letztwillige Verfügungen sollten immer wieder überprüft werden, um Anpassungen vorzunehmen, die sich aus Änderungen der Rechtslage oder wegen Veränderungen tatsächlicher Art (z.B. Geburt weiterer Abkömmlinge, Tod einer als Erben vorgesehenen Person) ergeben.

Große Probleme können sich bei der Regelung der Frage ergeben, wer der *Nachfolger* des Unternehmers werden soll. Hier sind sowohl fachliche und betriebswirtschaftliche Gesichtspunkte zu beachten als auch nicht zu unterschätzende psychologische Auswirkungen einer getroffenen Entscheidung. Es kann vorkommen, daß die Eignung eines als Nachfolger ausersehenen Abkömmlings wegen dessen Alter und Lebenserfahrung noch nicht verläßlich beurteilt werden kann. In diesem Fall kann auf verschiedene Weise die Bestimmung des Nachfolgers einem Dritten überlassen werden. Denkbar ist es hier, den überlebenden Ehegatten zu ermächtigen, die Nachfolgeregelung zu treffen. Zweckmäßig kann es auch sein, diese Aufgabe

einem Dritten zu übertragen, so dem Testamentsvollstrecker oder auch einem eigens für diese Regelung zu bildenden Beirat.
Kommt aus dem Kreis der Familienmitglieder keine für die Fortführung geeignete Person in Betracht, so wird die Entscheidung für den Unternehmer noch problematischer und konfliktträchtiger. Trifft er keine Bestimmung, so tritt bei seinem Tod ein Durcheinander ein, das zur Handlungsunfähigkeit des Unternehmens führen kann, mit der Folge, daß wirtschaftliche Werte sinnlos zerschlagen und Arbeitsplätze vernichtet werden. Diese Situation kann er nur dann abwenden, wenn er entweder bei Zeiten sein Unternehmen verkauft oder wenn er sich dazu entschließt, die Voraussetzung für die Fortführung mit Hilfe familienfremder Führungskräfte zu schaffen. In diesem Fall ist es ratsam, das Unternehmen in eine *Kapitalgesellschaft* — in den meisten Fällen wird nur eine *GmbH* praktikabel sein — umzuwandeln. Sollen Familienmitglieder kapitalistisch am Unternehmen beteiligt bleiben, ohne direkt mit der Geschäftsführung befaßt zu sein, so käme auch die Umwandlung des Unternehmens in eine *GmbH & Co. KG* in Frage. Durch Vererbung entsprechender Kommanditisteinlagen könnte die kapitalmäßige Beteiligung mit Anteil an Gewinn und Verlust realisiert werden, ohne den Bedachten eine Geschäftsführungsbefugnis einräumen zu müssen. Eine weitere Alternative in dieser Situation ist die Anordnung von Testamentsvollstreckung zur Fortführung des Unternehmens verbunden mit der Weisung, das Unternehmen als Ganzes zu verkaufen und den Erlös unter den Erben aufzuteilen. Gerade wenn offen ist, ob z.B. Kinder des Erblassers sich dazu aufgrund ihrer späteren Entwicklung eignen werden, das Geschäft zu übernehmen, kann Testamentsvollstreckung zur Fortführung bis zum Eintritt eines gewissen Alters der Kinder sinnvoll sein, verbunden mit der weiteren Anordnung, in diesem Fall danach zu verkaufen, falls eine Weiterführung aus der Familie heraus scheitert.
Eine weitere Überlegung ist in diesem Fall die Frage wert, ob es sinnvoll ist, eine *Betriebsaufspaltung* vorzunehmen. Das bislang als Einzelfirma oder als eine Gesellschaft geführte Unternehmen wird in mindestens zwei Gesellschaften aufgeteilt. Normalerweise empfiehlt sich die Teilung in eine *Besitzgesellschaft,* in deren Eigentum die wertvollen Produktionsmittel (Grundstücke, Gebäude, teure Maschinen) kommen, und in eine *Betriebsgesellschaft,* die Produktion und Vertrieb übernimmt. Das Anlagevermögen wird dann von der Besitzgesellschaft an die Betriebsgesellschaft verpachtet. Diese Trennung der Vermögensmassen kann zu einer Haftungsbeschränkung führen, die der Unternehmer so sonst nicht erreichen kann und die den Erben ebenfalls zugute kommen. Weiter ist es bei dieser Konstruktion leichter möglich, Familienfremde als leitende Angestellte ins unternehmerische Gesamtkonzept einzuspannen, indem man sie zu Geschäftsführern der Betriebsgesellschaft beruft, ohne das Heft hinsichtlich der werthaltigen Teile aus der Hand zu geben, da diese bei der Besitzgesellschaft verbleiben.
Beim Treffen erbrechtlicher Gestaltungen muß der Unternehmer immer auch die gesellschafts- und handelsrechtliche Rechtslage mit im Auge haben. So können erbrechtliche Verfügungen wertlos sein oder werden, wenn sie im Gegensatz zu ge-

sellschaftvertraglichen Vereinbarungen stehen. Das Erbrecht baut auf der gesellschaftsrechtlichen Lage auf. Eine Verfügung kann daher nur so weit wirken, wie dies der jeweilige Gesellschaftsvertrag zuläßt. Auf eine Abstimmung ist also zwingend zu achten.

Die Fortführung eines Einzelunternehmens ist durch einen Testamentsvollstrecker zwar möglich, aber nicht ganz unproblematisch, da vor allem Haftungsprobleme und -risiken ins Spiel kommen. Die Rechtssprechung läßt konstruktiv zwei Wege zu; entweder der Vollstrecker handelt als Bevollmächtigter der/des Erben oder im eigenen Namen als Treuhänder für die/den Erben. Wegen der dargelegten Risiken ist abzuwägen, ob man nicht einer anderen Lösung den Vorzug gibt — sinnvoll kann auch hier wieder die Gründung einer GmbH zu Lebzeiten des Unternehmers sein.

Ist lediglich ein *Alleinerbe* berufen, oder wird das Unternehmen durch Teilungsanordnung oder Vermächtnis lediglich einer Person zugewandt, so bestehen die geringsten Probleme für die Fortführung. Zwar kann auch eine Erbengemeinschaft ein Einzelunternehmen weiterführen, doch setzt eine solche Fortführung den einstimmigen Beschluß aller Miterben voraus, der nicht immer herbeigeführt werden kann. Für die Miterben ergeben sich Haftungsrisiken, die zumindest bei denjenigen, die mit der Geschäftsführung nichts zu tun haben, unerwünscht sein werden. Sind minderjährige Miterben vorhanden, so können sich Interessenkollisionen ergeben. Den Miterben wird deshalb normalerweise zu raten sein, von einer Fortführung der Firma in Erbengemeinschaft Abstand zu nehmen und eine Umwandlung in eine Gesellschaft vorzunehmen.

Ist der Erblasser an einer Personengesellschaft beteiligt, so sind zumindest die folgenden Grundzüge wissenswert und bei der vorbeugenden Gestaltung zu Lebzeiten zu berücksichtigen:

Bei Beteiligung an einer *BGB-Gesellschaft* bestimmt § 727 BGB, daß die Gesellschaft mit dem Tod eines Gesellschafters aufzulösen ist. Der Gesellschaftsvertrag kann dies durch abweichende Bestimmungen verhindern..

Der Tod eines *OHG-Gesellschafters* führt nach § 131 HGB ebenfalls zur Auflösung der Gesellschaft. Auch hier kann aber durch Gesellschaftsvertrag anderes vereinbart werden.

So kann das Fortbestehen der OHG unter den Überlebenden Gesellschaftern vereinbart werden. Die Erben des verstorbenen Gesellschafters haben in diesem Fall einen Abfindungsanspruch in Höhe der Beteiligung.

Statt dessen kann der Gesellschaftsvertrag an den verbleibenden Gesellschaftern auch das Recht einräumen, nach dem Tod eines Gesellschafters durch Beschluß über das weitere Schicksal der Gesellschaft (Liquidation oder Fortsetzung) zu entscheiden.

Schließlich kann der Gesellschaftsvertrag auch eine Nachfolgeklausel enthalten, die bestimmt, daß die OHG bei Tod eines Gesellschafters von den verbleibenden Gesellschaftern mit dessen Erben fortzuführen ist. Eine solche Klausel schafft aber bei mehreren Erben Probleme, da sich eine Erbengemeinschaft nicht als Mitglied

einer OHG eignet. Deshalb ist eine qualifizierte Nachfolgeklausel im Gesellschaftsvertrag vorzuziehen, die bestimmt, daß die Gesellschaft mit einem oder einzelnen bestimmten (Mit)erben fortzusetzen ist.
Hinsichtlich der Beteiligung an einer *Kommanditgesellschaft* ist zu unterscheiden zwischen den Rechtsfolgen beim Tod eines persönlich haftenden Gesellschafters (Komplementär) und eines Kommanditisten.
Hinsichtlich des Komplementärs gilt das zur OHG Gesagte. Dagegen führt der Tod eines Kommanditisten nicht zur Auflösung der Gesellschaft, sondern sein Gesellschaftsanteil ist gemäß § 177 HGB vererblich. Allerdings sind auch hier wieder Gesellschafts- und Erbrecht im Widerstreit, soweit es um die Frage der Rechtsnachfolge mehrerer Erben geht. Eine Erbengemeinschaft kann nicht Kommanditist werden, sondern nur einzelne Erben (Eintrittsklausel).
Die dargestellten Probleme betreffen nur die Personengesellschaften während bei den Kapitalgesellschaften (GmbH und AG) der Grundsatz der freien Vererblichkeit gilt. Allerdings können auch bei einer GmbH gesellschaftsvertraglich Ausnahmen vereinbart werden. Der Gesellschaftsvertrag kann die Auflösung der GmbH bei Tod ebenso vorsehen wie die entgeltliche oder unentgeltliche Einziehung des Anteils des verstorbenen Gesellschafters. Schließlich kann noch die Abtretung des Anteils für den Fall des Todes vereinbart werden.
Häufig ergibt sich als Folge des Todes eines Unternehmers die Notwendigkeit, aus dem Betriebsvermögen Entnahmen zu tätigen, um die im Zusammenhang mit dem Erbfall anstehenden Verpflichtungen erfüllen zu können. Dies ist um so eher der Fall, wenn mehrere Erben im Raum stehen oder entsprechende Pflichtteilsansprüche zu bedienen sind.
Die Entnahme von Betriebsvermögen wird häufig zu der Verpflichtung führen, diese Entnahme zu versteuern. Es fällt hier nicht nur die Erbschaftssteuer an, sondern es ist vor allem an die Einkommens- bzw. Körperschaftssteuer zu denken. Derartige Entnahmen können vielfältige steuerliche, rechtliche und betriebswirtschaftliche Probleme mit sich bringen, so daß dringend nahezulegen ist, umfassenden Rat einzuholen.
Im folgenden kann auf die Problematik nur ansatzweise eingegangen werden.
Das Vermögen des Unternehmers ist steuerrechtlich aufzuteilen in *Privatvermögen* und *Betriebsvermögen.*
Zum Privatvermögen gehören all die Gegenstände, die nur privaten Zwecken dienen, also in keinem Zusammenhang mit dem Unternehmen stehen (Bsp.: Wohnhaus, Kunstsammlung, Schmuck).
Das Betriebsvermögen wiederum wird aufgeteilt in

- notwendiges Betriebsvermögen, zu dem all die Gegenstände zählen, die unmittelbaren betrieblichen Zwecken dienen und für den Betrieb wesentlich oder unentbehrlich sind (Bsp.: Maschinen, LKW, Betriebsgebäude).
- gewillkürtes Betriebsvermögen, zu dem all die Vermögenswerte gehören, auf die das Unternehmen zwar nicht zwingend angewiesen ist, die aber in einem

objektiven Zusammenhang mit dem Unternehmen stehen und durch Einlage (Ausweis in Buchführung und Bilanz!) zum Betriebsvermögen gemacht werden (z.B. Grundstücke, Wertpapiere, Bargeld).

Grundsätzlich sind die vorhandenen Vermögenswerte und Wirtschaftsgüter der einen oder anderen Vermögensart (Privat oder Betrieb) zuzuordnen. In der Praxis ist dies jedoch nicht immer möglich. So können z.B. gemischt genutzte Grundstücke und Gebäude teils Privat- und teils notwendiges oder unwillkürtes Betriebsvermögen sein.

Schließlich gibt es bei Personengesellschaften unter steuerrechtlichen Aspekten noch das

— *Sonderbetriebsvermögen,* zu dem die Werte gehören, die zwar Privateigentum eines Gesellschafters sind, aber dem Gesellschaftszweck gewidmet wurden und dem Unternehmen als (notwendiges oder gewillkürtes) Betriebsvermögen dienen (Bsp.: Der Gesellschafter überläßt der Gesellschaft sein Grundstück zur Errichtung eines Betriebsgebäudes und bleibt grundbuchmäßiger Eigentümer).

Soweit nun Entnahmen aus dem Betriebs- oder Sonderbetriebsvermögen erfolgen, führt dies in aller Regel zur Realisierung steuerpflichtiger Gewinne. Diese Gewinne können im Hinblick auf vorhandene stille Reserven sehr hoch sein, so daß sie eine beachtliche Einkommens-/Körperschaftssteuer auslösen.

Im Normalfall unterliegen der Steuer nur Gewinne, die realisiert werden, etwa durch Verkauf einer zum Betriebsvermögen gehörenden Sache. Der Verkehrswert der einzelnen Gegenstände des Betriebsvermögens liegt oft erheblich höher als ihr Buchwert, da im Rahmen der steuerrechtlichen Abschreibungen viele Wirtschaftsgüter erheblich schneller abgeschrieben werden dürfen, als es ihrer tatsächlichen Abnutzung entspricht. Grundstücke sind mit ihren Anschaffungskosten zu bilanzieren, im Hinblick auf die seit Jahrzehnten steigenden Immobilienpreise beträgt der Verkehrswert heute oft ein Vielfaches des Wertansatzes in der Steuerbilanz. Beim Verkauf dieser Güter ist die Differenz zwischen Buchwert und Verkaufserlös als Einnahme zu versteuern (die stille Reserve wird aufgelöst). Diese Gesichtspunkte zeigen, daß eine Verwertung des Unternehmens erhebliche Steuern nach sich ziehen kann.

Aber auch dann, wenn die Gegenstände des Betriebsvermögens nicht an Dritte verkauft werden, sondern lediglich eine Überführung aus dem Betriebsvermögen ins Privatvermögen erfolgt, ist der angefallene Gewinn, der sich hinter der stillen Reserve verborgen hatte, zu versteuern. Dies erlangt nach dem Tod eines Unternehmers häufig praktische Bedeutung, wenn z.B. Teile aus dem Betriebsvermögen auf Erben übergehen, die nicht an der Fortführung des Unternehmens beteiligt sind. Statt des Veräußerungserlöses wird in diesen Fällen der Teilwert des entnommenen Wirtschaftsgutes als Bemessungsgrundlage für die Einkommensbesteuerung herangezogen. Teilwert ist der Wert, der bei Verkauf des Gesamtbetriebes vom Gesamtkaufpreis auf das entsprechende Wirtschaftsgut entfallen wäre. Bei Betriebsaufgabe ist der Unterschied zwischen Buchwert und Verkehrswert (auch gemeiner Wert genannt) als Entnahmegewinn zu versteuern. Wie sich zeigt, kann es also steuerlich recht teuer sein, einen Betrieb zu erben, während bei Erwerb von Privatvermögen durch Erbgang lediglich mit der immer anfallenden Erbschaftssteuer zu rechnen ist.

Durch Beratung und sinnvolle Gestaltung kann die anfallende Einkommenssteuer freilich etwas gemindert werden. Der Entnahmegewinn ist im Jahr der Entnahme zu versteuern, so daß es im Einzelfall sinnvoll sein kann, mit der Entnahme im Hinblick auf die Progression des Einkommenssteuertarifs zuzuwarten, bis sich ein ertragsschwächeres Jahr ergibt. Im übrigen kann ein Entnahmegewinn gegen Verluste — auch aus anderen Arten steuerpflichtiger Einkünfte — verrechnet werden, so daß nur die verbleibende Spitze zu besteuern ist, und es stehen weiter Freibeträge und ermäßigte Steuersätze zur Verfügung. Einzelheiten sind je nach Sachlage und persönlicher Gestaltungsmöglichkeit im Rahmen individueller Beratung zu klären.

16. Schenkungen

Nachdem im Zusammenhang mit erbrechtlichen Fragen immer wieder auch die Schenkung als Alternative angesprochen werden muß, sollen nun im folgenden die wesentlichen Gesichtspunkte der Schenkung aus rechtlicher Sicht dargestellt werden. Es ist zwar einerseits richtig, daß im Rahmen erbrechtlicher Beratung oftmals die Empfehlung gegeben werden kann, einen Teil des Vermögens oder gar alles zu Lebzeiten zu verschenken. Die steuerlichen Aspekte, die hierfür oftmals eine Rolle spielen, sind aber bei vielen Fällen nicht sonderlich relevant, denn nicht alle Erblasser sind so vermögend, daß der Blick auf die Erbschaftssteuer die Schenkung rechtfertigt. Gerade bei weniger vermögenden Personen ist immer wieder zu beobachten, daß Schenkungen später bitter bereut werden. Man sollte auch und gerade dann, wenn man nicht besonders reich ist, gut überlegen, was man mit dem wenigen, das man oft im Laufe eines harten Lebens erarbeiten und erhalten mußte, tut. Zwar gibt es gewisse Möglichkeiten, Schenkungen zurückzufordern, aber es darf nicht übersehen werden, daß Vermögen, das man aus der Hand gegeben hat, zunächst einmal auf jeden Fall weg ist. Es besteht dann immer die Gefahr, ein Rückforderungsrecht nicht durchsetzen zu können, sei es, daß man die Hemmschwelle nicht überwinden kann, gegen den Beschenkten überhaupt rechtlich vorzugehen und notfalls gerichtliche Hilfe in Anspruch zu nehmen, sei es, daß ein Rückforderungsbegehren an Beweisfragen scheitert, oder sei es schließlich so, daß sich das Geschenk verflüchtigt hat. Geld ist leicht auf die eine oder andere Art durchzubringen oder verschwinden zu lassen. Hiervor sollte man die Augen nicht verschließen, wenn man vor der Frage steht, ob man ein wesentliches Vermögen schon zu Lebzeiten verschenkt. Letztlich ist es wohl eine Frage des Vertrauens, ob man sich dazu entschließen kann, sich seines Vermögens zu entäußern und dies in Hände zu legen, die sich würdig erweisen, das Empfangene zu schätzen und dem Schenker in Dankbarkeit verbunden zu bleiben.

Das BGB regelt die Schenkung in §§ 516-534. Sie ist eine Form der *unentgeltlichen Zuwendung.* Das Gesetz kennt weitere Fälle der Unentgeltlichkeit, so die Ausstattung der Kinder nach den familienrechtlichen Bestimmungen bei Heirat oder Erlangung einer selbständigen Lebensstellung (§ 1624 BGB), die Stiftung nach §§ 81, 84 BGB und die Zahlung einer Nichtschuld, die kostenlose Gebrauchsüberlassung (Leihe) und das zinslose Darlehen; um einige Beispiele zu nennen.

Grundsätzlich setzt eine Schenkung einen Vertragsschluß zwischen dem Schenker und dem Beschenkten voraus. Gegenstand des Vertrags ist eine Zuwendung, die eine Verringerung des Vermögens des Schenkers und eine Bereicherung des Beschenkten bewirkt. Das Gesetz definiert das in § 516 BGB so: *Eine Zuwendung, durch die jemand aus seinem Vermögen einen anderen bereichert, ist Schenkung, wenn beide Teile darüber einig sind, daß die Zuwendung unentgeltlich erfolgt.*

Da grundsätzlich auch niemand in die Lage kommen soll,ein Geschenk annehmen zu müssen, setzt das Gesetz voraus, daß vertragliche Einigkeit zwischen den beteiligten Personen darüber erzielt wird, daß es sich um ein Geschenk handelt. Ist die Zuwendung ohne den Willen des Empfängers erfolgt, so kann ihn der Schenker unter Bestimmung einer angemessenen Frist auffordern, die Annahme des Geschenkes zu erklären. Nach Ablauf der Frist gilt die Schenkung dann als ausgenommen, es sei denn, der Empfänger habe vor Fristablauf das Geschenk abgelehnt.
Ein *Schenkungsvertrag* ist nur dann gültig, wenn er notariell beurkundet ist (§ 518 BGB). Die Nichteinhaltung dieser Vorschrift führt zur Nichtigkeit des Vertrages. Die Formvorschrift wurde ins Gesetz aufgenommen, um den Schenker vor der übereilten Abgabe von Schenkungsversprechen, die er später vielleicht bei gehöriger Überlegung bereut, zu bewahren. Die Beurkundungspflicht gilt grundsätzlich, ohne daß es etwa auf den Wert des Geschenks ankommen würde. Allerdings wird der Formmangel geheilt, wenn der Schenker die versprochene Leistung freiwillig bewirkt hat. Häufigstes Beispiel ist die sog. *Handschenkung.* Hier fallen Schenkung und Übereignung des Geschenks praktisch zusammen, da der Schenker mit der Erklärung des Geschenks dieses zugleich an den Beschenkten übergibt. Fallen dagegen Schenkungsversprechen und Vollzug auseinander (Bsp.: der Schenker sagt, er verschenke den Ring, der Beschenkte könne ihn in zwei Wochen abholen), so ist der Schenker mangels Beurkundung an sein Versprechen nicht gebunden.
Bei einer Reihe von Vermögenswerten, die verschenkt werden können, ist die notarielle Beurkundung nicht nur wegen der erwähnten Bestimmung des Schenkungsrechts notwendig, sondern auch aus anderen gesetzlichen Gründen. Hier einige Beispiele:

- Die Übereignung des Eigentums an Grundstücken, Eigentumswohnungen, Erbbaurechten bedarf immer der notariellen Beurkundung (§ 313 BGB).
- Die Übertragung von Geschäftsanteilen an einer GmbH ist beurkundungspflichtig.
- Die Verfügung über das gesamte gegenwärtige Vermögen oder einen Bruchteil davon ist notariell zu beurkunden.
- Die Übertragung einer angefallenen Erbschaft im Wege der Schenkung ist beurkundungspflichtig.

Die Schenkung ist dann im rechtlichen Sinn vollzogen, wenn der geschenkte Vermögenswert an den Beschenkten übereignet worden ist. Wird ein Grundstück oder eine Eigentumswohnung verschenkt, so erwirbt man Eigentum erst mit der Eintragung als Eigentümer im Grundbuch. Eigentum an beweglichen Sachen wird in der Regel durch Übergabe der Sache und Übereignung erworben. Die Übertragung von Forderungen erfolgt durch eine Abtretungserklärung. Will der Schenker sein Sparbuch verschenken, so ist die Schenkung mit Übergabe des Sparbuchs und Abtretung der Forderung gegen die Bank vollzogen.
Bei der Schenkung von Bankguthaben kommt es immer wieder zu Problemen, wenn das Schenkungsversprechen nicht in der erforderlichen Form der notariellen Beur-

kundung abgegeben wurde und die Schenkung auch nicht vor dem Tod des Schenkers vollzogen war. Frage ist, ob der Beschenkte die Schenkung selbst vollziehen und damit den Formmangel heilen kann, wenn er eine entsprechende Bankvollmacht hat. Allgemeiner gesehen steht hinter diesem Problem die Frage, ob etwa bei einer Vollmacht über den Tod hinaus der Bevollmächtigte nach Ableben des Vollmachtgebers sich selbst unter Berufung auf die Vollmacht und eine ihm etwa zu Lebzeiten erteilte Weisung des Verstorbenen beschenken kann. Für das Bankguthaben hat der BGH dies bejaht, und zwar sogar in dem Fall einer normalen Vollmacht, die nicht ausdrücklich über den Tod hinaus erteilt war. Der BGH begründet dies damit, daß auch eine normale Vollmacht im Zweifel nicht mit dem Tod des Vollmachtgebers erlischt und deshalb gegenüber den Erben wirksam bleibt. So wie die Erben selbst das formnichtige Schenkungsversprechen jederzeit durch Vollzug heilen können, so kann dies nach dem Urteil des BGH auch der Bevollmächtigte. Wollen die Erben dies verhindern, so müssen sie die erteilte Vollmacht widerrufen.

Die Lebenserfahrung zeigt immer wieder, daß sich nach dem Verschenken erheblicher Teile oder des ganzen Vermögens herausstellt, daß dieser Schritt voreilig war, da die Motive und Erwartungen, die mit der Schenkung verbunden waren, nicht eingetreten sind. Auch durch die ständig steigende Lebenserwartung und das explosionsartige Anwachsen von Heim- und Pflegekosten ergeben sich Probleme, und es zeigt sich des öfteren, daß das verbleibende Vermögen des Schenkers zur Gestaltung eines angemessenen Lebensabends nicht ausreicht oder der Schenker gar plötzlich und unerwartet zum Sozialfall wird. Ein weiterer Fall, in dem der Schenker seine Vermögensweggabe bereut, ist der, daß der Beschenkte sich gar undankbar zeigt oder mit dem Geschenk nicht in dem Sinne verfährt, wie es bei der Schenkung erwartet wurde.

In all diesen Fällen stellt sich die Frage für den Schenker, ob eine Rückabwicklung des Schenkungsvertrags erfolgen kann. Nur in ganz bestimmten Ausnahmefällen ist dies aber nach den gesetzlichen Regelungen möglich. Es ist deshalb dem Schenker dringend anzuraten, im Schenkungsvertrag weitergehende Vereinbarungen mit dem Beschenkten zu treffen, die die Fälle regeln, bei deren Eintreffen der Beschenkte das Geschenk wieder zurückgeben soll. Im Zweifel sollte man sich diesbezüglich von Notar oder Anwalt beraten lassen. Nach dem Gesetz besteht nämlich nur ein Rückforderungsrecht wegen Bedürftigkeit des Schenkers sowie die Möglichkeit, eine Schenkung wegen groben Undanks des Beschenkten zu widerrufen.

Ist lediglich ein formgültiges Schenkungsversprechen abgegeben, die Schenkung selbst aber noch nicht vollzogen, so kann der Schenker die Vollziehung verweigern, wenn er sonst durch die Weggabe des Wertes die Erfüllung der ihm von Gesetzes wegen anderweitig obliegenden Unterhaltspflichten gefährden würde oder sein eigener — nach den bisherigen Lebensverhältnissen angemessener — Unterhalt gefährdet wäre. Wurde die Schenkung bereits vollzogen, so kann der Schenker unter den gleichen Voraussetzungen das Geschenk zurückfordern, wenn der Fall eintritt, daß er in Not gerät. Der Grund der Notlage ist dabei unerheblich. Auch dann, wenn der Schenker die Notlage selbst verschuldet hat, kann er zurückfordern. Der Anspruch auf Rückgabe regelt sich nach den Vorschriften auf Herausgabe wegen ungerechtfertigter Bereicherung und unterliegt wesentlichen Beschränkungen.

So geht der *Rückforderungsanspruch* nur so weit, wie die Rückgabe zur Beseitigung der Notlage erforderlich ist. Gerade bei Vermögensschenkungen, wo häufig viele einzelne Gegenstände übertragen werden, wird man sich deshalb schwer tun, alles zurückfordern zu können, ebenso bei der Schenkung einer größeren Geldsumme. Der Beschenkte kann vielmehr dadurch, daß er die Notlage durch Rückgabe eines Teils des Vermögens abwendet, erreichen, daß er den Rest behalten darf. Weiter hat er die Möglichkeit, die Rückforderung dadurch abzuwenden, daß er den für den Unterhalt erforderlichen Betrag bezahlt.

Die Verpflichtung zur Herausgabe des Geschenks oder zum Ersatz seines Wertes entfällt ganz, wenn der Beschenkte nicht mehr bereichert ist, wenn sich also das Geschenk oder ein durch Verkauf erzielter Erlös nicht mehr in seinem Vermögen befindet. Hat der Beschenkte das Geschenk weiterverschenkt, so kann sich der Schenker aber an den Dritten halten, bei dem sich sein Geschenk nunmehr befindet. Hat der Beschenkte auf das Geschenk Aufwendungen gemacht — z.B. ein Haus renoviert oder umgebaut — so kann er diese Aufwendungen dem Rückforderungsanspruch entgegenhalten, so daß er sich entsprechend mindert.

Der Rückforderungsanspruch ist gänzlich ausgeschlossen, wenn zwischen Eintritt der Bedürftigkeit und Leistung des Geschenks mehr als zehn Jahre liegen oder wenn der Schenker seine Bedürftigkeit selbst vorsätzlich oder grob fahrlässig herbeigeführt hat.

Es ist immer häufiger zu beobachten, daß durch eine Veränderung der Lebensverhältnisse und zunehmendes Anspruchsdenken gegenüber dem Sozialstaat bei vielen Personen die Neigung besteht, ihr Vermögen den Erben dadurch sichern zu wollen, daß sie es diesen schenken, bevor sie sich wegen Alters oder Krankheit in ein Pflegeheim begeben müssen. Die Betroffenen wollen sich wegen der hohen Pflegekosten, die durch die Altersrente normalerweise nicht mehr abzudecken sind, vermögenslos stellen, um so zu erreichen, daß das Sozialamt für die Heimkosten aufkommen muß. Grundsätzlich besteht in diesen Fällen auch ein Anspruch auf Sozialhilfe, da es nach dem Sozialhilfegesetz auf den Grund der Bedürftigkeit oder ein Verschulden des Bedürftigen nicht ankommt. Aber das Sozialamt kann in diesen Fällen den Rückforderungsanspruch des Schenkers auf sich kraft Sozialhilferechts überleiten und dann gegen den Beschenkten geltend machen. Schenker und Beschenkter können diese Möglichkeit auch nicht dadurch unterlaufen, daß im Schenkungsvertrag ein Verzicht auf Rückforderungsansprüche vereinbart wird. Allerdings muß das Sozialamt von der Schenkung zuerst Kenntnis erlangen. Ohne Kenntnis von der Schenkung kann es nicht handeln. Ob es von der Schenkung erfährt, wird häufig mehr oder weniger vom Zufall abhängig sein.

Eine weitere Möglichkeit, eine Schenkung rückgängig zu machen, ist der Widerruf wegen grobem Undank. Dies setzt voraus, daß sich der Beschenkte gegenüber dem

Schenker oder dessen nahen Angehörigen durch schwere Verfehlungen grob undankbar gezeigt hat. Solche Verfehlungen können sein:
— schwere körperliche Mißhandlung;
— Bedrohung des Lebens;
— grundlose Strafanzeige;
— widerrechtliche Herbeiführung einer Entmündigung;
— Ehebruch im Verhältnis zum beschenkten Ehepartner;
— Untreue im eheähnlichen Verhältnis
und ähnliche schwerwiegende Verfehlungen. Das Widerrufsrecht kann nur vom Schenker selbst ausgeübt werden. Nur dann, wenn der Beschenkte den Schenker getötet hat, geht es auf die Erben des Schenkers über.
Ein wirksamer Widerruf hat zur Folge, daß der Schenkungsvertrag hinfällig wird und der Beschenkte — soweit die Schenkung bereits vollzogen war — verpflichtet ist, daß Geschenk dem Schenker zurückzugeben. Der Schenker trägt die Beweislast dafür, daß sich der Beschenkte grob undankbar verhalten hat. Nicht jede Gleichgültigkeit und Rücksichtslosigkeit des Beschenkten ist als grober Undank zu werten, sondern es muß sich um erhebliche Verfehlungen handeln. Der Widerruf ist ausgeschlossen, wenn der Schenker dem Beschenkten verziehen hat, wenn er seit Kenntnis vom groben Undank ein Jahr hat verstreichen lassen, ohne zu widerrufen, oder wenn der Beschenkte verstorben ist.

In der Praxis spielen die folgenden besonderen Arten der Schenkung eine Rolle:

Schenkung unter einer Auflage

Der Schenker hat die Möglichkeit, die Schenkung an eine Auflage zu knüpfen. In diesem Falle ist der Beschenkte verpflichtet, die vom Schenker ausbedungene Auflage zu vollziehen, nachdem er das Geschenk erhalten hat. Die Auflage kann in jedem denkbaren Tun oder Unterlassen des Beschenkten liegen, sei es zugunsten des Schenkers, zugunsten eines Dritten oder zum Vorteil des Beschenkten selbst. Die Auflage ist aber nichtig und deshalb unbeachtlich, wenn sie gegen ein gesetzliches Verbot verstößt, den guten Sitten zuwiderläuft oder auf eine objektiv unmögliche Handlung gerichtet ist.
Da die Auflage nur eine Nebenbestimmung der Schenkung ist, bewirkt ihre Nichtigkeit nicht die Unwirksamkeit der Schenkung. Diese bleibt vielmehr rechtsgültig. Allerdings kann der Schenker von der Schenkung zurücktreten und das Geschenk zurückfordern, wenn der Beschenkte die Auflage nicht erfüllt.

Die gemischte Schenkung

Eine gemischte Schenkung liegt vor, wenn z.B. in einem Kaufvertrag die Leistung einer Seite wesentlich geringwertiger ist als die Leistung der anderen Vertragspartei und sich die Beteiligten darüber einig sind, daß die Wertdifferenz schenkungsweise zugewandt werden soll. Dies bedeutet aber keinesfalls, daß man bei jedem

Vertrag, bei dem ein Mißverhältnis zwischen Leistung und Gegenleistung vorliegt, von einer Schenkung ausgehen kann. Vielmehr müssen sich beide Vertragsparteien darüber einig und bewußt sein, daß eine teilweise Unentgeltlichkeit gewollt ist. Dies muß im Vertrag entweder zum Ausdruck kommen oder sich aus den Umständen geradezu aufdrängen.
Auch die gemischte Schenkung kann vom Schenker widerrufen werden. Dies geht aber nur dann, wenn der unentgeltliche Charakter des Geschäfts deutlich überwiegt. Allerdings kann der Schenker in einem solchen Falle nur die unentgeltlich geleistete Wertdifferenz zurückfordern, was im Fall der Rückabwicklung des Geschäfts dazu führt, daß der Schenker Zug um Zug gegen Rückgabe des Geschenkes auch die Leistung des Beschenkten an ihn wieder herausrücken muß.

Die Pflicht- und Anstandsschenkung

Pflicht- oder Anstandsschenkungen liegen immer dann vor, wenn der Schenker die Hingabe des Geschenkes nicht unterlassen kann, ohne gleichzeitig an Ansehen und Anerkennung zu verlieren. Aufgrund der sozialen Lebensverhältnisse ist der Schenker praktisch zum Geschenk gezwungen, wenn er ein Unwerturteil vermeiden will. Hierher gehören z.B.

— die üblichen Gelegenheitsgeschenke;
— Geschenke unter nahen Verwandten zu Geburtstag, Hochzeit, Weihnachten usw.;
— Gastgeschenke;
— Spenden.

Pflichtschenkungen können aber durchaus auch zur Erfüllung einer sittlich gebotenen Pflicht erfolgen. Die Pflicht muß sich aus den konkreten Umständen des Einzelfalles ergeben. Dabei sind die Beziehung von Schenker und Beschenktem, ihr Vermögen und ihre soziale Lebensstellung zu berücksichtigen. Eine Pflichtschenkung kann z.B. in folgenden Fällen vorliegen:

— wenn die Altersversorgung oder der Lebensunterhalt eines langjährigen Lebenspartners gesichert werden soll;
— wenn bedürftige nahe Verwandte unterstützt werden, ohne daß diese einen entsprechenden Unterhaltsanspruch haben;
— wenn jemand, der viele Jahre unentgeltlich im Haushalt mitgearbeitet hat, beschenkt werden soll.

Pflicht- und Anstandsschenkungen können weder wegen grobem Undank zurückgefordert werden, noch dann, wenn der Schenker in Not geraten sollte.

Schenkungen unter Eheleuten

Sowohl bei Scheidungen als auch bei Erbauseinandersetzungen ergibt sich immer wieder die Frage, ob Zuwendungen unter Eheleuten als Schenkungen im Rechtssinne zu behandeln sind.

Bei Zuwendungen unter Ehegatten ist nach der Rechtssprechung nämlich zwischen *echten Geschenken* — für die selbstverständlich Schenkungsrecht gilt — und sogenannten *unbenannten Zuwendungen* zu unterscheiden.
Eine unbenannte Zuwendung liegt dann vor, wenn die Ehegatten keine ausdrückliche Abrede über die rechtliche Einordnung der Zuwendung und die Frage ihrer Unentgeltlichkeit treffen. In der Regel sind solche Zuwendungen keine Schenkungen, sondern ehebedingte Zuwendungen. Sie sollen helfen, die eheliche Lebensgemeinschaft mitzugestalten und zu verwirklichen. Auch dann, wenn Eheleute eine Zuwendung ausdrücklich als Geschenk oder Schenkung bezeichnen, muß es sich deshalb noch lange nicht zwangsweise um eine Schenkung im Rechtssinn handeln. Es ist vielmehr auch dann noch zu prüfen, ob in dem Geschenk nicht die Erfüllung einer gesetzlichen Unterhaltspflicht liegt, oder aber eine freiwillige Unterhaltsleistung erfolgte.
Liegt ein notarieller Schenkungsvertrag vor, so ist, wenn keine Zweifel an der Einigung über die Unentgeltlichkeit der Zuwendung bestehen, allerdings auch zwischen Ehegatten von einer Schenkung auszugehen.

Schenkung an Minderjährige

Kinder unter sieben Jahren sind geschäftsunfähig und können deshalb auch keinen Schenkungsvertrag abschließen. Der Schenkungsvertrag muß daher mit den gesetzlichen Vertretern des Kindes — normalerweise den Eltern — abgeschlossen werden. Wollen die Eltern ihrem Kind z.B. ein Grundstück schenken, so bedarf es hierzu der Mitwirkung eines Ergänzungspflegers.
Hat das Kind das 7. Lebensjahr bereits vollendet, so ist es beschränkt geschäftsfähig und kann den Schenkungsvertrag selbst abschließen, sofern es durch die Annahme der Schenkung lediglich einen rechtlichen Vorteil erlangt. Lediglich rechtlich vorteilhaft sind nur Zuwendungen, die die Rechtsstellung des Kindes verbessern. Den Beschenkten dürfen aus dem Vertrag heraus keinerlei Verpflichtungen treffen. Ist die Schenkung für den beschränkt geschäftsfähigen Minderjährigen rechtlich nachteilig, so bedarf es zu ihrer Wirksamkeit der Einwilligung des gesetzlichen Vertreters. Wollen Eltern mit ihrem Kind einen entsprechenden Vertrag abschließen, so muß wiederum ein Ergänzungspfleger mitwirken. Da ein entsprechender Schenkungsvertrag ohnehin zu seiner Wirksamkeit der Beurkundung durch den Notar bedarf, wird dieser aufgrund seiner Amtspflicht überprüfen und sicherstellen, daß die Voraussetzungen für ein rechtsgeschäftlich wirksames Handeln des Minderjährigen vorliegen.

17. Zuwendungen unter Lebenden auf den Todesfall

Das Gesetz behandelt in § 2301 BGB das sogenannte Schenkungsversprechen von Todes wegen. Dies ist abzugrenzen von den ganz normalen Schenkungen, die zu Lebzeiten vorgenommen werden. Auch dann, wenn unter Lebenden eine Schenkung erfolgt, um den sonst durch Erbgang zu erwartenden Übergang des Vermögens vorwegzunehmen, handelt es sich im Rechtssinne um eine normale Schenkung — für die die im Kapitel 16 dargestellten Kriterien gelten — und nicht um eine Schenkung auf den Todesfall.

Dagegen verfolgt der Zuwendende mit einem lebzeitigen Schenkungsversprechen auf den Todesfall den selben Zweck wie mit einer Verfügung von Todes wegen (Testament, Erbvertrag), denn er ordnet die Rechtsverhältnisse für die Zeit nach seinem Tode. Der Erblasser hat die Wahl, ob er einen Gegenstand etwa durch Vermächtnis zuwendet oder aber eine Schenkung für den Todesfall ausspricht. Ein Schenkungsversprechen für den Todesfall bedarf — im Gegensatz zum Schenkungsversprechen unter Lebenden — zu seiner Wirksamkeit nicht der notariellen Beurkundung. Es genügt vielmehr die normale Schriftform — d.h. handschriftliche Niederschrift und Unterschrift wie beim eigenhändigen (privatschriftlichen) Testament. Ein Schenkungsversprechen auf den Todesfall ist nur dann wirksam, wenn der Beschenkte den Schenker überlebt. Sollte der Beschenkte vorversterben, so wird das Versprechen wirkungslos, und der für den Todesfall zugewandte Gegenstand fällt in den Nachlaß.

Es ist wichtig, sich den Gegensatz zwischen der normalen Schenkung und dem *nicht vollzogenen Schenkungsversprechen* auf den Tod deutlich zu machen, der folgende praktische Konsequenzen hat:

— Der Versprechensempfänger (Beschenkte) hat zu Lebzeiten des Versprechenden (Schenker) keine gesicherte Rechtsposition; er hat weder einen Anspruch gegen den Schenker auf das Geschenk noch ein Anwartschaftsrecht.
— Das Schenkungsversprechen wird wie ein Vermächtnis behandelt.
— Bezieht sich die Schenkung auf das ganze Vermögen des Schenkers oder einen Bruchteil davon, so ist sie rechtlich als Erbeinsetzung zu behandeln.
— Der Schenker ist an sein Versprechen nicht gebunden, sondern kann es frei widerrufen.

Vom Schenkungsversprechen auf den Todesfall abzugrenzen (und zu unterscheiden!) ist die zu Lebzeiten vollzogene Schenkung auf den Todesfall. Wurde ein Schenkungsversprechen, das ursprünglich unter der Bedingung abgegeben wurde, daß der Beschenkte den Schenker überleben wird, dann doch zu Lebzeiten vollzogen, dann ordnet das Gesetz an, daß die Vorschriften für Schenkungen unter Lebenden anzuwenden sind. Vollzogen ist ein solches Versprechen immer dann, wenn der versprechende Schenker sein Vermögen sofort und unmittelbar mindert, um das

Versprochene dem Beschenkten zuzuwenden. Wann diese Kriterien im einzelnen vorliegen, ist nicht immer einfach und zweifelsfrei zu sagen, denn nur dann, wenn der Schenker das Geschenk bereits endgültig aus der Hand gegeben hat, liegt nach allen juristischen Auffassungen immer ein Schenkungsvollzug vor. Weiter nimmt die Rechtssprechung aber auch dann einen solchen Vollzug an, wenn der Beschenkte lediglich ein *Anwartschaftsrecht* erworben hat, der zugewandte Vermögenswert also noch im Eigentum des Versprechenden steht. Hier einige Beispiele zu solchen Anwartschaftsrechten:

— bedingte Abtretung einer Forderung, z.B. eines Bankguthabens;
— Eintragung einer Auflassungsvormerkung im Grundbuch zugunsten des Beschenkten;
— bedingte Übereignung beweglicher Sachen, z.B. Übergabe einer wertvollen Antiquität mit der Erklärung, sie solle dem Empfänger für immer gehören, wenn dieser den Übergebenden überlebe.

Neben diesen Fällen der Einräumung eines Anwartschaftsrechts, die sich direkt zwischen Schenker und Beschenktem abspielen, hat sich im Laufe der Zeit gezeigt, daß es zumindest noch bei zwei weiteren Fallgruppen immer wieder Zweifel bereitet, ob von einem Vollzug der Schenkung auf den Todesfall auszugehen ist.
Zum einen wird dies dann problematisch, wenn ein Dritter entsprechend eingeschaltet wird, zum anderen dann, wenn der Schenker den Beschenkten entsprechend bevollmächtigt.
Schließlich sieht Gesetz und Rechtssprechung als weitere Möglichkeit der Zuwendung unter Lebenden auf den Todesfall noch den Vertrag zugunsten Dritter auf den Todesfall nach §§ 328, 331 BGB vor. Typische Beispiele für solche Verträge zugunsten Dritter auf den Todesfall sind Lebensversicherungsverträge, Bausparverträge und sonstige Sparverträge. Der begünstigte Dritte erwirbt den Anspruch auf die Leistung erst nach dem Tod des Versprechensempfängers (Sparers, Versicherungsnehmers usw.).
Unter Juristen war es lange Zeit lebhaft umstritten, ob außerhalb der erb- und schenkungsrechtlichen Bestimmungen über formlose Verträge, die weder notariell beurkundet sind noch eigenhändig niedergeschrieben wurden, Vermögenswerte an Dritte für den Fall des Todes übertragen werden können. Nach der Rechtssprechung des Bundesgerichtshofs ist dies möglich, wenn der Dritte zu Lebzeiten des Versprechensempfängers von dem Vertrag Kenntnis hatte und sich daher mit diesem darüber einig war, daß er die Leistung bei Tod erwerben soll.
Bei der Zuwendung von Sparguthaben kann nicht alleine aus dem Umstand, daß das Sparbuch auf den Namen des Dritten angelegt wird (z.B. die Oma legt ein Sparbuch auf den Namen des Enkelkindes an) hergeleitet werden, daß das Guthaben von Anfang an dem Dritten zugewandt werden soll. Es kann vielmehr häufig so sein, daß in diesen Fällen der Anleger zunächst durchaus noch das Recht am Sparguthaben bei sich behalten will. Dies wird in unserem Beispiel anzunehmen sein, falls die Oma das Sparbuch nicht aus der Hand gibt und das Enkelkind von dem Spar-

konto nichts weiß. Zu prüfen ist dann aber, wie sich die Sache verhält, wenn die Oma verstirbt. Soll dann das Sparguthaben — an dem sich die Oma zu Lebzeiten das Recht vorbehalten hatte — in den Nachlaß fallen, oder gehört es dann dem Enkelkind? Besonders dann, wenn die Oma das Buch immer im stillen Kämmerlein hatte und weder das Enkelkind noch dessen Eltern davon wußten, spricht vieles dafür, daß es zum Nachlaß gehört und nicht dem Kind zufällt. Freilich kann man darüber streiten und tut dies dann auch häufig. Will die Oma diesen Streit vermeiden, so sollte sie zu Lebzeiten die Bank eindeutig anweisen, das Guthaben bei ihrem Tod dem Enkel auszuzahlen.

Bei einem Bausparvertrag, in dem für den Todesfall des Bausparers ein Dritter unentgeltlich begünstigt ist, nimmt die Rechtssprechung an, daß in der Regel auch eine schenkungsweise Zuwendung der einzelnen Raten an den Dritten erfolgt ist, die der Bausparer einbezahlt hat. Gleiches gilt für alle anderen Formen von Ratensparverträgen.

Die Benennung eines Drittbegünstigten kann durch den Bausparer jederzeit erfolgen. Dazu genügt ein einfaches Schreiben an die Bausparkasse, das etwa wie folgt aussehen kann:

An die
Bausparkasse X... *S-Stadt, den*
Postfach 252525

B-Stadt

Betr.: Bausparnummer..

Sehr geehrte Damen und Herren,

hiermit benenne ich als Berechtigte aus dem von mir mit Ihnen am ... abgeschlossenen und im Betreff näher bezeichneten Bausparvertrag für den Fall meines Todes Frau ... geb. am 8.10.1952, wohnhaft in S-Stadt, Fabrikstr. 100.

Die Berechtigung erfolgt schenkungsweise für den Fall meines Todes und soll sich auf das gesamte Guthaben, insbesondere auf alle von mir geleisteten Bausparraten erstrecken.

Ich bitte um Ihre umgehende Bestätigung, daß sie diese Benennung im Falle meines Todes beachten werden.

Mit freundlichen Grüßen

Unterschrift

Ein ähnliches Schreiben kann auch an jede Bank gerichtet werden, wenn beabsichtigt ist, eine Berechtigung an Sparguthaben für den Fall des Todes zu begründen. Es besteht auch die Möglichkeit, durch Abschluß eines Vertrags zugunsten des Berechtigten mit der Bank dieses Ergebnis herbeizuführen. Da oftmals die Beratung in diesen Dingen durch Nichtjuristen erfolgt, sollte aber auf jeden Fall darauf geachtet werden, daß die Bank zugunsten des Berechtigten im Todesfall eine entsprechende Bestätigung abgibt, aus der sich ergibt, daß sich das Kreditinstitut verpflichtet, die Übertragung des Sparguthabens gegen Vorlage einer Sterbeurkunde vorzunehmen.

Ist bei einem Lebensversicherungsvertrag ein Dritter unentgeltlich begünstigt, dann erwirbt der Dritte kraft Gesetzes bei Tod der versicherten Person gegen den Versicherer einen Anspruch auf die Versicherungssumme. Die Versicherungssumme kann also in diesem Falle niemals in den Nachlaß fallen und somit von den Erben nicht beansprucht werden. Ist der Dritte auch Erbe, so erwirbt er die Leistung aus der Versicherung unabhängig vom Erbgang. Allerdings eröffnet sich den anderen Miterben und auch den Nachlaßgläubigern die Möglichkeit, bei Vorliegen weiterer Voraussetzungen auf die einbezahlten Prämien Zugriff zu nehmen (Pflichtteilergänzungsanspruch bzw. Anfechtung). Diese Ansprüche sind der Höhe nach begrenzt auf die Zahlungen, die der Erblasser insgesamt auf den Versicherungsvertrag erbracht hat. Sie können daher wertmäßig recht unterschiedlich ausfallen.

Will der Versicherungsnehmer sicherstellen, daß der von ihm als Begünstigter benannte die Versicherungssumme problemlos erhält, so ist es ratsam, ihn der Versicherungsgesellschaft als unwiderruflichen Bezugsberechtigten zu benennen. Dies kann bereits bei Abschluß des Versicherungsvertrags im Antragsformular geschehen. Möglich ist aber auch eine nachträgliche Bezeichnung eines unwiderruflich Bezugsberechtigten beispielsweise nach folgendem Muster:

An die *X-Stadt, den ...*
A-Lebensversicherung AG
Stadtstr. 100

Betr.: Meine Lebensversicherung Nr. .... bei Ihnen

Sehr geehrte Damen und Herren,

hiermit benenne ich als Bezugsberechtigte aus dem von mir bei Ihnen am abgeschlossenen, im Betreff näher bezeichneten Lebensversicherungsvertrag Frau Erna Mehr, geb. 17.10.1952, wohnhaft in X-Stadt, Dorfstr. 100. Der Widerruf dieser Erklärung ist ausgeschlossen. Bitte bestätigen Sie mir den Eingang dieser Erklärung.

Mit freundlichen Grüßen

Unterschrift

18. Der Übergabevertrag

Der Übergabevertrag ist Mittel, um im Wege der vorweggenommenen Erbfolge seinen künftigen Erben sein gesamtes Vermögen oder wesentliche Teile davon zu übertragen. Es handelt sich um ein Rechtsgeschäft unter Lebenden, das insgesamt zu Lebzeiten des Erblassers abgewickelt wird.

Die Übergabe bedeutet für den Übergeber die endgültige Trennung von den übergebenen Vermögenswerten. Deshalb muß er sich naturgemäß Gedanken darüber machen, wie er sich eine angemessene Versorgung für seinen Lebensabend sichert. Weiter ist häufig ein möglichst gerechter Ausgleich zu suchen zwischen dem Übernehmenden und den zu seinen Gunsten zurücktretenden Familienmitgliedern und Miterben.

Ursprünglich hat sich der Übergabevertrag vor allem in bäuerlichen Kreisen entwickelt, wo es galt, den Bauernhof als eine Einheit zu erhalten und eine Zersplitterung des Grundbesitzes zu vermeiden. Den besonderen Bedürfnissen im landwirtschaftlichen Bereich trägt heute die *Höfeordnung* Rechnung, die in einigen Bundesländern gilt und dort die Übergabe landwirtschaftlicher Betriebe von einer Generation auf die nächste regelt. Aber auch in den übrigen Bevölkerungskreisen wird der Übergabevertrag immer mehr an Bedeutung gewinnen, denn was früher für den landwirtschaftlichen Betrieb von großer Wichtigkeit war, erlangt auch für viele gewerbliche Unternehmen immer mehr Bedeutung, um die Familienexistenz zu sichern. Aufgrund des erheblichen Wohlstands und des wirtschaftlichen Wachstums, das in den vergangenen Jahrzehnten erreicht werden konnte, haben immer weitere Kreise der Bevölkerung Immobilienvermögen erworben. Auch zur Übergabe von Wohngrundstücken wird der Übergabevertrag deshalb vermehrt herangezogen. Gründe dafür sind neben dem Verhindern einer Teilungsversteigerung und der Begünstigung eines zukünftigen Erben oft darin zu sehen, daß das Hausgrundstück von Übergeber und Übernehmer gemeinsam bewohnt wird und der Übernehmer sich verpflichtet, den Übergeber in alten und kranken Tagen zu versorgen und zu pflegen und darüber hinaus zur Modernisierung und Erweiterung selbst ins Anwesen investieren will.

Soweit der Übergabevertrag die Übereignung von Grundstücken zum Gegenstand hat, bedarf er zur Wirksamkeit zwingend der notariellen Beurkundung. Dies gilt auch bei Eigentumswohnungen und Erbbaurechten. Beurkundet werden muß der gesamte Vertrag mit allen getroffenen Nebenabreden.

Häufig wird das gesamte Vermögen oder ein Bruchteil desselben übergeben, so daß auch aus diesem Gesichtspunkt die notarielle Beurkundung wegen Vermögensübergabe vorgeschrieben ist.

In vielen Fällen der Übergabe im Wege vorweggenommener Erbfolge handelt es sich in der wirtschaftlichen Konsequenz um eine Mischung zwischen Kauf und Schenkung, denn der Übernehmer wird in der Regel zu Gegenleistungen verpflichtet, al-

lerdings ist der Wert der Gegenleistung häufig geringer als der des übergebenen Vermögens. Auch wegen dieser teilweisen Schenkung des Vermögens ist die notarielle Beurkundung zwingend vorgeschrieben.
Die Rechtssprechung betrachtet den Übergabevertrag als Vertragstyp besonderer Art, der weder Kauf- noch Erbvertrag ist. Er ist auch kein unentgeltlicher Vertrag. Häufig wird er als Schenkung mit Auflage erfolgen (z.B. Auflage, die Geschwister durch Zahlung von Gleichstellungsgeld zumindest teilweise auszugleichen) oder auch als gemischte Schenkung, von der die Juristen dann sprechen, wenn das geschenkte Vermögen vor Vollzug der Schenkung mit einem Recht zugunsten des Übergebers oder Dritter belastet wird (z.B. Eintragung eines Wohnrechts auf Lebzeiten für den Übergeber im Grundbuch; Eintragung der Bestellung von Nießbrauch zugunsten anderer Familienmitglieder im Grundbuch).
Obwohl hier juristisch von Schenkung gesprochen wird, darf doch auch bei den Beteiligten nie übersehen werden, daß eine Entgeltlichkeit in gewissem Umfang vorliegt. Diese Entgeltlichkeit erlangt praktische Bedeutung, wenn es um den einer eventuellen Schenkungssteuer unterliegenden Bereicherungswert aus dem Übergabevertrag geht und wenn Ausgleichspflichten (z.B. unter Geschwistern) zu berechnen sind.
Die in der Praxis am häufigsten vorkommenden belastenden Elemente, die dem Vertrag den Charakter einer Teilentgeltlichkeit verleihen, sind in ihren Wesenszügen wie folgt darzustellen:

— **Wohnungsrecht**

  Der Übertragende behält sich ein durch Eintragung im Grundbuch gesichertes Wohnungsrecht vor. Dieses ist unentgeltlich und kann normalerweise nur vom Übertragenden selbst ausgeübt werden. Es ist aber auch möglich zu vereinbaren, daß der Übertragende befugt sein soll, die Nutzung der Wohnung einem anderen zu überlassen.

— **Nießbrauchrecht**

  Auch dieses ist im Grundbuch einzutragen. Der Übertragende kann sich vorbehalten, noch Teile des übertragenen landwirtschaftlichen Gutes selbst zu bewirtschaften und zu nutzen oder bei der Übergabe eines Mietshauses die Mieten noch selbst einzuziehen. Übertragen wird also die Vermögenssubstanz, während Nutzungs- und Besitzrecht beim Übergeber bleiben.

— **Wiederkehrende Geldleistungen (Rente)**

  Der Übernehmer muß dem Übergeber auf Lebenszeit eine monatliche Rente bezahlen. Es ist ratsam, diese durch eine Wertsicherungsklausel den Lebenshaltungskosten anzupassen (Index). Die Rentenverpflichtung kann ebenfalls durch Eintragung ins Grundbuch gesichert werden.

— **Pflegeverpflichtung**
Hier wird in Einzelheiten die Frage der Versorgung und Kostentragung für Verpflegung geregelt, ebenso der Umfang der zu erbringenden Leistungen im Falle der Erkrankung des Übergebers sowie sonstige Dienstleistungen, die der Übernehmer dem Übergeber erbringen muß. Auch diese Verpflichtungen können als Reallast durch Eintrag im Grundbuch gesichert werden.

— **Schuldübernahme**
Sie wird im Regelfall dann vereinbart, wenn das übertragene Grundstück z.B. mit einer Hypothek belastet ist. Der Übernehmende verpflichtet sich zum Schuldausgleich, der Übertragende will als Schuldner ausscheiden.

Soweit Rechte zugunsten des Übergebers durch Grundbucheintrag gesichert werden können, ist den Beteiligten dringend dazu zu raten, von dieser Möglichkeit Gebrauch zu machen. Es zeigt sich in der Praxis bedauerlicherweise immer wieder, daß die Übernehmenden das in sie gesetzte Vertrauen nicht erfüllen oder gar in Vermögensverfall geraten. Die Rechte des Übergebers sind dann wirtschaftlich wertlos oder nicht zu beweisen, wenn sie sich nicht durch einen Grundbucheintrag ergeben. Dieser kann nur aufgrund notariell beurkundeter Vereinbarung erfolgen. In der Zwangsversteigerung ist das eingetragene Recht des Übergebers zu berücksichtigen. Der wirtschaftliche Wert eines Wohnrechts, eines Nießbrauchs, einer lebtäglichen Rente oder einer Versorgungs- und Pflegeverpflichtung ist zu ermitteln. Der entsprechende Betrag steht dann dem Übergeber zu und ist zu dessen Gunsten im Zwangsversteigerungsverfahren zu berücksichtigen. Die Höhe des Wertes hängt entscheidend vom Lebensalter des Berechtigten (Übergebers) ab, da auf die durchschnittlich noch zu erwartende Lebensdauer abzustellen ist und mit Rücksicht auf sie der zu erwartende Kapitalbedarf berechnet werden muß. Dieser Bedarf (das sog. Deckungskapital) ist dann für die Lebzeit des Berechtigten anzulegen und ihm in monatlichen Raten auszuzahlen.
Der Übergeber sollte unbedingt auch darauf achten, daß seine bei Übergabe grundbuchmäßig gesicherten Rechte nicht dadurch wertlos werden, daß es zu Änderungen der Rangverhältnisse im Grundbuch kommt, die zu seinem Nachteil sind. Solche nachteiligen Veränderungen sind nur dann möglich, wenn ihnen der Übergeber als Berechtigter zustimmt. Die Zustimmung erfolgt durch Erklärung eines Rangrücktritts. Wird ein solcher verlangt, so ist Vorsicht geboten, will der Berechtigte nicht Gefahr laufen, im Falle der Krise leer auszugehen, weil der Erlös im Zwangsversteigerungsverfahren dann oft nicht mehr ausreicht, auch noch sein Recht zu berücksichtigen. Erfahrene Geldgeber kennen dieses Problem und drängen deshalb in der Regel auf einen Rangrücktritt vor der Bewilligung eines neuen Hypothekendarlehens. Der Betroffene sollte sich bewußt machen, daß die Gefahr für ihn, seine Rechte zu verlieren, mit großer Wahrscheinlichkeit um so größer ist, je mehr Druck ausgeübt wird, und daß ein Recht der anderen Beteiligten, ihn zum Rücktritt zu zwingen,

in der Regel nicht besteht. In einer solchen Konfliktlage ist dringend dazu zu raten, sachkundigen Rat in Anspruch zu nehmen.

Die gerechte *Wertausgleichung* der weichenden Familienmitglieder, die meist als Geschwister ein Erb- und Pflichtteilsrecht haben, ist eine keineswegs einfach zu lösende Aufgabe. Wird der Übernehmer zu hoch belastet, dann findet er sich entweder nicht zur Übernahme bereit, oder aber es droht die Gefahr, daß seine Existenz unter den Folgekosten leidet und gefährdet wird. Werden die weichenden Familienmitglieder zu gering abgefunden, so führt dies zu Verbitterung.

Sinnvoll ist es immer, die vorzunehmende Ausgleichung gleich im Zusammenhang mit der Übergabe zu regeln und sicherzustellen, daß sie auch vollzogen wird. Die weichenden Familienmitglieder, insbesondere Geschwister, werden mit einem Gleichstellungsgeld, das sie zu ihrer Abfindung bald erhalten, im Hinblick auf ihren eigenen Lebensweg und den Aufbau einer eigenen Existenz weitaus mehr anfangen können, als wenn sie auf den Tod des Übergebers warten müssen, bis ein Ausgleich fällig wird. Hinzu kommt in diesem Zusammenhang, daß zwischen Übergabe und Tod des Übergebers heutzutage oft ein langer Zeitraum liegen kann und dann wegen der Geldentwertung bei Übergabe auferlegte Ausgleichszahlungen nicht mehr den Verhältnissen angepaßt sind.

Ausgangspunkt für die Errechnung von Abfindungsbeträgen ist der Wert des übertragenen Vermögens. Dieser muß häufig geschätzt werden, eventuell unter Einschaltung eines Sachverständigen. Vom Vermögenswert sind die Gegenleistungen des Übernehmers für den Übergeber in Abzug zu bringen. Der dann verbleibende Nettowert ist die tatsächliche wirtschaftliche Bereicherung des Übernehmenden. Soweit die Übergabe zu einer Bereicherung des Übernehmers führt und Miterben nicht durch lebzeitige Abfindungen des Übergebers gleichgestellt wurden, muß diese Bereicherung bei der Erbteilung im Wege der Ausgleichung berücksichtigt werden. In manchen Fällen kann die Bereicherung nicht nur Ausgleichungsansprüche bei der Teilung des Nachlasses auslösen, sondern auch sog. *Pflichtteilsergänzungsansprüche.*

19. Die Rechtsstellung der Erben nach Eintritt des Erbfalles

Der Erbfall tritt mit dem Tode des Erblassers ein. Dann treten die Erben als Gesamtrechtsnachfolger an die Stelle des Erblassers. Dessen Vermögen und Schulden gehen auf die Erben insgesamt und ungeteilt über. Die Erbschaft fällt von selbst kraft Gesetzes an, ohne daß es hierzu etwa irgend eines besonderen Handelns der Erben bedürfte. Sogar wenn die Erben vom Tod des Erblassers noch nichts wissen, ist der Nachlaß bereits auf sie übergegangen. Unser Recht kennt keinen Schwebezustand, in dem die zum Nachlaß gehörenden Rechte und Pflichten, die dem Erblasser bis zum Todeszeitpunkt zustanden, herrenlos wären. Die von selbst — kraft Gesetzes — eingetretene Erbenstellung kann aber in der Folgezeit wieder beseitigt werden, teils durch entsprechendes Handeln des Erben *(Ausschlagung),* teils dadurch, daß die eingetretene Erbenstellung von Dritten mit Erfolg angegriffen wird *(Anfechtung* und *Erbunwürdigkeitserklärung).*

Der gesetzliche Grundsatz des Vonselbsterwerbs des Nachlasses bedeutet nicht, daß der Erbe gezwungen ist, die Erbschaft anzutreten. Niemand soll gegen seinen Willen Erbe werden müssen. Deshalb steht es jedem frei, nach seinem Belieben die Erbschaft auszuschlagen und damit den bereits erfolgten Anfall der Erbschaft wieder rückgängig zu machen. Jeder Erbe kann ausschlagen, gleichgültig, ob er zur Erbfolge durch Gesetz, Erbvertrag oder Testament berufen ist. Da die **Ausschlagung** wegen ihrer Tragweite erhebliche Bedeutung erlangt, ist sie allerdings nur dann rechtswirksam, wenn sie gegenüber dem Nachlaßgericht erklärt wird oder in öffentlich beglaubigter Form erfolgt. Nicht voll geschäftsfähige Personen können nur mit Einwilligung ihres gesetzlichen Vertreters ausschlagen. Die Ausschlagung kann nur innerhalb von sechs Wochen ab der Kenntniserlangung vom Erbfall und vom Grund der Berufung zum Erben erfolgen. Diese kurze *Ausschlagsfrist* soll möglichst rasch Klarheit darüber schaffen, wer endgültig Erbe sein wird. Bis zum Ablauf der Ausschlagungsfrist sprechen die Juristen vom *vorläufigen Erben,* weil er durch die Ausschlagung seine Erbenstellung wieder beseitigen kann, denn die Ausschlagung wirkt auf den Zeitpunkt des Erbfalls zurück.

Durch diese juristische Fiktion der Rückwirkung wird erreicht, daß der Ausschlagende so betrachtet wird, als wenn er von Anfang an nicht Erbe geworden wäre. Die Ausschlagung ist vor allem bei einem Überschuldeten Nachlaß sinnvoll, um die Haftung für die vom Erblasser herrührenden Verbindlichkeiten zu vermeiden. Allerdings ist Vorsicht geboten, wenn sich die Vermögenssituation des Verstorbenen für den Erben unübersichtlich darstellt und er nicht innerhalb der kurzen Frist von nur sechs Wochen klären kann, ob aus dem Nachlaß ein Minus oder ein Plus verbleibt. Die Ausschlagung ist nämlich endgültig, so daß ein eventuelles Plus dem Ausschlagenden unwiderbringlich entgeht. In Zweifelsfällen gibt es daher statt der Ausschlagung auch die vom Gesetz vorgesehenen Möglichkeiten zur Herbeiführung einer

Begrenzung der Erbenhaftung (Nachlaßverwaltung, Inventarisierung). Einzelheiten sind bei der Darstellung der Erbenhaftung ausgeführt.

Die Ausschlagung kann aber auch den Sinn haben, die Erbschaft einem anderen zukommen zu lassen. Je nachdem, wie sich die Situation im Einzelfall darstellt, kommen diesbezüglich folgende Möglichkeiten in Frage:

— Bei Erbfolge aufgrund letztwilliger Verfügung tritt an Stelle des eingesetzten ausschlagenden Erben der letztwillig bestimmte Ersatzerbe. Ist ein solcher nicht benannt, so greift gesetzliche Erbfolge ein.
— An die Stelle des gesetzlichen Erben, der ausschlägt, treten die nächstberufenen gesetzlichen Erben, die sonst auch im Falle seines Todes zum Zuge kämen, also z.B. die Kinder des Ausschlagenden.
— Schlägt einer von mehreren Miterben aus, so tritt bei gesetzlicher Erbfolge eine Erhöhung der Anteile der übrigen Miterben ein, bei gewillkürter Erbfolge kommt es ebenfalls zur Erhöhung, hier Anwachsung genannt.
— Ist letztwillig Vor- und Nacherbschaft angeordnet, und schlägt der Nacherbe vor dem Nacherbefall aus, so wird der Vorerbe zum Vollerben.

Daneben gibt es im Falle des gesetzlichen Güterstands der Zugewinngemeinschaft noch Konstellationen, bei denen eine Ausschlagung finanziell vorteilhaft ist (vergl. Fallbeispiel in Kapitel 4). Weiter kann es bei Ehegattentestamenten und Erbverträgen ratsam sein, die Erbschaft auszuschlagen, wenn der Erbe dadurch erreicht, daß er wieder nach seinem Belieben testieren kann, woran er sonst wegen der erbvertraglichen Bindung oder wegen wechselbezüglicher Verfügungen in Ehegattentestamenten gehindert ist.

Stellt sich im Einzelfall die Frage, ob eine Ausschlagung geboten oder sinnvoll ist, so sollte die Entscheidung wegen der erheblichen Bedeutung und Tragweite nicht übereilt getroffen werden. In komplexeren Sachverhalten sollte eine Beratung durch den Fachmann in Anspruch genommen werden.

Die Ausschlagung bewirkt, daß für dem nunmehr wegen der Ausschlagung zum Zug kommenden Erben die Ausschlagungsfrist ins Laufen kommt. Dieser kann dann ebenfalls innerhalb von sechs Wochen ausschlagen. Das Nachlaßgericht muß im Falle der Ausschlagung die nachberufenen Erben von Amts wegen ermitteln und vom Erbfall und der Ausschlagung benachrichtigen.

Mit der Annahme der Erbschaft wird der vorläufige Erbe zum endgültigen Erben. Die Bedeutung der Annahme liegt praktisch darin, daß der vorläufige Erbe sein Recht auf Ausschlagung schon vor Ablauf der Ausschlagungsfrist verliert, wenn er die Annahme der Erbschaft erklärt. Erklärt der Erbe die Annahme nicht, so tritt die gleiche Rechtsklage kraft Gesetzes mit Ablauf der Ausschlagungsfrist automatisch ein. In der Praxis kommt es sehr selten vor, daß der Erbe eine ausdrückliche Erklärung der Annahme der Erbschaft abgibt, obwohl auch dies durch Abgabe einer entsprechenden Erklärung gegenüber dem Nachlaßgericht ohne weiteres rechtlich möglich ist.

Praktisch erfolgt eine Annahme meist durch schlüssiges, stillschweigendes Verhalten des Erben. Ob und wann ein solches Verhalten einer Person als Annahme der Erbschaft zu werten ist, kann stets nur nach den jeweiligen konkreten Umständen des Einzelfalls beurteilt werden. Dabei muß vor allem abgegrenzt werden zwischen Maßnahmen, die zur Sicherung des Nachlasses aus dem Gesichtspunkt der Fürsorge erfolgen, und einem Verhalten, das auf einen Annahmewillen beim Erben schließen läßt. Ein solcher Annahmewille ist in der Regel z.B. in folgenden Handlungen des Erben zu sehen:

- Antrag auf Erteilung eines Erbscheins.
- Verwendung von Nachlaßgegenständen durch den Erben für eigene Zwecke.
- Verkauf der Erbschaft oder von Erbschaftsteilen.
- Geltendmachung des Erbschaftsanspruchs auf Herausgabe von Gegenständen, die zum Nachlaß gehören.

Durch die Annahme oder Ausschlagung der Erbschaft soll in relativ kurzer Zeit darüber Klarheit geschaffen werden, wer endgültiger Erbe ist. Deshalb ist eine Annahme oder Ausschlagung unter einer Bedingung rechtlich nicht zulässig. Es kommt aber immer wieder aufgrund falscher Vorstellungen der juristisch nicht informierten Erben zu einer Annahme- oder Ausschlagungserklärung, die nicht gewollt war. Deshalb ist eine **Anfechtung** von Annahme und Ausschlagung rechtlich möglich. Die Anfechtung beseitigt die ungewollt eingetretene Rechtslage und führt zu folgendem Ergebnis:

- Die Anfechtung der Ausschlagung führt automatisch zur Annahme der Erbschaft.
- Die Anfechtung der Annahme führt automatisch zur Ausschlagung.

Es kann also nicht angefochten werden, um einen Schwebezustand herbeizuführen, sondern die Anfechtung führt zwingend zu einer sofortigen Änderung der Rechtslage.

Die Anfechtung ist nur dann möglich, wenn sie innerhalb der vom Gesetz vorgeschriebenen *Anfechtungsfrist* erfolgt. Diese beträgt sechs Wochen ab Erlangung der Kenntnis vom Anfechtungsgrund, für die Anfechtung wegen Drohung beginnt diese Frist mit dem Wegfall der Zwangslage.

Weitere Voraussetzung ist, daß ein *Anfechtungsgrund* im Sinne des Gesetzes vorliegt. Irrt der Erbe über den Grund seiner Berufung zum Erben — er geht also z.B. irrig davon aus, wegen einer testamentarischen Erbeinsetzung zu erben, obwohl kein Testament vorliegt, und er nach der gesetzlichen Erbfolge erbt — so ist eine Annahme der Erbschaft bereits nach dem Gesetz unwirksam; so daß es in diesem Fall keiner Anfechtung bedarf. Dagegen kann angefochten werden, wenn sich der Erbe über eine Erklärungshandlung irrte, er also z.B. nicht wußte, daß die Auszahlung eines Nachlaßgläubigers als Annahme der Erbschaft aufzufassen ist und er deshalb überhaupt keine Erklärung — die man in der Zahlung sieht — abgeben wollte. Die Annahme der Erbschaft durch Ablauf der Ausschlagungsfrist kann ebenfalls angefochten werden, wenn sich der Erbe in einem Irrtum über den Fristablauf befand. Besondere Bedeutung hat ein Irrtum des Erben über die Überschuldung des Nachlasses. Beruht die Überschuldung darauf, daß der Erbe wesentliche Posten der Aktiva oder der Passiva des Nachlasses nicht kannte, so liegt ein Sacheigenschaftsirrtum vor, der zur Anfechtung der Annahme der Erbschaft berechtigt. Eine Anfechtung ist nur wirksam, wenn sie gegenüber dem Nachlaßgericht erklärt wird. Die Anfechtung ist zur Niederschrift des Gerichts abzugeben oder in öffentlich beglaubigter Form dem Gericht vorzulegen.

Da der vorläufige Erbe die Möglichkeit hat, die Erbschaft anzunehmen oder auszuschlagen, stellt sich die Frage, was mit Geschäften wird, die er als vorläufiger Erbe getätigt hat. Grundsätzlich ist der vorläufige Erbe zwar berechtigt, die Erbschaft zu verwalten, verpflichtet ist er aber nicht. Vielmehr obliegt die Fürsorge und Sicherung des Nachlasses primär dem Nachlaßgericht.

Schlägt der vorläufige Erbe die Erbschaft aus und hat er davor bereits über einzelne Werte aus dem Nachlaß verfügt; so kann dies zu Problemen führen. Deshalb ist äußerste Zurückhaltung hinsichtlich solcher Verfügungen geboten, sofern in Erwägung gezogen wird, die Erbschaft auszuschlagen. Man sollte sich dann darauf beschränken, die bedingt notwendigen Maßnahmen zur Sicherung des Nachlasses zu ergreifen.

Da der vorläufige Erbe im Fall der Ausschlagung von Anfang an nicht als Erbe betrachtet wird, sind von ihm getroffene Verfügungen rechtlich als Verfügungen eines Nichtberechtigten zu werten. Dies kann zur Unwirksamkeit der getroffenen Verfügungen führen. Es kommt hier auf den Einzelfall und die konkreten Umstände an. Allgemein kann nur gesagt werden, daß Verfügungen immer dann wirksam sind, wenn sie entweder von dem endgültigen Erben nachträglich gebilligt und genehmigt werden, oder wenn nach den Bestimmungen über den gutgläubigen Erwerb von Nichtberechtigten eine Übereignung wirksam erfolgt ist. Dieser *Gutglaubensschutz* greift z.B. dann, wenn der vorläufige Erbe eine bewegliche Sache verkauft und an den Käufer übergeben hat. Der endgültige Erbe hat auf einen so veräußerten Gegenstand keine Zugriffsmöglichkeit mehr.

Trotz der Erbausschlagung bleiben solche Geschäfte des vorläufigen Erben in jedem Fall wirksam, die nicht ohne Nachteil für den Nachlaß hinausgeschoben werden konnten, so beispielsweise der alsbaldige Verkauf verderblicher Waren. Auch Rechtsgeschäfte, die von Dritten gegenüber den Erben vorgenommen werden, bleiben nach der Ausschlagung wirksam. Dies gilt z.B. für die Kündigung eines Vertrages, der vom Erblasser mit einem Dritten abgeschlossen worden war.

Der vorläufige Erbe ist mit dem Anfall der Erbschaft auch Schuldner aller Nachlaßverbindlichkeiten geworden. Damit er die Überlegungsfrist ausnutzen kann, um die Entscheidung über Annahme oder Ausschlagung der Erbschaft zu treffen, ist er durch das Gesetz wie folgt geschützt:

— Er kann von Nachlaßgläubigern nicht verklagt werden.
— Er ist nicht verpflichtet, einen vom Erblasser herrührenden Rechtsstreit aufzunehmen und fortzusetzen.

— Zwangsvollstreckungen wegen eines Anspruchs, der sich gegen den Nachlaß richtet, sind nicht in das Eigenvermögen des vorläufigen Erben, sondern nur in den Nachlaß als Sondervermögen zulässig. Auch dies kann nur vollstreckt werden, wenn die Vollstreckung bereits gegen den Erblasser begonnen hatte.
— Die Eigengläubiger des vorläufigen Erben können nur in sein Eigenvermögen vollstrecken, da der Nachlaß noch nicht mit diesem verschmolzen ist.

Soweit der vorläufige Erbe bereits Geschäfte getätigt hat, die sich auf den Nachlaß beziehen, werden im Verhältnis zum endgültigen Erben auftretende Fragen und Probleme nach den Grundsätzen über die Geschäftsführung ohne Auftrag geregelt. So hat der vorläufige Erbe gegenüber dem endgültigen Erben einen Anspruch auf Ersatz der von ihm getroffenen Aufwendungen. Er ist andererseits verpflichtet, alles an den endgültigen Erben herauszugeben, was er im Rahmen seiner vorläufigen Erbenstellung erlangt hat.

Sind die Vermögenswerte des Nachlasses während der Schwebezeit gefährdet, so muß das Nachlaßgericht die erforderlichen Sicherungsmaßnahmen treffen. Es kann die Hinterlegung von Geld und Wertpapieren anordnen und die Aufnahme eines Nachlaßverzeichnisses verfügen. Weiter besteht die Möglichkeit, einen Nachlaßpfleger zu bestellen. Diesem obliegt dann die Sicherung und Erhaltung — und in diesem Zusammenhang auch die Verwaltung — des Nachlasses. Er ist bezogen auf den Nachlaß der gesetzliche Vertreter des endgültigen Erben. Ist der endgültige Erbe ermittelt, und hat er die Erbschaft angenommen, so wird die Nachlaßpflegschaft durch Beschluß des Nachlaßgerichts aufgehoben. Damit endet die Nachlaßpflegschaft, und der Pfleger muß den verwalteten Nachlaß an den Erben herausgeben. Allerdings hat der Pfleger einen Anspruch auf angemessene Vergütung. Diese wird durchs Gericht festgelegt. Der praktisch häufigste Fall der Anordnung einer Nachlaßpflegschaft ist der, daß der oder die Erben dem Nachlaßgericht unbekannt sind und erst ermittelt werden müssen, was längere Zeit dauern kann. Der Nachlaßpfleger muß dann gegenüber dem Gericht jährlich Rechnung legen.

In der Praxis kommt es immer wieder vor, daß der gesamte Nachlaß oder aber Teile davon in die falschen Hände gelangt sind. Die Gründe dafür sind vielfältig. Einmal wird ein Testament mit Erfolg angefochten, so daß der testamentarisch bedachte Erbe leer ausgeht und den Nachlaß dem gesetzlichen Erben herausgeben muß. Ein anderes Mal sind die Verwandtschaftsverhältnisse komplex und unübersichtlich, und ein Erbe wird erst verspätet aufgefunden. Schließlich gibt es Fälle, in denen ein Testament vorliegt, das aber zunächst nicht bekannt war und deshalb erst mit seinem Auffinden beachtet werden konnte, was dazu führt, daß sich die Erbfolge anders gestaltet als bis dahin angenommen.

Das Gesetz hat diesen Problemen dadurch Rechnung getragen, daß es dem wahren Erben einen *Herausgabeanspruch* gegen den Erbschaftsbesitzer gibt, Erbschaftsbesitzer ist jeder, der aufgrund eines ihm in Wirklichkeit nicht zustehenden Erbrechts etwas aus dem Nachlaß erlangt hat. Ob der Betreffende hinsichtlich seines in Wahrheit nicht bestehenden Erbrechts gut- oder bösgläubig war, spielt für die Entstehung des Herausgabeanspruchs keine Rolle. Allerdings spielt die Frage der Gut- oder Bösgläubigkeit für den Umfang der Haftung des Erbschaftsbesitzers eine Rolle. Der gutgläubige Erbschaftsbesitzer haftet nur nach den Grundsätzen, die bei Vorliegen einer ungerechtfertigten Bereicherung gelten. Er kann also z.B. einwenden, daß er im guten Glauben an sein Erbrecht die Erbschaft verbraucht habe und nicht mehr bereichert ist. Trifft dies zu, so gehen bei Gutgläubigkeit die wahren Erben leer aus. Ist der Erbschaftsbesitzer dagegen bösgläubig und weiß, daß an seinem Erbrecht nichts dran ist — etwa weil er auf Grund eines von ihm gefälschten Testament „geerbt" hat — so versagt ihm das Gesetz selbstverständlich jeden Schutz, und er muß nicht nur die Erbschaft zurückgeben, sondern darüber hinaus auch noch weitergehend Schadensersatz leisten.

Sind mehrere Personen zum gemeinsamen Miterben berufen, so kann jeder Miterbe verlangen, daß der Erbschaftsbesitzer den Nachlaß an die Erbengemeinschaft — nicht an einen einzelnen Miterben — herausgibt. Ist Testamentsvollstreckung angeordnet, so steht der Erbschaftsanspruch dem Testamentsvollstrecker zu.

Der Herausgabeanspruch erstreckt sich auch auf die Ersatzstücke, die an die Stelle von Nachlaßgegenständen getreten sind. Erwirbt der vermeintliche Erbe mit Geld aus dem Nachlaß irgendwelche Gegenstände (er kauft z.B. Auto, Haus, Schmuck usw.), so treten diese Gegenstände als Ersatzstücke an die Stelle des verausgabten Geldes und gehören zum Nachlaß. Sie sind dann herauszugeben, und der vermeintliche Erbe kann sich nicht darauf berufen, daß er nichts hergeben müsse, da ja das Geld weg ist. Die Juristen nennen dieses Prinzip die *dingliche Surrogation.* Um dieses Prinzip zum Schutz des wahren Erben auch realisieren zu können, räumt das Gesetz diesem auch einen umfassenden *Auskunftsanspruch* gegen den Erbschaftsbesitzer ein. Das Prinzip der Surrogation geht allerdings in die Leere, wenn sich der vermeintliche Erbe — der gutgläubig ist — aus der Erbschaft eine Luxusreise leistet oder andere Annehmlichkeiten des Lebens vergönnt, denn dann ist das Geld weg, ein Ersatzstück ist nicht zum Nachlaß gelangt und eine Bereicherung, die herausgegeben werden könnte, ist nicht mehr vorhanden.

In vielen Fällen weiß der Erbe nicht genau welche Gegenstände alle zum Nachlaß gehören und wo sie verblieben sind. Ohne diese Kenntnis aber kann der Erbe seine gesetzlichen Rechte nicht wahrnehmen und ist insbesondere gehindert, die ihm im Einzelfall zustehenden Herausgabeansprüche geltend zu machen.

Das Gesetz sieht deshalb vor, daß der Erbschaftsbesitzer dem Erben ein Verzeichnis der zur Erbschaft gehörenden Gegenstände vorlegen muß. Weiter muß Auskunft über den Verbleib der Gegenstände, ihre Veräußerung, ihren Verlust oder eine eingetretene Verschlechterung sowie über erlangte Ersatzstücke erteilt werden. Praktisch muß der Erbschaftsbesitzer damit über die von ihm vorgenommene Verwaltung des Nachlasses Rechenschaft geben und die zur Prüfung erforderlichen Belege vorlegen.

Diese Auskunftspflicht trifft auch Besitzer von Nachlaßwerten, die nicht Erbschaftsbesitzer sind — den Nachlaß also nicht als vermeintliche Erben in Besitz nahmen

— wenn sie die Sachen aus dem Nachlaß in Besitz nahmen bevor der Erbe Zugriff auf diese Sachen hatte.

Auskunftspflichtig sind schließlich auch alle die Personen, die sich zur Zeit des Erbfalls in häuslicher Gemeinschaft mit dem Erblasser befanden. Hierher gehören nicht nur Familienangehörige und Hausangestellte oder Pflegepersonal, sondern auch all die Personen, die sich aufgrund der räumlichen oder persönlichen Beziehung zum Erblasser Kenntnis über den Verbleib der Nachlaßgegenstände verschaffen können.

Sind die Auskunftspflichtigen nicht bereit, die vom Erben geforderte Auskunft zu geben, so kann eine *Auskunftsklage* erhoben werden. Ergibt sich, daß die erteilten Auskünfte nicht sorgfältig gemacht werden — beispielsweise unvollständige oder mehrfach berichtigte Angaben — so kann der Erbe im Klageweg weiter verlangen, daß der Auskunftspflichtige an Eides statt versichert, daß die von ihm erteilten Auskünfte nach bestem Wissen erfolgt sind und so vollständig gehalten wurden, wie es dem Auskunftspflichtigen aufgrund seines Wissens möglich war. Ergbit die Auskunft, daß der Auskunftspflichtige Werte im Besitz hat, die dem Nachlaß zustehen, so kann danach klageweise die Herausgabe dieser Gegenstände verlangt und notfalls im Wege der Zwangsvollstreckung herbeigeführt werden. In der Praxis können die Ansprüche auf Auskunft, eidesstattliche Versicherung und Herausgabe in einer Klage verfolgt werden; es handelt sich dann um eine sogenannte Stufenklage.

Neben dem Auskunfts- und Herausgabeanspruch des Erben gegen den Besitzer der Erbschaft gibt es auch umgekehrt einen Auskunftsanspruch gegen den wahren Erben, der zur Geltendmachung des Pflichtteils dem Pflichtteilsberechtigten die ererbten Vermögenswerte umfassend offenlegen muß. Der Pflichtteilberechtigte muß aufgrund der erteilten Auskünfte in die Lage versetzt werden, den Nachlaß zu bewerten, damit er den ihm zustehenden Geldanspruch auf Zahlung des Pflichtteils beziffern kann.

20. Die gerichtliche Feststellung der Erben und des Erbrechts

Oft gibt es nach einem Erbfall Streit darüber, wer erbberechtigt ist, wie eine letztwillige Verfügung ausgelegt werden kann, ob sie überhaupt wirksam ist, wer aus dem Nachlaß was zu beanspruchen hat. Die Streitpunkte lassen sich beliebig fortsetzen. Fast allen ist aber gemeinsam, daß sie an der Rechtsfrage anknüpfen, wer im konkreten Fall richtigerweise Erbe geworden ist.
Für den Rechtsverkehr ist es unerläßlich, diese Frage möglichst rasch und rechtsverbindlich abzuklären. Die Bank muß wissen, wer Erbe geworden ist, damit sie das Guthaben des Verstorbenen mit befreiender Wirkung an den richtigen Gläubiger auszahlen kann. Der Grundbuchbeamte will den Nachweis des Erbrechts, bevor er im Wege der Grundbuchberichtigung den oder die Erben als neue Eigentümer im Grundbuch einträgt. Die Gläubiger des Verstorbenen wollen wissen, wer Erbe wurde, damit sie ihre Forderungen gegenüber den richtigen Schuldnern geltend machen können. Bei noch nicht vollständig abgewickelten Verträgen und Dauerschuldverhältnissen (z.B. Ratenkauf, Miete) muß zügig geklärt werden, wer als Erbe in den Vertrag als Nachfolger des Erblassers mit Rechten und als Erbe in den Vertrag als Nachfolger des Erblassers mit Rechten und Pflichten einrückt.
Um die Frage, wer Erbe ist, einer möglichst zügigen Klärung zuzuführen, stellt der Gesetzgeber nebeneinander die Wege des *Erbscheinverfahrens* und der *Klage auf Feststellung des Erbrechts* zur Verfügung.
Soweit die Erbfolge auf einem Testament beruht, hat das Nachlaßgericht die *Testamentseröffnung* vorzunehmen. Weiter muß der Nachlaß vom Nachlaßgericht gesichert werden.
Grundsätzlich ist die Regelung erbrechtlicher Fragen primär Sache der Beteiligten. Das Erbrecht ist Teil des Privatrechts. Der Staat hat allerdings die Aufgabe, bei Konflikten zwischen den Beteiligten durch die Bereitstellung des Rechtswegs zur Klärung gerichtliche Hilfe zu bieten und ordnend und vorsorgend bei der Ermittlung und Feststellung der Erben und der Nachlaßsicherung mitzuwirken. Um diese staatlichen Aufgaben, die verfahrensrechtlicher Art sind, zu erfüllen, gibt es die erwähnten Mittel, die nun im Einzelnen zu betrachten sind.

Testamentseröffnung

Nach dem Tod des Erblassers wird der Inhalt einer vorhandenen Verfügung von Todes wegen amtlich festgestellt. Diesem Zweck dient die Testamentseröffnung. Die Vorschriften für die Eröffnung eines Testaments sind mit kleinen Ergänzungen und Abwandlungen auch auf gemeinschaftliche Testamente und Erbverträge anzuwenden.
Zuständig für die Eröffnung des Testaments ist das Nachlaßgericht, in dessen Bezirk der Erblasser seinen letzten Wohnsitz hatte. Hatte der Erblasser keinen Wohn-

sitz im Inland oder war er Ausländer, so gelten Besonderheiten, die im Kapitel über Erbfälle mit Auslandsberührung dargestellt sind. Das Nachlaßgericht wird beim Amtsgericht geführt; in Baden-Württemberg sind die Notariate mit den Aufgaben des Nachlaßgerichts betraut.

Das Gericht kann das Testament nur eröffnen, wenn es ihm vorliegt und es vom Eintritt des Erbfalls erfährt. In der Regel wenden sich die Hinterbliebenen an das Gericht. Ist dies nicht der Fall, so erlangt das Gericht normalerweise durch eine Mitteilung des Standesamtes vom Tod des Erblassers Kenntnis, zumindest dann, wenn es sich um ein in amtliche Verwahrung gegebenes Testament handelt. Dies deshalb, weil die Verwahrstelle das Standesamt des Erblassers von der Verwahrung eines Testaments unterrichten muß und so sichergestellt wird, daß beim Tod des Erblassers dann durch das Standesamt die entsprechende Rückmeldung erfolgt. Sofern das Testament noch nicht in amtlicher Verwahrung ist, muß es dem Nachlaßgericht abgeliefert werden. Dieses hat, wenn es von einem Testament — etwa durch Hinweise der Beteiligten — erfährt, dafür zu sorgen, daß das Testament abgeliefert wird.

Ist der Verbleib eines Testaments unklar, so kann das Nachlaßgericht von bestimmten Personen die Abgabe einer eidesstaatlichen Versicherung über den Verbleib eines Testaments verlangen. Wird die Ablieferung verweigert, so kann Zwang angewendet oder eine Ordnungsstrafe verhängt werden. Die Verweigerung der Ablieferung ist nie berechtigt — auch dann nicht, wenn der Verwahrer das Testament für unwirksam hält, denn die Feststellung der Wirksamkeit oder Unwirksamkeit ist gerade nicht Sache des Verwahrers. Wer ein Testament beiseite schafft bzw. unterdrückt, kann sich strafbar machen und darüber hinaus um sein eigenes Erbrecht bringen. Ob der Erblasser mit der Eröffnung des Testaments einverstanden war, ist unerheblich; es ist zu eröffnen, auch wenn der Erblasser dies nicht gewollt haben sollte.

Das Nachlaßgericht bestimmt einen Eröffnungstermin, zu dem es die Erben — sowohl die gesetzlichen als auch die testamentarischen — und die sonstigen Beteiligten (z.B. Vermächtnisnehmer, Testamentsvollstrecker) lädt. Der Rechtspfleger öffnet das Testament und verkündet seinen Inhalt durch Vorlesen und legt den Anwesenden auf Verlangen das Testament zur Einsicht vor. Über die Eröffnung wird eine Niederschrift gefertigt. Das Gericht muß den zum Eröffnungstermin nicht erschienenen Beteiligten den Inhalt des Testaments mitteilen, soweit er sie betrifft. Dies ist vor allem für die Erben, die Enterbten, die Pflichtteilsberechtigten, die Vermächtnisnehmer und den Testamentsvollstrecker von Bedeutung.

Mit der Eröffnung des Testaments beginnt für die durch Verfügung von Todes wegen berufenen Erben frühestens die Ausschlagungsfrist. Die Niederschrift über die Eröffnung des Testaments in Verbindung mit einem öffentlichen Testament (also einem notariell beurkundeten) ersetzt im Grundbuchverkehr den Nachweis der Erbfolge, die sonst durch Vorlage eines Erbscheins zu führen ist. Die Banken können nach ihren allgemeinen Geschäftsbedingungen die Vorlage eines Erbscheins verlangen, sie können aber auch denjenigen, der in einer Abschrift bzw. Ausfertigung eines öffentlichen Testaments nebst Protokoll über die Eröffnungsverhandlung als Erbe oder Testamentsvollstrecker bezeichnet ist, verfügen lassen oder mit befreiender Wirkung an ihn leisten. Von dieser Möglichkeit machen die Banken meist Gebrauch.

Sicherung des Nachlasses

Zwar gibt es nach dem BGB keinen Nachlaß ohne Erben, aber es kommt doch immer wieder vor, daß der Nachlaß ohne Verwalter ist. Häufig sind die Erben unbekannt oder unerreichbar und müssen erst in manchmal aufwendigen Verfahren ermittelt und gesucht werden. Auch wenn noch nicht fest steht, ob die Erbschaft angenommen wird, kann der Nachlaß ohne Verwaltung sein. In diesen Fällen ist bei Bedarf zur Sicherung des Nachlasses durch das Gericht zu handeln. Es kann z.B. Konten des Erblassers sperren lassen, die Hinterlegung von Geld und Kostbarkeiten anordnen, die Sieglung von Räumen mit Nachlaßgegenständen verfügen, die Aufnahme eines Nachlaßverzeichnisses anordnen und für denjenigen, der Erbe wird, einen Nachlaßpfleger bestellen. Geschieht dies, dann obliegt dem Nachlaßpfleger auch die Pflicht der Ermittlung des oder der unbekannten Erben. Diese Ermittlungsarbeit ist rein tatsächlicher Art. Der Nachlaßpfleger ist nicht berechtigt, über das Erbrecht zu streiten oder einen Erbschein zu beantragen. Er hat auch nicht die Aufgabe zu klären, wer unter mehreren Erbanwärtern der wirkliche Erbe ist. Das ist Sache des Gerichts.
Die Ermittlungsarbeit des Nachlaßpflegers besteht darin, den Nachlaß darauf hin zu sichten, ob sich letztwillige Verfügungen finden oder sonstige Schriftstücke oder andere Anhaltspunkte, aus denen sich ergibt wer der gesetzliche oder letztwillig berufene Erbe ist und wo er sich befindet. Hinweise kann er auch durch Befragung der Beteiligten erlangen. In internationalen Fällen kann er das ausländische Recht und die dortigen Verhältnisse ermitteln und dem Nachlaßgericht entsprechende Hinweise geben. Häufig wird die Tätigkeit des Nachlaßpflegers von Anwälten versehen, die mit diesem Amt betraut werden. Sobald der oder die Erben feststehen, endet das Amt des Nachlaßpflegers.

Das Erbscheinverfahren

Der Erbschein wird auf Antrag der Erben vom Nachlaßgericht erteilt. Er hat den Zweck, das Erbrecht gegenüber Privatpersonen, Behörden und Gerichten nachzuweisen. In den Erbschein sind die Personalien der Erben und die Höhe ihrer Erbquote aufzunehmen, und es muß sich aus ihm ergeben, daß das Erbrecht frei ist von Beschränkungen durch Nacherben und Testamentsvollstreckung. Ein Erbschein ist nicht in jedem Erbfall notwendig. Dort, wo sich der Nachlaß in beweglichen Sachen erschöpft, die bereits im Besitz der Erben sind, kann ohne weiteres auf ihn verzichtet werden. Gleiches gilt für den Fall, daß die Erben aufgrund einer vom Erblasser erteilten, über den Tod hinaus geltenden Vollmacht in der Lage sind, sich den Besitz an den Nachlaßgegenständen zu verschaffen. Auch bei Testamentsvollstreckung ist der Erbschein normalerweise entbehrlich. In diesem Fall können nämlich nicht die Erben handeln, sondern nur der Testamentsvollstrecker, der sich durch ein Testamentsvollstreckerzeugnis ausweist. Andererseits muß bei Erbfällen immer dann ein Erbschein vorgelegt werden, wenn zum Nachlaß Grundstücke gehören, da das Grundbuchamt ohne Erbschein die Berichtigung des Eigentums nicht vornehmen darf.

Sobald ein Antrag auf Erteilung des Erbscheins gestellt wird, muß das Nachlaßgericht im Wege der Amtsermittlung überprüfen, ob dem Antragsteller das behauptete Erbrecht — das der Erbschein ja bezeugen soll — zusteht. Das Gericht hat dabei Ermittlungen tatsächlicher Art vorzunehmen oder gibt dem Antragsteller beispielsweise auf, durch Vorlage von Urkunden die relevanten Verwandtschaftsverhältnisse nachzuweisen.

Nur wenn das Gericht zu der Überzeugung gelangt, daß das beanspruchte Erbrecht wirklich besteht, wird der Erbschein erteilt.

Aufgrund des Gesetzes wird vermutet, daß dem in einem Erbschein bezeichneten Erben das angegebene Erbrecht in der bezeugten Höhe zusteht und er nicht durch andere als die im Erbschein eventuell angegebenen Anordnungen in seinem Verfügungsrecht über den Nachlaß eingeschränkt ist. Sind mehrere Personen zu Miterben berufen, so können sie entweder einen gemeinschaftlichen Erbschein beantragen oder aber jeder Miterbe für sich einen Teilerbschein. Die Vermutung der Richtigkeit des im Erbschein bezeugten Erbrechts kann widerlegt werden. Derjenige, der die Unrichtigkeit eines Erbscheines behauptet, muß allerdings die Gründe darlegen und auch beweisen, weshalb der Erbschein unrichtig sein soll. Der Erbschein schafft — weil er widerleglich ist — keine ein für alle Male gültige Rechtskraft über den Bestand des bezeugten Erbrechts. Stellt sich heraus, daß ein erteilter Erbschein unrichtig ist, so muß er von Amts wegen eingezogen werden. Kann er nicht erlangt werden, so ist er für kraftlos zu erklären, was durch öffentliche Bekanntmachung erfolgt.

Besteht zwischen den Beteiligten Streit über ein Erbrecht, so haben sie immer die Möglichkeit, vor den Zivilgerichten einen Prozeß zu führen, in dem festgelegt werden muß, wer in welchem Umfang Erbe geworden ist. Das Nachlaßgericht ist an ein solches Urteil des Prozeßgerichts gebunden, d.h. es darf nur einen Erbschein erteilen, der dem Urteil des Prozeßgerichts entspricht. Hatte es bereits vor dem Urteil einen Erbschein anderen Inhalts erteilt, so ist dieser einzuziehen.

Der Erbschein ist ein amtliches Zeugnis, dem man im Rechtsverkehr glauben darf. Das Gesetz schafft deshalb ausdrücklich die Möglichkeit des gutgläubigen Erwerbs vom Nichtberechtigten. Wer von demjenigen, der im Erbschein als Erbe bezeichnet ist, einen Gegenstand aus dem Nachlaß erwirbt, wird in seinem Vertrauen auf das bezeugte Erbrecht geschützt. Der Rechtserwerb ist also gültig, auch wenn der Erbscheinserbe nicht der wahre Erbe ist. Wer auf Grund eines zur Erbschaft gehörenden Rechts gutgläubig eine Leistung an den im Erbschein bezeichneten Erben bewirkt, wird ebenfalls geschützt. Die Leistung ist dem wahren Erben gegenüber wirksam und führt also zur Befreiung des Schuldners von seiner gegenüber dem Nachlaß bestehenden Verbindlichkeit. Aus diesem Grunde lassen sich die Banken häufig einen Erbschein vorlegen, bevor sie Guthaben des Erblassers auszahlen.

Klage auf Feststellung des Erbrechts

Wenn Streit über das Erbrecht besteht, können Erbanwärter neben und statt dem Erbscheinsverfahren ihr Erbrecht auch durch die ordentlichen Zivilgerichte klären lassen. Zuständig ist dann im Hinblick auf den Nachlaßwert in der Regel in der ersten Instanz das Landgericht. Gegen seine Entscheidung ist in zweiter Instanz die Berufung zum Oberlandgericht möglich. Geht es um bedeutende Vermögenswerte oder sind Rechtsfragen von grundsätzlicher Bedeutung für die Entscheidung des Erbenstreits maßgeblich, so ist gegen das Urteil des Oberlandgerichts die Revision zum Bundesgerichtshof möglich.

Für den Prozeß über das Erbrecht besteht bereits vor dem Landgericht Anwaltszwang. Dies führt zu einer Verteuerung des Verfahrens, da der Erbscheinantrag vor dem Nachlaßgericht von den Beteiligten selbst ohne Einschaltung von Anwälten gestellt werden kann. Andererseits hat das Urteil des Prozeßgerichts den Vorteil, daß es in Rechtskraft erwächst, sobald kein Rechtsmittel (Berufung, Revision) mehr eingelegt werden kann. Ein solches rechtskräftiges Urteil kann dann — auch wenn es sich später als falsch herausstellen sollte — normalerweise wegen der Rechtskraft nicht mehr aus der Welt geschafft werden.

21. Die Haftung des Erben für Nachlaßverbindlichkeiten

Aufgrund der Gesamtrechtsnachfolge geht nicht nur das Vermögen des Erblassers, sondern auch die Schulden auf den oder die Erben über. Der Erbe muß auch für die Bezahlung dieser Schulden einstehen. Die Schulden des Erblassers gehen mit dem Erbfall von selbst auf den oder die Erben über. Dies wird in § 1967 Abs.1 BGB ausdrücklich angeordnet, wo es heißt:

„Der Erbe haftet für die Nachlaßverbindlichkeiten."

Nachlaßverbindlichkeiten sind nicht nur die vom Erblasser hinterlassenen Schulden (die sog. Erblasserschulden), sondern auch die Schulden, die erst durch den Erbfall entstehen. Hier ist z.B. an die Beerdigungskosten zu denken, aber auch an die Erbschaftssteuer oder an Ansprüche aus Vermächtnis, Pflichtteil oder Zugewinnausgleich.
Die Haftung bezieht sich sowohl auf den Nachlaß als auch auf das Eigenvermögen des Erblassers. Grundsätzlich können daher die Nachlaßgläubiger aus beiden Vermögensmassen die Befriedigung ihrer Forderung verlangen und auf beide Vermögen im Wege der Zwangsvollstreckung zugreifen.
Der Erbe, der die Erbschaft angenommen hat, haftet vom Erbfall an mit seinem Eigenvermögen und dem Nachlaß vorläufig unbeschränkt, aber beschränkbar für die Nachlaßverbindlichkeiten. Hinsichtlich der Nachlaßverbindlichkeiten unterscheidet man

— *Erblasserschulden,* die vom Erblasser herrühren, z.B. nicht bezahlte Miete, Bankkredite usw.
— *Erbfallschulden,* die aus Anlaß des Erbfalls entstehen, z.B. Ansprüche aus Vermächtnis oder Pflichtteil, Beerdigungskosten.
— *Nachlaßerbenschulden,* das sind Verbindlichkeiten, die der Erbe zur ordnungsgemäßen Verwaltung des Nachlasses begründet hat.

Hinsichtlich der Nachlaßerbenschulden ist eine Haftungsbegrenzung nicht möglich, da es der Erbe durch sein eigenes Handeln in der Hand hat, ob und in welchem Umfang diese Schulden entstehen, während ihm die Erblasser- und Erbfallschulden auch ohne sein Zutun auferlegt werden.
Erblasserschulden sind vorrangig vor den Erbfallschulden zu befriedigen. Wenn durch Erfüllung der Erblasserschulden der Nachlaß nicht mehr ausreichend sein sollte, um auch Vermächtnisse und Pflichtteilsansprüche zu erfüllen, so kann der Erbe diese Ansprüche kürzen und muß sie überhaupt nicht erfüllen, wenn der Nachlaß bereits völlig durch die Berichtigung der Erblasserschulden aufgebraucht ist. Solange die ererbte Aktiva die Passiva übersteigt, ergeben sich für den Erben keine Probleme, denn durch die Bezahlung der Schulden wird der Nachlaß zwar geringer, aber für den Erben bleibt doch immer noch etwas übrig.

Problematisch wird die Sache für den Erben immer dann, wenn die Schulden des Erblassers größer sind als das hinterlassene Aktivvermögen. Wenn der Erbe in dieser Situation nicht aufpaßt, dann geht er das Risiko ein, für die Begleichung der Erblasserschulden uneingeschränkt zu haften. Tritt dieser Fall ein, so ist die Erbschaft kein Geschäft, sondern sie macht dann den Erben arm statt reich.
Ist dem Erben von vornherein bekannt, daß der Erblasser überschuldet war, so wird er die Erbschaft überhaupt nicht annehmen, sondern ausschlagen, um diesem Risiko für fremde Schulden plötzlich zahlen zu müssen, zu entgehen. Leider ist aber in vielen Fällen der Praxis die Situation nicht eindeutig, und der Erbe weiß nicht, wo er bzw. der Nachlaß wirtschaftlich steht. Der erforderliche Überblick läßt sich häufig nicht innerhalb der kurzen Frist von nur sechs Wochen — die das Gesetz für die Ausschlagung der Erbschaft vorsieht — verschaffen. War der Erblasser z.B. als Unternehmer tätig, so ist es für Außenstehende oft schwer oder überhaupt nicht möglich, festzustellen, wie sich die wirtschaftliche Lage darstellt. Hier sollte in kritischen Fällen der Erblasser vorbeugen, indem er seinen Steuerberater oder Anwalt verpflichtet, seinen Erben im Falle seinen Todes innerhalb kurzer Frist die Vermögenslage zu offenbaren, damit nicht etwa in Problemfällen die Ausschlagungsfrist versäumt wird und die Hinterbliebenen dann auf einem Schuldenberg sitzen.
Will der Erbe eine *Haftungsbeschränkung* herbeiführen — die praktisch nur dann Bedeutung erlangt, wenn der Nachlaß überschuldet ist — so muß unterschieden werden, ob diese Haftungsbeschränkung auf den Nachlaß gegenüber allen Nachlaßgläubigern erreicht werden soll, oder ob etwa eine nur vorläufige und zeitlich beschränkte Haftungsbegrenzung gegenüber einzelnen Nachlaßgläubigern sinnvoll ist. Grundsätzlich muß der Erbe handeln, wenn er eine Haftungsbeschränkung herbeiführen will. Nach dem Gesetz gibt es dafür verschiedene Wege und Möglichkeiten. Soll sich die Haftung gegenüber allen Gläubigern endgültig auf den Nachlaß beschränken, dann muß sichergestellt werden, daß der Nachlaß und das Eigenvermögen des Erben streng getrennt bleiben. Der Erbe kann dies erreichen, indem er einen Antrag auf

— Anordnung der Nachlaßverwaltung

oder

— Eröffnung des Nachlaßkonkurs- oder Nachlaßvergleichsverfahrens

stellt.

Der Antrag auf *Nachlaßverwaltung* ist beim zuständigen Nachlaßgericht zu stellen. Dieses setzt einen *Nachlaßverwalter* ein. Gerade bei einem unübersichtlichen Nachlaß, bei dem den Erben zunächst unbekannt ist, ob und in welcher Höhe Verbindlichkeiten vorhanden sind, kann ein Antrag auf Anordnung der Nachlaßverwaltung sinnvoll sein, da so in jedem Fall die Haftungsbeschränkung erreicht wird. Ergibt sich im Laufe der Zeit, daß der Nachlaß überschuldet ist, so geht die Nachlaßverwaltung in ein *Nachlaßkonkurs-* oder *-vergleichsverfahren* über. Bleibt ein Überschuß, so muß dieser vom Nachlaßverwalter nach Berichtigung der Verbindlichkeiten an den Erben herausgegeben werden. Der Nachlaßverwalter nimmt also den Nachlaß in Besitz und realisiert so die Trennung zwischen Eigenvermögen und Nachlaß. Er wickelt ab, berichtigt die Verbindlichkeiten und realisiert dazu die Vermögenswerte des Nachlasses. Ist die Nachlaßverwaltung angeordnet, so kann der Erbe nicht mehr über den Nachlaß verfügen, Verfügungen, die er dennoch vornimmt, sind nur mit Zustimmung des Nachlaßverwalters wirksam. Eine Nachlaßverwaltung zieht sich oft über mehrere Jahre hin und kann im Einzelfall recht aufwendig sein. Sie ist deshalb für den Erben nicht billig, denn die Vergütung des Nachlaßverwalters ist aus dem Nachlaß zu entnehmen. Stellt das Nachlaßgericht fest, daß der Nachlaß so gering ist, daß die Kosten der Nachlaßverwaltung nicht gedeckt sind, so wird die Nachlaßverwaltung gar nicht erst angeordnet. Der Erbe ist in diesem Falle allerdings hinsichtlich seiner Haftung geschützt, denn er kann dann die Nachlaßgläubiger auf die Erbmasse verweisen, indem er die sogenannte *Dürftigkeitseinrede* erhebt.

Ist den Erben definitiv bekannt, daß der Nachlaß überschuldet ist, so kommt ein Nachlaßkonkursverfahren in Betracht. Auch dieses wird allerdings nur dann vom Gericht eröffnet, wenn zumindest die Kosten des Verfahrens druch den Nachlaß gedeckt sind. Andernfalls lehnt das Gericht die Eröffnung des Nachlaßkonkursverfahrens mangelns Masse ab. In diesem Falle können dann die Erben ihre Haftung ebenfalls durch Erhebung der Dürftigkeitseinrede abwenden.

Neben den Erben kann auch jeder Nachlaßgläubiger Antrag auf Nachlaßkonkurs stellen. Ziel des Nachlaßkonkursverfahrens ist es, eine anteilige gleichmäßige Befriedigung der Nachlaßgläubiger herbeizuführen. Das Verfahren dient also auch den Interessen der Nachlaßgläubiger, führt aber zugunsten der Erben zugleich zu einer Haftungsbeschränkung. Bei Kenntnis der Überschuldung müssen die Erben *Konkursantrag* stellen, da sie sich andernfalls schadensersatzpflichtig machen. Das Gericht ernennt einen Konkursverwalter, der den Nachlaß in Besitz nimmt. Die Erben verlieren ihre Verfügungs- und Verwaltungsbefugnis am Nachlaß. Der Nachlaß stellt die sogenannte Konkursmasse dar, die getrennt ist vom Eigenvermögen der Erben und die der Verwaltung und Verteilung durch den Konkursverwalter unterliegt. Die Befriedigung der Gläubiger aus der Konkursmasse folgt in der Rangfolge bestimmten Regeln. Für die Befriedigung von Ansprüchen aus Vermächtnissen, Auflagen und Pflichtteilsrechten sowie Erbersatzansprüchen sieht das Gesetz die drei letztrangigsten Plätze vor, die Inhaber dieser Rechte gehen also leer aus, wenn die vorrangigen Nachlaßverbindlichkeiten bereits die Konkursmasse (das ist die Aktiva des Nachlasses) aufzehren. Dies ist gerechtfertigt, weil es bei Pflichtteilen, Vermächtnissen u.ä. um die Verteilung hinterlassenen Vermögens geht und es eben nichts zugunsten der Hinterbliebenen zu verteilen gibt, wenn der Erblasser mehr Schulden als vermögenswerte Güter hinterlassen hat. Auch nach der Beendigung des Nachlaßkonkursverfahrens haftet der Erbe nicht mit seinem Eigenvermögen, soweit also Gläubiger im Nachlaßkonkursverfahren keine oder nur teilweise quotenmäßige Befriedigung erlangen, ist ihr Forderungsausfall endgültig.

Statt eines Nachlaßkonkursverfahrens können die Erben auch die Durchführung eines *Nachlaßvergleichsverfahrens* beantragen. Auch dies führt zu einer Haftungsbeschränkung auf den Nachlaß. Ein Nachlaßvergleichsverfahren kommt dann in Frage, wenn mehr Vermögenswerte als bei einem Konkursverfahren vorhanden sind, so daß alle Gläubiger zumindest mit einer anteiligen Befriedigung (Quote) rechnen können, die mindestens 35 % ihrer Forderungen ausmacht.

Ist der Nachlaß so gering, daß weder die Anordnung der Nachlaßverwaltung noch ein Nachlaßkonkurs- oder -vergleichsverfahren in Betracht kommen, so hat der Erbe nach § 1990 BGB ohne weiteres das Recht, die Befriedigung der Nachlaßgläubiger zu verweigern, weil der Nachlaß nicht ausreicht. Dies geschieht durch die sog. *Dürftigkeitseinrede,* die vom Erben im Prozeß erhoben werden muß, wenn sie berücksichtigt werden soll.

Ist ein normalerweise nicht überschuldeter Nachlaß dadurch zu einem überschuldeten Nachlaß geworden, daß der Erblasser im Übermaß — über seine Verhältnisse — Vermächtnisse und Auflagen angeordnet hat, deren Erfüllung aus dem Nachlaß zu bestreiten ist, so kann der Erbe die Befriedigung dieser Forderungen verweigern, soweit der Nachlaß dazu nicht ausreicht. Der Erbe muß in diesem Fall die Einrede der Überbeschwerung des Nachlasses erheben, um die Haftungsbegrenzung herbeizuführen.

Neben der endgültigen Haftungsbeschränkung kennt das Gesetz die Möglichkeit der vorläufigen Beschränkung der Haftung. Diese setzt keine Sonderung der Vermögensmassen voraus und ist durch Einrede des Erben geltend zu machen. Hierbei gehören

— *die Dreimonatseinrede,*
  nach der der Erbe die Berechtigung einer Verbindlichkeit bis zum Ablauf der ersten drei Monate nach der Annahme der Erbschaft, nicht jedoch über die Errichtung eines Inventars hinaus, verweigern kann;
— *die Aufgebotseinrede,*
  mit der der Erbe die Berichtigung einer Verbindlichkeit verweigern kann, bis ein Aufgebotsverfahren zur Ermittlung der Nachlaßgläubiger abgeschlossen ist;
— *die Teilungseinrede des Miterben,*
  mit der der Erbe im Falle einer Erbengemeinschaft bis zur Teilung des Nachlasses den Gläubiger auf seinen Anteil am Nachlaß verweisen kann und eine Befriedigung aus seinem sonstigen Vermögen verweigern darf.

Sind dem Erben die Schulden des Erblassers im einzelnen nicht bekannt, so hat er die Möglichkeit, beim Nachlaßgericht das Aufgebotsverfahren zur Ermittlung der Nachlaßgläubiger zu beantragen. Auf diese Weise erhält er einen zuverlässigen Überblick über die vorhandenen Erblasserschulden, denn die Gläubiger werden durch öffentliche Ausschreibung aufgefordert innerhalb einer vom Nachlaßgericht bestimmten Frist ihre Forderung bekannt zu geben. Das Aufgebot (die öffentliche Ausschreibung des Gerichts) wird sowohl an der Gerichtstafel angeschlagen als auch durch Veröffentlichung in den dafür vorgesehenen Amtsblättern öffentlich bekannt gemacht. Bekannte Gläubiger werden außerdem vom Gericht angeschrieben und aufgefordert, ihre Forderung anzumelden. Selbstverständlich können Gläubiger, die sich beim

Angebotsverfahren nicht gemeldet haben, die Befriedigung ihrer Forderung nach wie vor verlangen, aber nur soweit der Nachlaß dazu ausreichend ist.
Praktisch bedeutet dies:

Hat der Erbe ein Aufgebotsverfahren zur Ermittlung der Nachlaßgläubiger in die Wege geleitet, so führt dies zu einer endgültigen Haftungsbeschränkung zugunsten des Erben gegenüber dem jeweiligen Nachlaßgläubiger, wenn sich dieser im Angebotsverfahren nicht gemeldet hat. Gleiches gilt, wenn ohne Angebotsverfahren Gläubiger mehr als fünf Jahre nach dem Erbfall verstreichen lassen, bevor sie ihre Forderung gegenüber dem Erben geltend machen, es sei denn, die verschwiegene Forderung war dem Erben bekannt.
Melden sich Gläubiger nicht und geht deshalb erhebliche Zeit ins Land, bis sie nach dem Erbfall die Forderung geltend machen, so stellt sich darüber hinaus immer auch die Frage, ob die Forderung nicht eventuell durch Zeitablauf ohnehin verjährt ist, so daß der Erbe durch Erhebung der Einrede der Verjährung auch eine Berichtigung der Schuld aus dem Nachlaß verweigern kann.
Da Forderungen nach dem Gesetz unterschiedlichen Verjährungsfristen unterliegen, je nachdem, auf welchem Rechtsgrund sie beruhen, kann zur Verjährung selbst keine allgemeine Aussage gemacht werden. Im Zweifel sollte der Erbe durch fachkundigen Rat prüfen lassen, ob die Verjährungseinrede durchgreift.
Wie wir gesehen haben, haftet der Erbe unbeschränkt, aber beschränkbar. Der Erbe kann diese Möglichkeit der Haftungsbeschränkung verlieren, wenn er der Aufforderung des Nachlaßgerichts zur Erstellung eines *Iventars* über den Nachlaß nicht innerhalb der gesetzten Frist nachkommt oder wenn er sich weigert, die Richtigkeit seiner im Inventar gemachten Angaben an Eides Statt zu versichern.
Jeder Nachlaßgläubiger kann bei Gericht die Anordnung der Aufnahme eines Inventars beantragen; auch der Erbe selbst kann von sich aus ein Inventar erstellen und dem Nachlaßgericht vorlegen. Wichtig ist es, darauf hinzuweisen, daß die Errichtung eines Inventars über den Nachlaß keine Haftungsbeschränkung herbeiführt. Dies ist ein weit verbreiteter Irrtum. Richtig ist allerdings in diesem Zusammenhang, daß der Erbe die Möglichkeit der Herbeiführung einer Haftungsbeschränkung auf den Nachlaß dann endgültig verliert, wenn er wie vorstehend dargelegt, die gesetzte Frist verstreichen läßt oder wenn er im Inventar bewußt unrichtige Angaben macht (sog. *Inventaruntreue).*

Das Inventar ist ein Verzeichnis aller beim Erbfall vorhandenen Nachlaßwerte (Aktiven) und der bei der Inventarerrichtung bestehenden Nachlaßverbindlichkeiten (Passiven). Das Inventar schafft gegenüber den Nachlaßgläubigern die Vermutung, daß beim Erbfall kein weiteres Vermögen vorhanden war, als das im Inventar verzeichnete. Diese Vermutung ist widerlegbar, so im Fall der Inventaruntreue. Der Erbe hat normalerweise gerade in unübersichtlichen Fällen ein Interesse daran, sich den Weg zur Beschränkung seiner Haftung auf den Nachlaß offen zu halten. Er sollte dann zumindest ein sorgfältiges Inventar errichten, um sich nicht diesen Weg zu verbauen, falls er sich nicht von vornherein dazu entschließt, Nachlaßverwaltung zu beantragen.

Sind mehrere Personen zu Erben berufen (Erbengemeinschaft), so haften sie gesamtschuldnerisch für die Nachlaßverbindlichkeiten. Das bedeutet, daß der Gläubiger nach seinem Belieben einen der Miterben für die gesamte Schuld in Anspruch nehmen kann. Dieser kann bei Vorliegen der Voraussetzungen — wie oben dargestellt — die Teilungseinrede des Miterben erheben. Im *Innenverhältnis* — d.h. im Verhältnis der Miterben untereinander — haftet dagegen jeder Miterbe nur in Höhe seiner Erbquote.

22. Ansprüche gegen die Erben aus Pflichtteil, Vermächtnis und Auflage

Der Erblasser kann aufgrund der vom Gesetz eingeräumten Testierfreiheit seine gesetzlichen Erben von der Erbfolge ausschließen. In der Praxis stellt sich deshalb bei Vorliegen entsprechender letztwilliger Verfügungen die Frage, wie es um das Pflichtteilsrecht der ausgeschlossenen gesetzlichen Erben bestellt ist. Sinn des Pflichtteils ist es, den nächsten Angehörigen eine Mindestbeteiligung am Wert des Nachlasses zu sichern:

Der Personenkreis der *Pflichtteilsberechtigten* ist nach § 2303 BGB begrenzt: Nur folgende Angehörige des Erblassers haben ein Pflichtteilsrecht:

— Kinder (auch nichteheliche);
— der Ehegatte;
— die Eltern.

Da das *Pflichtteil* an die Stelle des gesetzlichen Erbrechts tritt, kommen im konkreten Fall nur die Personen zum Zuge, die normalerweise Erben wären. Da bei der gesetzlichen Erbfolge die Abkömmlinge immer Vorrang vor den Eltern haben, steht also z.B. den Eltern dann kein Pflichtteil zu, wenn der Erblasser Frau und Kinder hatte. Verstarb der Erblasser dagegen kinderlos, so haben die Eltern einen Pflichtteilsanspruch, gleichgültig, ob der Erblasser verheiratet war oder nicht. Der Ehegatte hat immer einen Anspruch auf das Pflichtteil. Dagegen haben Geschwister des Erblassers keinen Anspruch, auch nicht, wenn die Eltern nicht mehr leben und der Erblasser kinderlos verstirbt.

Das *Pflichtteilsrecht* tritt dann ein, wenn eine pflichtteilsberechtigte Person durch Verfügung von Todes wegen von der Erbfolge ausgeschlossen ist. Soweit sich z.B. Eheleute gegenseitig zum Alleinerben einsetzen, haben die Kinder einen Anspruch auf das Pflichtteil. Hat der Erblasser durch Testament sein Vermögen restlos aufgeteilt und dabei z.B. ein Kind nicht erwähnt (übergangen), so steht diesem Kind ebenfalls das Pflichtteil zu. Auch das nichteheliche Kind hat einen Pflichtteilsanspruch, wenn ihm der Vater den Erbersatzanspruch durch Verfügung von Todes wegen entzieht.

Haben der Erblasser und der Pflichtteilsberechtigte freilich einen *Erbverzichtsvertrag* geschlossen oder wurde auf das Pflichtteilsrecht verzichtet, so kann ein Pflichtteil bei Eintritt des Erbfalles nicht geltend gemacht werden. Ein entsprechender Vertrag, der zum Erlöschen des Pflichtteils führt, ist nur rechtsgültig, wenn er notariell beurkundet wurde.

In der Regel wird der verzichtende Erbe vom Erblasser zu dessen Lebzeiten zum Abschluß einer entsprechenden Vereinbarung dadurch motiviert werden können, daß er für den Verzicht eine Zuwendung erhält. Der Erblasser hat keine rechtliche Möglichkeit, einen Pflichtteilsverzicht zu erzwingen. Er kann lediglich durch entsprechende finanzielle Anreise versuchen, einen entsprechenden Verzichtsvertrag mit dem weichenden Erben zustande zu bringen. Hat das nichteheliche Kind mit seinem Vater einen vorzeitigen Erbausgleich vereinbart, so sind die erbrechtlichen Ansprüche erledigt und damit selbstverständlich auch keine Pflichtteilsansprüche mehr vorhanden.

Häufig kommt es auch vor, daß der Erblasser einen Pflichtteilsberechtigten zwar nicht völlig von der Erbfolge ausgeschlossen hat, andererseits aber die Zuwendung den Wert des Pflichtteils — das ist die Hälfte des gesetzlichen Erbteils — nicht erreicht. In einem solchen Fall hat der Betroffene einen Anspruch auf die Differenz zwischen Wert der Zuwendung und Wert des Pflichtteils (sog. *Zusatzpflichtteil).* Wurde der Pflichtteilsberechtigte nicht als Erbe eingesetzt, sondern nur mit einem Vermächtnis bedacht, so kann er das Vermächtnis ausschlagen und den Pflichtteil fordern. Dieses Recht besteht immer, gleichgültig, welchen Wert das Vermächtnis hat. Liegt der Wert des Vermächtnisses unter dem Wert des Pflichtteils, so kann der Betroffene auch das Vemächtnis annehmen und ergänzend die Wertdifferenz zum Pflichtteil verlangen.

Durch Ausschlagung der Erbschaft wird normalerweise kein Anspruch auf das Pflichtteil erworben. Lediglich im Rahmen des gesetzlichen Güterstandes der Zugewinngemeinschaft gibt es eine Ausnahme, die in Kapitel 4 ausführlich mit einem Beispiel dargestellt ist. Schlägt der überlebende Ehegatte die Erbschaft aus, so hat er nach § 1371 BGB Anspruch auf Zugewinnausgleich und den Pflichtteil.

Der Pflichtteilsberechtigte ist nicht Miterbe und deshalb auch nicht als Miteigentümer am Nachlaß beteiligt. Er hat vielmehr lediglich einen Anspruch auf eine Geldzahlung, der sich gegen den Erben bzw. die Miterben (Erbengemeinschaft) richtet. Dieser Anspruch hat den Charakter einer Nachlaßverbindlichkeit. Da der Anspruch ausschließlich auf Geld gerichtet ist, kann der Berechtigte nicht verlangen, daß an ihn bestimmte Gegenstände aus dem Nachlaß übertragen werden. Mehrere Erben haften für den Anspruch gegenüber dem Berechtigten als Gesamtschuldner. Dieser kann nach seinem Belieben einen, einige oder alle Miterben auf Zahlung des Pflichtteils in Anspruch nehmen und notfalls verklagen. Im Innenverhältnis allerdings zwischen Miterben hat derjenige Miterbe den Anspruch zu tragen, dem der Ausschluß des Pflichtteilsberechtigten von der Erbfolge zugute kommt. Hat es der Erblasser z.B. hinsichtlich seiner beiden Söhne beim gesetzlichen Erbrecht belassen, seine Tochter dagegen übergangen und an ihrer Stelle deren Sohn (sein Enkelkind) zum Erben eingesetzt, so hat das Enkelkind im Innenverhältnis der Erbengemeinschaft den Pflichtteilsanspruch der enterbten Tochter alleine zu tragen.

Der Pflichtteilsanspruch beläuft sich auf den halben Wert des gesetzlichen Erbteils. Zu seiner Berechnung muß also festgestellt werden, welchen Erbteil der Berechtigte bei gesetzlicher Erbfolge erhalten hätte. Steht die so ermittelte Pflichtteilsquote fest, so muß noch eine Berechnung des Nachlaßwertes erfolgen, um den Anspruch in Geld beziffern zu können.

Der pflichtteilsberechtigte Nichterbe kennt häufig den Bestand des Nachlasses und seinen Wert nicht genau. Er hat deshalb gegen den Erben einen Auskunftsanspruch.

Er kann ein Verzeichnis aller Nachlaßgegenstände und die Ermittlung ihrer Werte verlangen. Oft sind die Erben hinsichtlich des Wertes anderer Auffassung als der Pflichtteilsberechtigte; sie werden naturgemäß einen möglichst geringen Wertansatz hinsichtlich der Einzelpositionen des Nachlasses anstreben, um die Zahlung zu drücken. Deshalb ist es in Streitfällen sinnvoll, zur Wertvermittlung das Gutachten eines vereidigten Sachverständigen einzuholen — vor allem dann, wenn es um die Bewertung von Grundstücken und Häusern geht.
Vom festgestellten Wert des Nachlasses sind die Nachlaßschulden in Abzug zu bringen, also die Verbindlichkeiten des Erblassers, die Erbschaftssteuer und die Beerdigungskosten. Nicht abzuziehen sind allerdings all die Verbindlichkeiten, die dem Pflichtteilsanspruch im Range nachgehen. Das sind Vermächtnisse und Auflagen.
Dem Nachlaßwert hinzuzurechnen ist der Wert aller Schenkungen, die der Erblasser in den letzten 10 Jahren gemacht hat. Damit soll verhindert werden, daß der Erblasser den Pflichtteilsanspruch aushöhlt, in dem er zu Lebzeiten reichlich Geschenke macht. Der Auskunftsanspruch des Pflichtteilsberechtigten erstreckt sich auf die Angabe dieser Schenkungen und die Mitteilung der Nachlaßverbindlichkeiten.
Hat der Erblasser zu Lebzeiten dem Pflichtteilsberechtigten freiwillig etwas zugewendet und dabei erklärt, das Empfangene solle auf den Pflichtteil angerechnet werden, so vermindert sich der Anspruch in Höhe der Anrechnung zur Zeit ihrer Leistung und nicht zur Zeit des Erbfalls.
Normalerweis kann der Pflichtteil nicht entzogen werden. In der Praxis taucht deshalb immer wieder das Problem auf, daß der Erblasser in den letzten Jahren seines Lebens wesentliche Teile seines Vermögens verschenkt, um so den Pflichtteilsberechtigten nichts oder möglichst wenig zukommen zu lassen. Um dies zu verhindern, sind diese Schenkungen zugunsten des Pflichtteilsberechtigten zu berücksichtigen, sofern sie innerhalb von zehn Jahren vor dem Tod des Erblassers erfolgten. Sie lösen den sog. *Pflichtteilsergänzungsanspruch* aus.
Hat der Erblasser das gesetzliche Erbrecht seiner Erben überhaupt nicht angetastet, aber sein wesentliches Vermögen in den letzten zehn Jahren vor seinem Tod verschenkt — sei es an einen Miterben oder auch an eine Person, die überhaupt nicht zur Erbfolge gelangt — so können auch die (übrigen) Erben gegen den Beschenkten einen *Ergänzungsanspruch* geltend machen. Das Gesetz will — innerhalb der Zehnjahresgrenze — verhindern, daß der Erbe schlechter steht, als wenn er nur pflichtteilsberechtigt wäre. Deshalb bei Auszehrung des Vermögens auch zugungsten des Erben einen Ergänzungsanspruch gegen den Beschenkten!
Der Pflichtteilsanspruch muß gerichtlich geltend gemacht werden, wenn er nicht dem Risiko der Verjährung ausgesetzt werden soll. Der Anspruch verjährt innerhalb von drei Jahren. Die Verjährung beginnt zum Zeitpunkt, zu dem der Pflichtteilsberechtigte vom Erbfall und der ihn beeinträchtigenden Verfügung erfährt. Erlangt der Berechtigte keine Kenntnis, so verjährt der Anspruch 30 Jahre nach dem Erbfall.
Nur in sehr eng umgrenzten Ausnahmefällen ist es möglich, auch den Pflichtteil durch letztwillige Verfügung zu entziehen. Voraussetzung dafür ist immer, daß der

Pflichtteilsberechtigte gegenüber dem Erblasser schwere Verfehlungen begangen hat. Gegenüber einem Abkömmling kann der Erblasser den Pflichtteil dann entziehen, wenn der Abkömmling dem Erblasser oder dessen Ehegatten nach dem Leben trachtet, sie vorsätzlich körperlich mißhandelt, eine strafbare Handlung ihnen gegenüber begeht — also z.B. seine Eltern bestiehlt oder betrügt —, die Unterhaltspflicht böswillig verletzt oder einen ehrlosen, unsittlichen Lebenswandel gegen den Willen des Erblassers führt. Gerade hinsichtlich der zuletzt genannten Entziehungsgründe ist auf die allgemeinen Moralvorstellungen abzustellen und ein eher vorsichtiger Maßstab anzulegen. Es kann nämlich nicht Sinn des Gesetzes sein, dem Erblasser ein Recht auf Entziehung des Pflichtteils zu geben, nur weil seine Kinder ihr Leben nicht so gestalten, wie er nach dem Empfinden des Erblassers aus dessen subjektiver Sicht zu gestalten wäre.

Auch dem Ehegatten und den Eltern kann der Erblasser den Pflichtteil aus den dargelegten Gründen entziehen, wobei hier die Einschränkung gilt, daß das Gesetz bei diesem Personenkreis keine Entziehung wegen ehrlosem oder unsittlichem Lebenswandel kennt. Dies ist bezogen auf den Ehegatten sicher sinnvoll. Behagt dem Erblasser der Lebenswandel seines Gatten nicht, mag er sich scheiden lassen — dann entfällt ohnehin jedes gesetzliche Erbrecht und auch ein Pflichtteilsrecht.

Die Entziehung des Pflichtteils muß durch Testament erfolgen. Dabei ist es erforderlich, den Grund der Entziehung im Testament zu nennen und ihn zweckmäßigerweise auch zu erläutern und eventuelle Zeugen für den Vorfall im Testament namhaft zu machen. Der Grund zur Entziehung muß zum Zeitpunkt der Testamentserrichtung vorliegen. Weiter ist zu beachten, daß das Entziehungsrecht dann erlischt, wenn der Erblasser dem Pflichtteilsberechtigten verzeiht. Kann der Berechtigte beweisen, daß er nach der Testamentserrichtung Abstand vom ehrlosen oder unsittlichen Lebenswandel nahm oder daß ihm der Erblasser im Zeitraum zwischen Testamentserrichtung und Tod verziehen hat, so steht im der Pflichtteil wieder zu — die Entziehung verliert ihre Wirkung.

Schließlich sei noch darauf hingewiesen, daß eine Pflichtteilsentziehung auch in guter Absicht erfolgen kann. Dies ist dann der Fall, wenn der Pflichtteilsberechtigte überschuldet oder verschwendungssüchtig ist und der Erblasser deshalb verhindern will, daß sich die Gläubiger bedienen oder aber das Geld dem Berechtigten durch die Hände gleitet. Ich habe in Kapitel 12 auf diese Problematik hingewiesen und in Kapitel 13 das Muster eines entsprechenden Testaments dargestellt.

Neben Pflichtteilsansprüchen haben sich die Erben häufig auch mit der Erfüllung von *Vermächtnissen* und *Auflagen* auseinanderzusetzen. Wir haben gesehen, daß der Erblasser durch letztwillige Verfügung einem anderen einen Vermögensgegenstand zuwenden kann, ohne ihn zum Erben zu berufen. Der Begünstigte (Vermächtnisnehmer) erlangt einen Anspruch gegen den Beschwerten (Erben) auf Leistung des vermachten Gegenstandes nach § 2174 BGB. Der vermachte Gegenstand geht bei Eintritt des Erbfalls nicht von selbst auf den Bedachten über, sondern er fällt wie alles, was dem Erblasser gehört hatte, im Wege der Gesamtrechtsnachfolge zunächst an die Erben. Die Erben müssen dann den vermachten Gegenstand durch Rechtsgeschäft unter Lebenden auf den Vermächtnisnehmer übertragen (übereignen). Erst damit ist dann das Vermächtnis erfüllt. Das Vermächtnis stellt eine Nachlaßverbindlichkeit dar. Sind mehrere Personen zu Erben berufen, so haften sie dem Vermächtnisnehmer gegenüber gesamtschuldnerisch für die Erfüllung des Vermächtnisses.

Der Vermächtnisnehmer erwirbt die Forderung gegen den oder die Erben mit Eintritt des Erbfalles von selbst. Legt der Vermächtnisnehmer keinen Wert auf den vermachten Gegenstand, so kann er das Vermächtnis ausschlagen. Eine Ausschlagungsfrist gibt es dafür nicht.

Wer das Vermächtnis erhält, bestimmt sich nach der Anordnung des Erblassers. Es gibt aber die Besonderheit, daß der Erblasser auch mehrere Personen benennen kann und die Bestimmung, wer von diesen dann das Vermächtnis tatsächlich erhalten soll, einem Dritten oder auch dem Erben überlassen wird. Besonders ist weiter zu beachten, daß auch ein Miterbe mit einem Vermächtnis bedacht werden kann. Er enthält in diesem Fall am Nachlaß seinen Erbteil und darüber hinaus das zu seinen Gunsten angeordnete Vermächtnis.

Gegenstand des Vermächtnisses kann jeder Vermögensvorteil sein, also nicht nur eine Geldzahlung, sondern z.B. auch der Erlaß einer Schuld des Vermächtnisnehmers, die dieser beim Erblasser hatte, die Abtretung einer Forderung (z.B. eines Sparguthabens), die Übereignung eines Grundstücks oder beweglicher Sachen, die Bestellung eines Rechts an einer Nachlaßsache (z.B. Nießbrauch oder lebtägliches Wohnrecht).

Der Erwerb des Vermächtnisses muß nicht unbedingt unentgeltlich sein; der Erblasser kann vielmehr auch anordnen, daß der Vermächtnisnehmer befugt sein soll, einen Nachlaßgegenstand zu einem bestimmten Preis (eventuell Vorzugs- oder Freundschaftspreis) zu kaufen. Es ist dem Erblasser auch nicht verwehrt, einen Gegenstand zuzuwenden, der nicht in seinem Vermögen steht. Er kann seine Erben durch Vermächtnis verpflichten, diesen Gegenstand zu kaufen und ihn dann dem Vermächtnisnehmer zu schenken.

Von dieser Ausnahme abgesehen gilt aber, daß ein Vermächtnis normalerweise unwirksam ist, wenn sich der vermachte Gegenstand bei Eintritt des Erbfalls nicht mehr im Vermögen des Erblassers befindet, weil ihn der Erblasser zu seinen Lebzeiten anderweitig weggab.

Der Erblasser kann auch durch eine *Auflage* seine Erben — oder auch einen Vermächtnisnehmer — zu einer Leistung verpflichten, allerdings ohne daß einem anderen ein Recht auf die Leistung zugewandt wird. Darin liegt der wesentliche Unterschied zwischen Vermächtnis und Auflage.

So können über die Auflage Fragen der Grabpflege geregelt werden; einem Vermächtnisnehmer kann die Auflage gemacht werden, das vermachte Geld in einem bestimmten Sinne zu verwenden (z.B. Vermächtnis an die Pfarrgemeinde mit der Auflage, das Geld für die Renovierung des Kindergartens zu verwenden). Zwar hat der Begünstigte bei der Auflage keinen Anspruch, andererseits aber steht die Erfüllung der Auflage keinesfalls im Belieben des Beschwerten, sondern dieser ist dazu rechtlich verpflichtet. Deshalb können der oder die Erben z.B. die Erfüllung der Auflage vom Vermächtnisnehmer verlangen.

Die Erblasser hat freilich keine Garantie dafür, daß seine Erben auf die Erfüllung auch tatsächlich bestehen werden. Will der Erblasser diesbezüglich sicher sein, so muß er einen Testamentsvollstrecker einsetzen, der Kraft seines Amtes dann verpflichtet ist, den letzten Willen des Erblassers durchzusetzen und daher auch für die Erfüllung der Auflage sorgen muß.

23. Die Testamentsvollstreckung

Der Erblasser kann zu seinen Lebzeiten viel letztwillig anordnen und verfügen, ob nach seinem Tod die Beteiligten dies alles beachten und befolgen, ist eine andere Frage. Was nach dem Erbfall geschieht, hängt primär davon ab, wie sich die Erben verhalten. Dieses Risiko muß der Erblasser sehen. Will er es ausschließen, so bleibt ihm nur der Weg, eine Person seines Vertrauens zum *Testamentsvollstrecker* zu ernennen, um damit die ordnungsgemäße Erfüllung des Testaments zu sichern und eine saubere und gerechte Auseinandersetzung unter den Miterben zu gewährleisten. Der Testamentsvollstrecker hat die letztwilligen Verfügungen des Erblassers zur Ausführung zu bringen. Dabei ist für ihn der vom Erblasser zum Ausdruck gebrachte Wille maßgeblich. In der Regel ist der Testamentsvollstrecker deshalb einem Aufeinandertreffen unterschiedlicher Interessen ausgesetzt, da die Miterben untereinander oft gegenläufige Ziele haben und es darüber hinaus nicht selten zu Spannungen zwischen Erben und sonstigen Bedachten kommt. Gerade bei komplexen Verhältnissen laufen die Interessen der Nachlaßgläubiger an einer raschen Befriedigung oft dem Interesse der Erben an einer Erhaltung und sinnvollen Verwertung des Nachlasses zuwider. Eine Testamentsvollstreckung kann mit viel Arbeit und Ärger verbunden sein, da der Vollstrecker aufgrund seines Amtes zwischen allen Beteiligten steht. Der Erblasser sollte dies bei der Auswahl seines Vollstreckers bedenken, damit er keine Person einsetzt, die durch die Aufgabe überfordert wird. Auch der Testamentsvollstrecker, der eine entsprechende Zusage gegenüber dem Erblasser gibt, das Amt zu übernehmen, sollte nicht leichtfertig und übereilt eine solche Bereitschaft erklären, sondern alles sorgfältig und in Ruhe überdenken.

Die Ernennung zum Testamentsvollstrecker kann nur in einem Testament oder Erbvertrag erfolgen. Normalerweise bestimmt der Erblasser in der letztwilligen Verfügung, wer Testamentsvollstrecker werden soll. Er kann aber die Bestimmung der Person auch einem Dritten oder dem Nachlaßgericht übertragen. Die Testamentsvollstreckung beginnt nach Eintritt des Erbfalls mit der formlosen Annahme des Amtes gegenüber dem Nachlaßgericht. Sie endet mit dem Tod des Testamentsvollstreckers oder mit dem Verlust der vollen Geschäftsfähigkeit des Vollstreckers bzw. bei Anordnung einer Gebrechlichkeitspflegschaft. Weiter kann der Testamentsvollstrecker sein Amt durch Kündigung beenden, die gegenüber dem Nachlaßgericht zu erklären ist. Das Gericht kann den Vollstrecker auf Antrag aus wichtigem Grund entlassen. Der Erblasser kann testamentarisch für diese Fälle der Verhinderung oder außerplanmäßigen Beendigung des Amtes eine weitere Person als *Ersatztestamentsvollstrecker* benennen.

Bei normalem Verlauf der Dinge endet die Testamentsvollstreckung mit Ablauf der Zeit, für die sie angeordnet war, in der Regel spätestens 30 Jahre nach dem Erbfall oder wenn die gestellten Aufgaben erledigt sind. Vor der Beendigung kann für einzelne Nachlaßgegenstände die Vollstreckung dadurch aufgehoben werden, daß diese vom Vollstrecker an die Erben übergeben werden.

Die Aufgaben, die dem Testamentsvollstrecker zugewiesen werden können, sind sehr vielfältig. Es kann deshalb nicht generell gesagt werden, wie weit seine Rechte und Pflichten gehen. Dies hängt vielmehr jeweils vom konkreten Einzelfall bzw. den Anordnungen des Erblassers ab. Normalerweise wird er im Rahmen der Abwicklungsvollstreckung die letztwilligen Verfügungen des Erblassers zur Ausführung bringen und dabei Vermächtnisse und Auflagen erfüllen, die Nachlaßverbindlichkeiten berichtigen und die Auseinandersetzung und Aufteilung des Nachlasses unter den Miterben bewirken. Hierzu ist es erforderlich, daß er den Nachlaß in Besitz nimmt und zunächst auch laufend verwaltet, bis die einzelnen Aufgaben zur Erledigung anstehen. Möglich ist es aber auch, daß ihm nur die fortlaufende Verwaltung übertragen wird und er sich nicht mit den Erben auseinandersetzen muß.

Nach dem Gesetz bleibt der Erbe zwar Rechtsträger und Eigentümer des Nachlasses, aber die Befugnis, über die Nachlaßgegenstände zu verfügen, geht auf den Testamentsvollstrecker über. Der Testamentsvollstrecker ist befugt, all die Rechte gerichtlich zu machen, die seiner Verwaltung unterliegen. Soweit es für die ordnungsmäßige Verwaltung erforderlich ist, kann er Verbindlichkeiten für den Nachlaß begründen. Die Nachlaßgläubiger können ihre Ansprüche sowohl gegenüber dem Testamentsvollstrecker als auch gegenüber den Erben gerichtlich geltend machen. Durch die Anordnung und Ernennung des Testamentsvollstreckers wird die Erbenhaftung nämlich nicht auf den Nachlaß beschränkt. Andererseits findet insoweit eine Vermögenssonderung statt, als es persönlichen Gläubigern des Erben nicht gestattet ist, in den Nachlaß hinein zu vollstrecken.

Sobald der Testamentsvollstrecker gegenüber dem Nachlaßgericht angezeigt hat, daß er das Amt annimmt erhält er auf seinen Antrag ein *Testamentsvollstreckerzeugnis.* Damit kann er sich im Rechtsverkehr ausweisen. Das Zeugnis entspricht hinsichtlich seiner Bedeutung einem Erbschein. Da der Testamentsvollstrecker den Nachlaß in Besitz nimmt und in der Regel auch die Abwicklung der Erbschaft durchführt, ist in den meisten Fällen der Testamentsvollstreckung ein separater Erbschein entbehrlich.

Zwar geht mit dem Erbfall der Besitz an allen Nachlaßgegenständen auf die Erben über — das Eigentum ohnehin — doch kann der Testamentsvollstrecker den Besitz von den Erben herausverlangen und diesbezüglich notfalls sogar gegen den Erben klagen, falls sich dieser weigern sollte, ihm den Besitz am Nachlaß zu verschaffen. Der Testamentsvollstrecker hat also gegenüber dem Erben eine recht starke Stellung; er ist der faktische Herr über den Nachlaß — allerdings immer in den Grenzen, die sich aus den letztwilligen Anordnungen des Erblassers ergeben.

Nach der Annahme des Amtes muß der Testamentsvollstrecker unverzüglich ein Nachlaßverzeichnis über alle seiner Verwaltung unterliegenden Nachlaßgegenstände und die Nachlaßverbindlichkeiten erstellen. Dieses Verzeichnis ist den Erben bekannt zu machen. Da der Testamentsvollstrecker für die Verwaltung des Nachlas-

ses verantwortlich ist, sollte er selbst großes Interesse daran haben, daß ein entsprechendes Verzeichnis alsbald erstellt wird. Soweit der Erblasser dem Testamentsvollstrecker die Erfüllung von Einzelverfügungen aufgetragen hat, müssen diese zügig ausgeführt werden. Der Nachlaß ist ordnungsgemäß zu verwalten.
Ist dem Testamentsvollstrecker die Auseinandersetzung des Nachlasses aufgetragen, so muß er den Erben einen Auseinandersetzungsplan vorlegen und sie zu diesem Plan hören. Das Ergebnis der Anhörung sollte schriftlich festgehalten werden. Auf eine Zustimmung der Erben zum Auseinandersetzungsplan kommt es allerdings nicht an. Nach der Anhörung hat er die Nachlaßverbindlichkeiten zu berichtigen und die Auseinandersetzung und Teilung durchzuführen.
Nach der Abwicklung seiner Aufgaben ist der Testamentsvollstrecker verpflichtet, Rechenschaft zu geben und Rechnung zu legen. Bei länger andauernden *Verwaltungen* oder bei Anordnung einer *Verwaltungs-Dauervollstreckung* kann der Erbe jährliche Rechnungslegung fordern. Damit der Testamentsvollstrecker dieser Verpflichtung nachkommen kann, ist es unerläßlich, daß er zur Abwicklung des Geldverkehrs ein separates Konto unterhält — z.B. ein *fortgeführtes Erblasserkonto* — und Sorge trägt, daß der Nachlaß immer von seinem eigenen Vermögen getrennt bleibt. Sind die Aufgaben erledigt, so hat er den Nachlaß an den Erben herauszugeben, da dann die Testamentsvollstreckung beendigt ist. Das Testamentsvollstreckerzeugnis muß in diesem Fall dem Nachlaßgericht zurückgegeben werden.
Verletzt der Testamentsvollstrecker die ihm übertragenen Aufgaben, so kann er sich dadurch gegenüber den Erben schadensersatzpflichtig machen. Er ist dafür verantwortlich, daß die Nachlaßverbindlichkeiten berichtigt werden. Auch für eine ordnungsmäßige Erbschaftssteuererklärung und die Bezahlung der Erbschaftssteuer haftet er. Zeigt sich, daß der Testamentsvollstrecker zu einer ordnungsgemäßen Geschäftsführung nicht in der Lage ist oder verletzt er seine Pflichten grob, so kann das Nachlaßgericht seine Entlassung auf Antrag des Erben anordnen.
Der Erbe schuldet dem Testamentsvollstrecker Ersatz der Auslagen und eine angemessene Vergütung. Die Höhe der Vergütung ist nicht immer einfach zu bestimmen. Es gibt keine gesetzliche Vergütungsordnung. Hat der Erbe die Höhe der Vergütung bereits im Testament bestimmt — was zu empfehlen ist — so ist diese maßgebend. Andernfalls muß der Testamentsvollstrecker versuchen, sich mit den Erben und sonstigen Beteiligten über die Höhe der Vergütung zu einigen. Er sollte dies zu Beginn seiner Tätigkeit tun, da er dann immer die Möglichkeit hat, die Übernahme des Amtes abzulehnen, wenn keine Einigung zustande kommt. Übersieht er dies und läßt sich auf eine jahrelange Tätigkeit ein, dann kann es immer problematischer für ihn werden, für eine Tätigkeit eine angemessene Honorierung zu erhalten, und er ist notfalls gezwungen, die Höhe seiner Vergütung durch das Prozeßgericht feststellen zu lassen, bevor er sie dem Nachlaß entnimmt. In der Praxis werden bei normalen Vollstreckungen Vergütungen in der Größenordnung von 2-4 % des Nachlaßwertes bezahlt; bei Dauervollstreckung kommt eine angemessene prozentuale Vergütung aus den jährlich anfallenden Einkünften in Frage.

24. Die Rechtslage bei Anordnung von Vor- und Nacherbschaft

Im Rahmen der Gestaltungsmöglichkeiten in letztwilligen Verfügungen wurde darauf hingewiesen, daß es in einer Reihe von Fällen sinnvoll sein kann, zur Erreichung der Ziele des Erblassers *Vor- und Nacherben* einzusetzen. Weiter besteht die Möglichkeit der Berufung von Ersatzerben (wegen der Einzelheiten s. Kap. 12 und 13). Sinn der Anordnung einer Vor- und Nacherbschaft ist es, auf das künftige Schicksal des Vermögens des Erblassers bestimmend Einfluß zu nehmen. Der Nachlaß fällt zunächst bei Ableben des Erblassers an den Vorerben und zu einem späteren Zeitpunkt an den Nacherben.
Das Ereignis, das den Nacherbfall auslöst, ist in aller Regel der Tod des Vorerben; der Eintritt des Nacherbfalls kann aber auch an eine andere Bedingung geknüpft werden. Beim Ehegattentestament haben wir gesehen, daß ein häufig auftretender Grund in der Wiederheirat des Überlebenden zu sehen ist. Grundsätzlich kann der Erblasser nach seinem Belieben aber auch andere Bedingungen wählen, bei deren Eintritt der Nacherbfall einzutreten hat. Er kann auch einen bestimmten Zeitpunkt festlegen — innerhalb der Grenze von 30 Jahren ab seinem Tod — zu dem die Nacherbfolge eintreten soll.
Die Nacherbfolge hat vor allem den Zweck, das vererbte Vermögen in der Familie zu erhalten. Um diesen Zweck zu erreichen kann der Erblasser auch noch nicht gezeugte Personen — beispielsweise künftige Kinder des Vorerben — zu Nacherben einsetzen. Möglich ist es anzuordnen, daß der Nacherbfall mit der Geburt eines künftigen Kindes des Vorerben eintreten soll. In diesem Fall wird das Kind mit Datum seiner Geburt Nacherbe.
Es ist dem Erblasser auch nicht verwehrt, mehrere Nacherben hintereinander einzusetzen. So kann er bestimmen, daß sein Nachlaß zunächst an A, bei dessen Tod an B und bei dessen Ableben an C fallen soll. Auf diese Weise kann der Erblasser vor allem dann, wenn er die Einsetzung mit Vermächtnissen und Auflagen verbindet, über lange Zeit bestimmenden Einfluß auf den Weg des Familienvermögens nehmen. Allerdings zieht das Gesetz insoweit eine zeitliche Grenze, daß nach § 2109 BGB die Einsetzung eines Nacherben, auch eines zweiten oder dritten, abgesehen von eng umgrenzten Ausnahmefällen, unwirksam wird, wenn seit dem Erbfall 30 Jahre vergangen sind, ohne daß der Nacherbfall eingetreten ist.
Mit Eintritt des Erbfalls wird der Vorerbe Inhaber der Rechte, die zum Nachlaß gehören und zugleich auch Schuldner der Nachlaßverbindlichkeiten. Er kann daher über die Nachlaßgegenstände verfügen, ist aber nach den gesetzlichen Vorschriften einer Anzahl von Beschränkungen unterworfen. Von diesen Beschränkungen kann der Erblasser wiederum ausdrücklich Befreiung erteilen, wenn er die vom Ge-

setz her beschränkte Verfügungsmacht der Vorerben stärken will. Folgende Beschränkungen sind von großer praktischer Bedeutung:

— Verfügungen des Vorerben über Grundstücke sind unwirksam, soweit sie das Recht des Nacherben beeinträchtigen.
  Der Vorerbe kann also Grundbesitz weder belasten noch verkaufen, es sei denn, der Nacherbe stimmt zu. Die Vor-/Nacherbschaft kann ins Grundbuch eingetragen werden, so daß dann ein gutgläubiger Erwerb ausgeschlossen ist.
— Schenkungsweise Verfügungen des Vorerben über Nachlaßgegenstände sind unwirksam.

Neben den dargestellten Verfügungsbeschränkungen wird der Nachlaß weiter dadurch in seinem Bestand als Vermögensmasse geschützt und erhalten. Hierzu bestimmt das Gesetz, daß all das, was der Vorerbe aus Mitteln der Erbschaft erwirbt, wieder in den Nachlaß fällt. Werden beispielsweise Gegenstände, die zum Erbe gehören beschädigt und leistet daraufhin die Versicherung oder der Schädiger an den Vorerben Schadensersatz, so steht der nicht dem Vorerben zu seiner freien Verfügung, sondern ist Bestandteil des Erbschaftsvermögens. Dieses Erbschaftsvermögen ist immer getrennt vom sonstigen Vermögen des Vorerben zu sehen. Würde der Vorerbe mit Geldern aus der Erbschaft irgendwelche Gegenstände oder Grundstücke erwerben, so treten diese an die Stelle des Geldes und gehören von selbst zur Erbschaft. Dieser Vorgang wird juristisch *Surrogation* genannt.

Wenn und sobald der Nacherbfall eintritt, muß der Vorerbe die Erbschaft an den Nacherben herausgeben. Dabei ist der Vorerbe dafür verantwortlich, daß sich das Erbschaftsvermögen in einem geordneten und wirtschaftlich vernünftigen Zustand befindet. Der Vorerbe darf also die Erbschaft nicht etwa unbeachtet liegen lassen, vielmehr hat er sie nach den Grundsätzen einer ordnungsgemäßen Verwaltung zu bewirtschaften, zu erhalten und wo sich die Möglichkeit ergibt, auch zu vermehren. Lediglich die Nutzungen der Erbschaft kann der Vorerbe für sich verbrauchen oder behalten.

Man kann sagen, daß der Vorerbe praktisch eine Art Treuhänder gegenüber den Nacherben ist, denn er ist ihnen gegenüber auskunfts- und rechenschaftspflichtig, die Erbschaft bleibt für ihn immer fremdes Vermögen, an dem er lediglich eine Art Nießbrauchrecht innehat. Allerdings hat das Gesetz die Haftung des Vorerben für Schäden, die aus einer nicht ordnungsgemäßen Verwaltung der Erbschaft entstehen, beschränkt. Haftungsmaßstab ist die eigenübliche Sorgfalt des Vorerben, d.h. es ist im Zweifel zu prüfen, mit welcher Umsicht und Sorgfalt der Vorerbe seine eigenen Angelegenheiten betreibt. Er soll also nicht nach objektiven Haftungsmaßstäben einstehen müssen, wie dies bei einem Vermögensverwalter der Fall wäre, sondern nur nach dem Maßstab, nach der er auch in eigenen Angelegenheiten Sorgfalt anzuwenden pflegt.

Der Erblasser hat es in der Hand durch entsprechende letztwillige Verfügung dem Vorerben auch eine wesentlich weitere und freiere Befugnis zum Umgang mit der

Erbschaft einzuräumen. Er kann ihn von den nach dem Gesetz vorgesehenen, vorstehend dargelegten Beschränkungen befreien. Man spricht dann vom sog. *befreiten Vorerben.*

Eine weitere Besonderheit bei der Anordnung von Vor- und Nacherbschaft ist die *Vererblichkeit des Nacherbrechts* unter besonderen Voraussetzungen. Wie schon erklärt, kann Erbe grundsätzlich nur sein, wer zur Zeit des Erbfalls lebt. Dies gilt auch für die Nacherbschaft. Nacherbe kann also nur werden, wer beim Tode des Erblassers, — also beim Eintritt des Erbfalls, der vom Eintritt des Nacherbfalls zu unterscheiden ist — lebt.

Interessant wird die Situation dann, wenn der Nacherbe zwar den Erblasser überlebt, aber vor dem Eintritt des Nacherbfalls verstirbt. Vor Eintritt des Nacherbfalls ist der Vorerbe Rechtsträger der Erbschaft. Allerdings hat der Nacherbe ein Anwartschaftsrecht auf das Erbschaftsvermögen, das unter der Bedingung des Eintritts des Nacherbfalls steht. Dieses Anwartschaftsrecht ist vererblich. Es geht auf die Erben des Nacherben über, wenn dieser vor Eintritt des Nacherbfalls versterben sollte und aufgrund der letztwilligen Verfügung kein anderer Wille des Erblassers angenommen werden kann. Dazu ein Beispiel:

Der Erblasser hat seine Ehefrau zur Vorerbin und für den Fall ihres Todes den einzigen Sohn als Nacherben eingesetzt, wie dies häufig bei Ehegattentestamenten der Fall ist. Der Sohn ist verheiratet und hat ebenfalls Kinder, hat sich aber nach Eintritt des Erbfalls von seiner Familie getrennt und sich von seiner Frau scheiden lassen. In einem nicht angreifbaren Testament ist seine neue Partnerin von ihm zur Alleinerbin eingesetzt worden. Wenn nun der Sohn nach seinem Vater, aber vor dem Tode der Mutter versterben sollte, so geht das Nacherbrecht auf die Partnerin als Erbin des Nacherben über. Wenn dann die Ehefrau des Erblassers verstirbt, tritt der Nacherbfall ein, und der Partnerin fällt der Nachlaß insgesamt zu. Die Enkelkinder des Erblassers haben also in diesem Fall keinen Anspruch auf den Nachlaß — er geht an ihnen vorbei und fällt an eine nicht zur Familie gehörende Person. Dies gilt allerdings — wie schon ausgeführt — nur dann, wenn kein anderer Wille des Erblassers anzunehmen ist. Der Erblasser kann letztwillig festlegen, daß bei Versterben des Nacherben vor Eintritt des Nacherbfalls überhaupt keine Nacherbfolge eintreten soll, oder er kann bestimmen, daß an Stelle eines vor Eintritt des Nacherbfalls verstorbenen Nacherben ein anderer Nacherbe — sog. *Ersatznacherbe* — treten soll. Legt der Erblasser darauf Wert, über eine Generation hinweg sicherzustellen, daß der Nachlaß in der Familie verbleibt, so sollte eine entsprechende Klausel ins Testament aufgenommen werden.

Da das Anwartschaftsrecht des Nacherben nach Eintritt des Erbfalls eine Rechtsposition verschafft, die nicht mehr entzogen werden kann, stellt es im Einzelfall zuweilen einen erheblichen Vermögenswert dar. Dieser kann nicht nur vererbt werden, sondern es ist auch ohne weiteres möglich, dieses Anwartschaftsrecht durch

Vertrag zwischen Nacherben und Erwerber zu übertragen. Gläubiger des Nacherben haben die Möglichkeit, sich das Anwartschaftsrecht verpfänden zu lassen oder es im Wege der Zwangsvollstreckung gegen den Nacherben zu pfänden.

Ein Vertrag über die Übertragung des Anwartschaftsrechts bedarf zu einer Wirksamkeit zwingend der notariellen Beurkundung. Ist das Nacherbrecht wirksam übertragen, so erlangt der Erwerber bei Eintritt des Nacherbfalls unmittelbar den Nachlaß. Alles was zum Nachlaß gehört, geht auf ihn über — nicht nur das Vermögen, sondern auch eventuelle Nachlaßverbindlichkeiten.

Neben der Anordnung von Vor- und Nacherbschaft — und von ihr streng zu unterscheiden — kann der Fall eintreten, daß der Erblasser letztwillig Ersatzerben eingesetzt hat. Auch dies kommt häufig vor und ist oftmals ratsam, da der Erblasser beim Errichten seines Testaments keinesfalls sicher sein kann, daß der eingesetzte Erbe die Erbschaft auch erhalten wird. Der Berufene kann vorversterben oder die Erbschaft ausschlagen. Für diesen Fall kann der Erblasser Vorsorge treffen, indem er einen *Ersatzerben* einsetzt, d.h. einen Erben, der nur dann zum Zuge kommt, wenn der zunächst berufene Erbe wegfällt. Lebt der eingesetzte Erbe und nimmt er die Erbschaft an, so geht der Ersatzerbe leer aus und hat auch keinerlei Ansprüche gegen den Erben — ganz im Gegensatz zu einem Fall der Nacherbschaft.

25. Die Erbengemeinschaft

Häufig hinterläßt der Erblasser mehrere Erben, sei es aufgrund der gesetzlichen Erbfolge oder nach seiner letztwilligen Verfügung. In diesen Fällen entsteht kraft Gesetzes eine *Erbengemeinschaft.* Der Nachlaß wird gemeinschaftliches Eigentum aller Miterben. Die Rechte an den einzelnen zum Nachlaß gehörenden Vermögenswerten stehen der Gesamtheit der Miterben gemeinsam zu. Der Nachlaß bildet ein *Sondervermögen der Erbengemeinschaft,* das streng vom Eigenvermögen eines jeden Miterben zu unterscheiden ist. Gleichwohl ist die Erbengemeinschaft allerdings keine juristische Person. Da der Nachlaß als Sondervermögen der gesamthänderischen Bindung unterliegt, können die Miterben über einzelne Nachlaßgegenstände nur gemeinsam verfügen. Dazu müssen alle Miterben zur Mitwirkung bereit sein. Der Nachlaß *muß* gemeinschaftlich verwaltet werden.
In der Praxis ist eine Erbengemeinschaft in der Regel nicht auf Dauer angelegt. Vielmehr wollen die einzelnen Miterben häufig recht bald in den Genuß des ihnen zustehenden Anteils am Nachlaß kommen. Dazu ist eine *Auseinandersetzung* — also die Aufteilung der Nachlaßwerte unter den Miterben gemäß der jeweiligen Erbquote — erforderlich. In vielen Fällen führt diese Auseinandersetzung unter den Miterben zu Streitigkeiten, da es häufig um die Frage geht, wer welche Nachlaßgegenstände übernehmen darf und welcher Wertansatz für die einzelnen Gegenstände zu erfolgen hat. Sind die Miterben nicht bereit, sich hier einvernehmlich vertraglich zu einigen, so bleibt im Notfall zur Beendigung der Gemeinschaft nur der Weg über eine *Teilungsversteigerung* zum Zwecke der Auseinandersetzung der Erbengemeinschaft. Bis dahin allerdings muß der Nachlaß verwaltet werden, was unter diesen Umständen wegen der bereits aufgetretenen Meinungsverschiedenheiten und Kollisionen unter den Miterben nicht gerade einfach ist.
Will der Erblasser verhindern, daß aufgrund möglicher Uneinigkeit unter den Miterben Streit ausbricht, so sollte er eindeutige Anordnungen in seinem Testament treffen, wie sich die Erben auseinandersetzen müssen. Dies ist im Wege der *Teilungsanordnung* möglich. Alternativ kommt die Anordnung von *Testamentsvollstreckung* in Betracht, wobei dem Testamentsvollstrecker in diesem Fall die Aufgabe zufällt, das Erbschaftsvermögen zu verwalten, zu veräußern und dann den Erlös gemäß der Erbquote unter den Miterben aufzuteilen.
Hat der Erblasser solche Anordnungen nicht getroffen, so ist es für alle Miterben ratsam, sich zumindest darüber zu verständigen, wie der Nachlaß bis zur Auseinandersetzung genutzt und verwaltet werden soll. Sinnvoll ist es, wenn sich die Miterben in diesem Fall auch darüber verständigen, wie die Nachlaßwerte zu Geld gemacht werden sollen — sofern sie nicht ohnehin eine Teilung in Natura vorziehen. In der Regel wird bei einem Freiverkauf ein besserer Erlös für Grundstücke zu erzielen sein, als im Falle der Zwangsversteigerung.

Da jeder Miterbe über seinen Anteil am Nachlaß — den sogenannten *Erbteil* — verfügen kann, kommt auch in Betracht, daß er diesen Erbteil verkauft. Der Verkauf ist sowohl an einen Miterben denkbar, als auch an einen Dritten. Mit dem Verkauf seines Erbteils — der zur Rechtswirksamkeit der notariellen Beurkundung bedarf — scheidet der Miterbe aus der Erbengemeinschaft aus. Verkauft er an einen Dritten, so haben die Miterben ein Vorkaufsrecht.

Da der Erbteil zum persönlichen Vermögen des Miterben gehört, ist er selbstverständlich auch vererblich. Verstirbt der Miterbe, so geht sein Erbteil auf seine Erben über, die dann kraft Gesetzes die Erbengemeinschaft mit den verbleibenden Miterben fortsetzen.

Da grundsätzlich jeder Miterbe jederzeit und ohne Grund die Auseinandersetzung der Erbengemeinschaft und die Teilung des Erbschaftsvermögens verlangen kann, ist diese Gemeinschaft auf Liquidation angelegt. Sie eignet sich daher nicht für die Verwaltung eines Vermögens auf Dauer. Der Erblasser hat allerdings die Möglichkeit, die Auseinandersetzung für einen Zeitraum von längstens 30 Jahren nach seinem Tode durch Anordnung eines *Teilungsausschlusses* zu verhindern. Ein solches Teilungsverbot kann sinnvoll sein, um zu verhindern, daß den Kindern plötzlich erhebliche Vermögenswerte zu ihrer freien Verfügung zufallen, obwohl sie im Hinblick auf Lebensalter und Erfahrung noch nicht die Fähigkeit haben, mit diesen Werten umzugehen, etwa weil sie noch in der Ausbildung oder den ersten Jahren ihres Berufslebens stehen.

Nach der gesetzlichen Regelung ist es zur Durchführung der Auseinandersetzung erforderlich, zunächst die Nachlaßverbindlichkeiten zu berichtigen, um danach den verbleibenden Überschuß nach dem Verhältnis der Erbteile auf die Miterben zu verteilen. Es ist Sache der Miterben, sich darüber zu verständigen, wie die Auseinandersetzung im einzelnen durchzuführen ist. Kommt eine solche Verständigung nicht zustande, so kann der Miterbe beantragen, daß das Nachlaßgericht bei der Auseinandersetzung vermittelnd tätig wird. Das Nachlaßgericht kann allerdings nur Vorschläge unterbreiten und hat keine Möglichkeit, die Miterben etwa durch Urteil zu zwingen, einem Teilungsvorschlag zu folgen. Kommt keine Einigung der Miterben zustande, so bleibt lediglich der Weg einer Klage vor dem Prozeßgericht auf Einwilligung in einen Teilungsplan. Hierzu ist in der Regel anwaltliche Beratung und Vertretung erforderlich.

Der Erblasser kann für die Auseinandersetzung einzelne Anordnungen treffen. So kann er ohne weiteres festlegen, daß ein bestimmter Miterbe bei der Auseinandersetzung den oder jenen Nachlaßgegenstand erhalten soll. In diesem Fall ist die Erbengemeinschaft verpflichtet, den entsprechenden Vermögenswert — z.B. ein Grundstück — gemäß der Teilungsanordnung an den Miterben zu übereignen.

Häufig wird der Erblasser auch anordnen, daß bei der Auseinandersetzung unter den Miterben *Ausgleichungen* zu erfolgen haben. Normalerweise sind Kinder zu gleichen Teilen erbberechtigt. Diese Gleichheit kann erheblich beeinträchtigt sein, wenn einzelne Kinder zu Lebzeiten des Erblassers bereits erhebliche Zuwendungen aus seinem Vermögen erhalten haben und andere nicht. Deshalb können diese Zuwendungen in bestimmten Fällen bei der Auseinandersetzung des Nachlasses zu berücksichtigen sein. Hierzu sieht das Gesetz die sog. *Ausgleichung* vor. Auszugleichen sind Zuwendungen, die der Erblasser im Rahmen der Ausstattung (Aussteuer bei der Heirat des Kindes, finanzielle Hilfe zur Gründung einer beruflichen Existenz) erbracht hat sowie sonstige Zuwendungen (Schenkungen), bei denen der Erblasser ausdrücklich angeordnet hat, daß eine Ausgleichung erfolgen muß. Die Ausgleichung ist rechnerisch zu ermitteln. Dazu sind alle ausgleichspflichtigen Zuwendungen dem Nachlaß hinzuzurechnen und andererseits vom Anteil des jeweils Ausgleichspflichtigen abzuziehen. Soweit Miterben nicht ausgleichspflichtig sind, ist ihr Anteil zuvor zu bestimmen. Allerdings besteht für einen ausgleichspflichtigen Miterben in keinem Falle die Verpflichtung, die zur Lebzeit des Erblassers erhaltene Zuwendung zurückzubezahlen. Zum Verständnis ein **Rechenbeispiel:**

Der Erblasser wurde von seiner Witwe zu 1/2 und von seinen drei Kindern Anton, Berta und Carl zu je 1/6 beerbt. Nach Berichtigung der Verbindlichkeiten verbleiben 100 000 DM. Anton hat eine Ausstattung in Höhe von 10 000 DM erhalten, Carl eine im Wert von 40 000 DM.
Hier hat eine Ausgleichung zwischen den Kindern zu erfolgen. Die Witwe ist vom Vorgang der Ausgleichung nicht betroffen. Sie bekommt deshalb aus dem Nachlaß ihren Anteil von 1/2, was 50 000 DM entspricht.
Den restlichen 50 000 DM sind die Ausstattung in Höhe von 10 000 DM und 40 000 DM hinzuzurechnen, was 100 000 DM ergibt. Davon stünde an sich jedem Abkömmling der gleiche Teil, also 33 333,33 DM, zu. Carl hat aber schon zu Lebzeiten mehr — nämlich 40 000 DM — erhalten, so daß er nun nicht mehr berücksichtigt wird. Die Ausgleichung erfolgt nun vielmehr zwischen Anton und Berta. Dabei ist dem Nachlaß von 50 000 DM die Ausstattung zugunsten von Anton (10 000 DM) hinzuzurechnen, was einen Wert von 60 000 DM ergibt. Von dieser Summe stehen Anton und Berta jeweils der gleiche Teil, 30 000 DM, zu. Anton ist die Ausstattungssumme von 10 000 DM zuzurechnen, so daß er aus dem Nachlaß noch 20 000 DM bekommt, Berta dagegen erhält 30 000 DM.

Das Gesetz kennt neben den ausgleichspflichtigen Zuwendungen des Erblassers noch den Fall, daß eine *Ausgleichung für Mitarbeit oder Pflegetätigkeit* unter den Kindern zu erfolgen hat. Ein Kind, das durch Mitarbeit im Haushalt, Beruf oder Geschäft des Erblassers längere Zeit, durch erhebliche Geldleistungen oder in anderer Weise in besonderem Maße dazu beigetragen hat, daß das Vermögen des Erblassers erhalten oder vermehrt wurde, ist berechtigt, im Rahmen der Erbauseinandersetzung gegenüber seinen Geschwistern eine Ausgleichung zu verlangen. Dies setzt allerdings voraus, daß die Mitarbeit unentgeltlich erfolgte. In einem solchen Fall wäre es in den Augen des Gesetzgebers unbillig, wenn das betroffene Kind beim Erbfall nicht mehr bekommen würde als seine Geschwister.

Die Miterben haften wie bereits dargelegt für die *Nachlaßverbindlichkeiten*. Solange der Nachlaß nicht geteilt und die Erbengemeinschaft nicht auseinandergesetzt ist, kann freilich jeder Miterbe die Leistung aus seinem Eigenvermögen verweigern und den Nachlaßgläubiger auf den Nachlaß — das Vermögen der Erbengemeinschaft — verweisen. Aber auch nach der Teilung des Nachlasses haften die Miterben weiterhin gesamtschuldnerisch für Nachlaßverbindlichkeiten. Dies wird dann bedeutsam, wenn im Rahmen der Auseinandersetzung der Erbengemeinschaft versehentlich die Berichtigung von Verbindlichkeiten unterlassen wurde. In der Regel haften in diesen Fällen die Miterben gesamtschuldnerisch und in voller Höhe ohne Beschränkungsmöglichkeit, d.h. auch mit ihrem nicht aus dem Nachlaß stammenden Vermögen.

26. Mietrecht und Erbrecht

Das tragende Prinzip des Erbrechts ist die *Gesamtrechtsnachfolge.* Diese bezieht sich nicht nur auf Schulden und Eigentum des Erblassers, sondern auch auf all die Vermögenswerte, die der Erblasser in seinem Besitz hatte, ohne daß sie sein Eigentum waren. So bestimmt § 857 BGB ausdrücklich:
„Der Besitz geht auf den Erben über."
Juristisch muß man immer unterscheiden zwischen dem Eigentum an einer Sache oder einem Grundstück und dem Besitz. Der Besitz ist die tatsächliche Gewalt über eine Sache, eine Wohnung oder ein Grundstück. Er kann mit dem Eigentum zusammenfallen, muß es aber nicht. So ist bei jedem Mietvertrag über eine Wohnung oder ein Haus der Mieter Besitzer, während der Vermieter Eigentümer im rechtlichen Sinne ist.
Der oder die Erben treten bei Eintritt des Erbfalls als *Gesamtrechtsnachfolger* in die Rechte und Pflichten aus dem Mietvertrag ein. Es ergibt sich also aus dem Gesetz ein Wechsel der Parteien des Mietvertrages, ohne daß die Beteiligten hierzu irgend etwas tun müßten. Verstirbt der Mieter, so haben seine Erben ein Kündigungsrecht, weil sie nicht in jedem Fall ein Interesse daran haben werden, das Mietverhältnis fortzusetzen. Man denke zum Beispiel an die Fälle, in denen die Erben ihre eigene Wohnung haben und ihnen eine lange Bindung an den Mietvertrag des Erblassers nur Kosten verursachen würde. Dieses *Sonderkündigungsrecht* müssen die Erben allerdings sofort ausüben, nachdem sie davon Kenntnis erlangt haben, daß sie die Erben des Mieters sind. Versäumen sie die Ausübung, so läuft das Mietverhältnis zu den bisherigen Bedingungen zwischen ihnen und dem Vermieter weiter. Sie können es dann nur nach den vertraglichen Bestimmungen unter Einhaltung der Kündigungsfrist kündigen. Zwar hat der Mieter bei Wohnraum in der Regel nur eine kurze Kündigungsfrist von praktisch drei Monaten einzuhalten, aber es gibt doch etliche Fälle, wo auch Mietverträge über Wohnraum fest für eine bestimmte Laufzeit — fünf oder gar zehn Jahre — abgeschlossen werden. Verstirbt in einem solchen Fall der Mieter, so können sich die Erben durch die sofortige Ausübung des Sonderkündigungsrechts vom Mietvertrag lösen und umgehen so eine sonst im Einzelfall möglicherweise recht lange Restlaufzeit des Mietvertrages.
Haben Eheleute gemeinsam einen Mietvertrag über eine Wohnung abgeschlossen — was in den meisten Fällen zutreffen wird — und stirbt einer von ihnen, so wird das Mietverhältnis mit dem überlebenden Gatten fortgesetzt. Dieser überlebende Ehegatte tritt kraft Gesetzes in den Mietvertrag ein, ganz unabhängig davon, ob er Erbe wird oder nicht; also auch dann, wenn er beispielsweise ausdrücklich auf sein Erbrecht verzichtet haben sollte oder die Erbschaft ausschlägt. Der überlebende Ehegatte hat die Möglichkeit, den Mietvertrag unter Ausübung des Sonderkündigungsrechts zum nächsten gesetzlich möglichen Termin zu kündigen — ist also an einen langlaufenden Mietvertrag, den er seinerzeit selbst mitabgeschlossen hat, nicht

gebunden, wenn er von der Sonderkündigung rechtzeitig Gebrauch macht. Dem Vermieter dagegen steht kein Sonderkündigungsrecht zu — er hat vielmehr den Vertrag ganz wie bisher fortzusetzen.
Sind Ehegatten und Familienangehörige nicht gemeinsam mit dem verstorbenen Mieter Vertragspartner des Mietvertrages gewesen, so gilt bei Wohnraum die Bestimmung des § 569 a BGB, nach der der Ehegatte in den Vertrag eintritt, wenn die Wohnung — wie in den meisten Fällen — für den gemeinsamen Hausstand diente, also die Lebensgrundlage der Familie war. Will der Ehegatte in den Mietvertrag nicht eintreten, so kann er dies verhindern. Er muß in diesem Fall gegenüber dem Vermieter innerhalb eines Monats nach dem Tod des Gatten erklären, daß er in den Mietvertrag nicht eintreten will. Gibt er keine Erklärung ab — schweigt er — so gilt der Eintritt kraft Gesetzes als erfolgt.
Hat der Erblasser und verstorbene Mieter die Wohnung nicht nur mit dem Ehegatten, sondern mit weiteren Verwandten — das Gesetz spricht von Familienangehörigen — bewohnt, so haben auch diese neben dem Ehegatten das Recht, in den Mietvertrag einzutreten, wenn der überlebende Ehegatte nicht in den Mietvertrag eintreten will. Diese Möglichkeit kann vor allem dann praktische Bedeutung erlangen, wenn Eltern mit ihren schon erwachsenen Kindern gemeinsam zur Miete wohnten.
Die Rechtssprechung hatte sich in der Vergangenheit immer wieder mit der Frage auseinanderzusetzen, ob auch im Falle der nichtehelichen Lebensgemeinschaft ein entsprechendes Eintrittsrecht bei Versterben des Partners besteht. Lange Zeit neigte die Rechtssprechung dazu, ein solches Eintrittsrecht abzulehnen. In der Entscheidung aus dem Jahre 1991 geht ein OLG davon aus, daß ein entsprechendes Eintrittsrecht des Partners zu bejahen sei, wenn die nichteheliche Lebensgemeinschaft mit dem verstorbenen Mieter auf Dauer angelegt war und beide Teile unverheiratet waren. Ob diese Entscheidung allerdings das letzte Wort der Rechtssprechung zu dieser Frage sein wird, bleibt abzuwarten. Es ist dazu zu raten, wegen der bestehenden Unsicherheit im Falle der nichtehelichen Lebensgemeinschaft eine vertragliche Regelung mit dem Vermieter zu Lebzeiten beider Partner zu suchen.
Beim Tod des Vermieters gibt es kein Sonderkündigungsrecht. Hier treten die Erben in den bestehenden Mietvertrag ein. Eine Kündigung ist ihnen nur nach den allgemeinen mietrechtlichen Bestimmungen möglich. So etwa dann, wenn der Erbe eine ererbte Eigentumswohnung oder ein Einfamilienhaus selbst bewohnen und deshalb eine mit Eigenbedarf begründete Kündigung aussprechen möchte. In Ausnahmefällen wird auch in Betracht kommen, daß der Erbe berechtigt ist, das Mietverhältnis deshalb zu kündigen, weil ihm bei Fortsetzung eine angemessene wirtschaftliche Verwertung des Grundstückes — und damit des Nachlasses — nicht möglich ist und er dadurch erhebliche Nachteile erleiden würde. Ein solcher Fall kann vorliegen, wenn das Grundstück überlastet ist und die Mieteinnahmen nicht zur Deckung der Belastungen ausreichen und hinzukommt, daß der Erbe nicht in der Lage ist, die monatlich erforderlichen Zuschüsse aus seinen sonstigen Einkünften zu decken. Auch wenn das Mietobjekt in vermietetem Zustand nicht oder nur mit

einem ganz erheblichen Preisabschlag veräußerlich ist, stellt sich die Frage, ob dem Erben als Vermieter ein berechtigtes Interesse an der Beendigung des Mietverhältnisses — bzw. der Mietverhältnisse — zuzugestehen ist, das ihn berechtigt, eine Kündigung auszusprechen.

Soweit Erben in ihrer Eigenschaft als Vermieter von Wohnraum eine Kündigung erwägen, sollten sie im Einzelfall wegen der in diesem Bereich oft unübersichtlichen, schwierigen Rechtslage fachkundigen Rat in Anspruch nehmen, bevor sie sich voreilig zum Ausspruch einer möglicherweise unbegründeten Kündigung verleiten lassen, die dann im Kündigungsprozeß nicht durchgesetzt werden kann.

Soweit Erben auf Vermieterseite als Rechtsnachfolger in den Mietvertrag eintreten, ist noch darauf hinzuweisen, daß für sie grundsätzlich nur die gesetzliche Kündigungsfrist in Betracht kommt, so daß bei langfristigen Mietverträgen die vereinbarte Mietdauer hingenommen werden muß, bevor gekündigt werden kann.

Treten auf Vermieter- oder auf Mieterseite mehrere Erben in das Mietverhältnis ein, so können sie bei der Kündigung grundsätzlich nur gemeinsam handeln. Es müssen also alle Erben die Kündigungserklärung abgeben. Die Kündigung ist unwirksam, wenn ein Miterbe nicht mitwirkt.

27. Erbfälle mit Auslandsberührung

Das *deutsche Erbrecht* — wie es in wesentlichen Gesichtspunkten dargestellt wurde — gilt nur dann uneingeschränkt, wenn es sich bei dem Erblasser und den Erben um Deutsche mit Aufenthaltsort im Inland handelt und sich darüber hinaus das zu vererbende Vermögen in Deutschland befindet. Liegen auch nur in einem der vorgenannten Punkte andere tatsächliche Verhältnisse vor, so ist ein Fall mit Auslandsberührung gegeben. In diesen Fällen können sich Probleme ergeben. Ebenso dann, wenn eine letztwillige Verfügung in Deutschland errichtet wird und im Ausland gelten soll, etwa weil der Erblasser auch im Ausland belegenes Vermögen hat, oder im umgekehrten Fall, daß im Ausland testiert wird und es sich um *Inlandsvermögen* handelt. In diesen Fällen sollten die Beteiligten unbedingt sachkundigen Rat einholen, wobei nicht übersehen werden darf, daß ein Anwalt oder Notar normalerweise lediglich das deutsche Recht kennen wird und deshalb auch nur insoweit verläßlich Auskunft geben kann. Er wird aber in der Regel in der Lage sein, durch Einschaltung eines ausländischen Kollegen oder Vermittlung eines entsprechenden Rechtsgutachtens die auftretenden Fragen zu klären.

Häufig weicht auch das gesetzliche Erbrecht des Ehegatten und der Kinder nach *ausländischem Recht* von der bei uns geltenden Regelung ab. Weiter gibt es eine ganze Reihe von Rechtsordnungen, die den Erbvertrag als Mittel zur Regelung der Erbfolge nicht kennen.

Durch die heutige große soziale Mobilität sind Fälle des internationalen Erbrechts relativ häufig, und zwar auch dann, wenn es um normale Erbfälle und nicht um den Nachlaß von sehr vermögenden Personen geht, deren Vermögen oft über mehrere Länder verteilt ist. Vorstellbar sind Fälle, in denen ein Ehegatte Ausländer und der andere Deutscher ist oder an Personen mit Ferienhaus in Spanien oder Ferienwohnung in Südfrankreich. Die Beispiele lassen sich beliebig fortsetzen. In einer ganzen Reihe von Fällen der Ehe mit Ausländern kommt hinzu, daß diese häufig auch die deutsche Staatsangehörigkeit neben der ausländischen erwerben und dann *Doppelstaatler* sind, so daß dann nur aus der Staatsangehörigkeit gar nicht mehr auf das Recht geschlossen werden kann, nach dem sich die erb- und familienrechtlichen Verhältnisse der betroffenen Familien regeln lassen könnten. Ebenso gibt es viele ausländische Rechtsordnungen, die es einem Deutschen ermöglichen, bei Heirat auch die Staatsangehörigkeit des Ehegatten zu erwerben, ohne dadurch die deutsche Staatsangehörigkeit zu verlieren. Es könnte z.B. der Fall eintreten, daß eine Deutsche einen Italiener heiratet, mit diesem in sein Heimatland zieht und dort Jahre lebt und die italienische Staatsangehörigkeit erwirbt, ohne deshalb die deutsche Staatsbürgerschaft zu verlieren.

Das *deutsche internationale* Erbrecht regelt die Frage, welches nationale Erbrecht gelten soll. Grundsätzlich bestimmt es, daß sich die Rechtsnachfolge von Todes wegen nach dem Recht des Staates richtet, dem der Erblasser zum Zeitpunkt seines

Todes angehörte. Das deutsche Recht verweist also auf das *Heimatrecht* des Erblassers. Nun gibt es aber etliche Fälle, in denen ausländische Erblasser in Deutschland ihren Wohnsitz hatten. Ihr Heimatrecht bestimmt nun, daß sich die Erbfolge nach dem *Recht des letzten Wohnsitzes* des Erblassers richtet. Das Heimatrecht des Ausländers weist also auf das deutsche Recht zurück. Dies ist z.B. bei Norwegern, Dänen und Schweizern der Fall. Aufgrund der Rückverweisung ist in diesen Erbfällen dann deutsches Erbrecht anzuwenden.

In einer Reihe von Heimatrechten (so z.B. in Frankreich, Großbritannien, Belgien und der USA) erfolgt eine Differenzierung zwischen beweglichem Nachlaß und Immobilien. Sie ordnen an, daß für die Erbfolge hinsichtlich des beweglichen Vermögens des Erblassers das Recht seines letzten Wohnsitzes gilt, für die Erbfolge hinsichtlich des unbeweglichen Vermögens — also Grundstücke, Eigentumswohnungen, Erbbaurechte — das Recht des Staates, in dem sich die Immobilie befindet. Diese Handhabung kann dazu führen, daß der Nachlaß gespalten wird und sich die Erbfolge hinsichtlich des beweglichen Vermögens von der hinsichtlich des Grundvermögens unterscheidet.

Nach internationalem deutschen Erbrecht ist es für einen Ausländer grundsätzlich nicht möglich zu bestimmen, daß für seinen Nachlaß generell das deutsche Erbrecht gelten soll. Dies geht auch in dem Fall nicht, daß der Ausländer etwa über lange Jahre in Deutschland lebte und mit einer Deutschen verheiratet war. In diesen Fällen ist es aber möglich, daß der Erblasser für in Deutschland belegenes unbewegliches Vermögen (Immobilien) eine letztwillige Verfügung nach deutschem Recht errichtet. So kann er sicherstellen, daß zumindest sein in Deutschland vorhandenes Immobilienvermögen nach den hier geltenden Recht vererbt wird — das sich von dem in seinem Heimatland im Einzelfall erheblich unterscheiden kann. Der Ausländer hat auch die Möglichkeit, nur hinsichtlich eines Teiles seines hier belegenen Immobilienvermögens nach deutschem Recht letztwillig zu verfügen und es für den Rest der hier liegenden Grundstücke beim Recht seines Heimatstaates zu belassen. Macht ein Ausländer von dieser Möglichkeit der Rechtswahl Gebrauch, so sollte ihm bewußt sein, daß dies zu einer *Nachlaßspaltung* führt — es sei denn, sein Heimatrecht verweist aufgrund dortiger Bestimmungen (z.B. Anknüpfung an den letzten Wohnsitz) ohnehin auf das deutsche Erbrecht zurück. Aus dieser Nachlaßspaltung können sich Probleme bei der Abwicklung des Erbfalls ergeben, insbesondere dann, wenn mehrere Personen gemeinschaftlich erben. So kann sowohl die Verteilung als auch die Frage der Erbenhaftung im Einzelfall zu unbefriedigenden Ergebnissen führen, weshalb vor einer solchen Rechtswahl die verschiedenen Gesichtspunkte sorgfältig gegeneinander abgewogen werden sollten. Hierzu ist umfassende, auf den Einzelfall zugeschnittene Beratung unerläßlich.

Der Vorteil der Rechtswahl ist darin zu sehen, daß es die Erben wesentlich einfacher haben, ihre Erbenstellung hinsichtlich des Immobilienvermögens in Deutschland nachzuweisen. Die Kosten eines Rechtsgutachtens, das bei Anwendung des ausländischen Heimatrechtes erforderlich werden kann, um die Erbenstellung und die Erbquote nach ausländischem Recht darzulegen und zu beweisen, entfallen. Wie bereits dargelegt, können Personen aus den verschiedensten Gründen mehrere Staatsangehörigkeiten besitzen — sog. Doppelstaatler. Häufig handelt es sich dabei um Ehegatten aus gemischt-nationalen Ehen und die Kinder aus diesen Ehen. Bei besagtem Personenkreis taucht das zusätzliche Problem auf, daß oft nicht ohne weiteres und von vornherein feststeht, welches Heimatrecht auf die familien- und erbrechtlichen Verhältnisse angewandt werden soll. Die betreffenden Familien selbst machen sich häufig über diese Frage zu wenig Gedanken. Große Wichtigkeit erlangt sie allerdings, wenn es zum Erbfall kommt oder aber die Ehe scheitert und im Rahmen der Scheidung auch eine Vermögensauseinandersetzung vorzunehmen und Versorgungs- und Unterhaltsansprüche zu klären sind. So kennen viele ausländische Rechtsordnungen den bei uns geltenden gesetzlichen Güterstand der *Zugewinngemeinschaft* mit dem daraus resultierenden Anspruch auf Zugewinnausgleich nicht, was zur Folge hat, daß der von unserem Gesetz vorgesehene (pauschale) *Zugewinnausgleich* im Todesfall durch Erhöhung der Erbquote des Ehegatten um 1/4 im Einzelfall streitig werden kann und unter Umständen nicht durchsetzbar ist.

Unser *deutsches internationales Privatrecht,* zu dem das internationale Erbrecht gehört, stellt in den Fällen der Doppelstaatler auf die sog. *effektive Staatsangehörigkeit* ab, d.h. es ist das Recht des Landes anzuwenden, mit dem die Person am engsten verbunden war; insbesondere durch ihren gewöhnlichen Aufenthalt und durch den Verlauf ihres Lebens. Im Einzelfall kann man natürlich heftigst darüber streiten, um welches Land und damit um welches Recht es sich handelt, wenn es nach dem Erbfall um erhebliche Vermögenswerte geht — und je nachdem, welches nationale Erbrecht zum Zuge kommt, die Erbquote unterschiedlich hoch ausfällt. Besonders unberechenbar und interessant wird die Frage dann, wenn der Doppelstaatler quasi als Weltbürger erhebliche Zeit in einem Drittstaat verbracht hat, dessen Staatsangehörigkeit er nicht besessen hat. Hier wird es oft sehr schwer fallen, eine effektive Staatsangehörigkeit festzustellen. Hat der Betreffende darüber hinaus Vermögen in mehreren Ländern hinterlassen, so ist in der Regel der Rechtsweg zu den verschiedenen nationalen Gerichten offen, und es ist keinesfalls sicher, daß diese die Sachlage einheitlich beurteilen. So kann es dann zu mehreren Entscheidungen kommen, die inhaltlich voneinander abweichen. Vor diesem Hintergrund kann es durchaus Sinn haben, wenn der Betreffende von der Möglichkeit Gebrauch macht, nach deutschem Erbrecht über sein in Deutschland belegenes Immobilienvermögen zu testieren.

Ist ein Doppelstaatler neben der ausländischen Staatsangehörigkeit zugleich auch Deutscher, so stellt das deutsche internationale Privatrecht klar, daß in diesem Fall das deutsche Recht anzuwenden ist und es nicht auf die effektive Staatsangehörigkeit ankommt. Dies gilt auch dann, wenn die Beziehung des Betroffenen zu seinem

ausländischen zweiten Heimatstaat wesentlich enger ist als zu Deutschland. So würde ein Doppelstaatler, der die deutsche und die italienische Staatsangehörigkeit hat und der sein gesamtes Leben in Italien verbracht hat, aus deutscher Sicht nach deutschem Erbrecht beerbt, obwohl das Prinzip der effektiven Staatsangehörigkeit in diesem Falle ohne jede Frage auf Italien verweist. Dies kann im Einzelfall zu unerwünschten Ergebnissen führen — andererseits erspart diese Regel in vielen Fällen den Doppelstaatlern das Risiko, nicht zu wissen, was die Nachwelt in ihrem Fall für die effektivste Staatsangehörigkeit halten wird.
Abschließend ist noch darauf hinzuweisen, daß im Rahmen der erbrechtlichen Beratung von Doppelstaatlern und gemischt-nationalen Ehen die Möglichkeit besteht, nicht nur das Inlandsimmobilienvermögen nach deutschem Erbrecht zu vererben, sondern daß es die beteiligten Ehegatten in aller Regel in der Hand haben, selbst zu bestimmen, welches *eheliche Güterrecht* in ihrer Ehe gelten soll. Von dieser Möglichkeit wird bei gemischt-nationalen Ehen leider zu selten Gebrauch gemacht, so daß die Betroffenen dann unter Umständen böse Überraschungen erleben, wenn die Ehe geschieden wird oder ein Ehegatte verstirbt.

Die Ehegatten haben die Wahl zwischen
— dem Recht des Staates, dem einer von ihnen angehört;
— dem Recht des Staates, in dem einer von ihnen seinen gewöhnlichen Aufenthalt hat;
— dem Recht des Lagerorts für unbewegliches Vermögen.

Die Rechtswahl hat nur dann Gültigkeit, wenn sie notariell beurkundet worden ist, was normalerweise im Rahmen eines Ehevertrages erfolgen wird.

28. Deutsch-deutsches Erbrecht

Die deutsche Teilung hat uns neben vielen anderen Auswirkungen auch in erbrechtlicher Hinsicht Besonderheiten gebracht. Nach dem Beitritt der fünf neuen Bundesländer zur Bundesrepublik hat zwar das *Zivilgesetzbuch der DDR (ZGB)* seine Gültigkeit verloren, und es gilt jetzt einheitlich *das Erbrecht des BGB,* doch die Besonderheit bleibt, daß auf Erbfälle vor dem 3. Oktober 1990 das alte Recht anzuwenden ist. Weiter ist zu beachten, daß nach dem ZGB der DDR das nichteheliche Kind gegenüber seinem Vater einen *vollwertigen Erbanspruch* hat und nicht auf einen Erbersatzanspruch verwiesen wird, wie dies nach dem BGB der Fall ist. Dieser vollwertige Erbanspruch bleibt dem vor dem 3. Oktober 1990 in der DDR geborenen nichtehelichen Kind erhalten. Der Gesetzgeber konnte sich nicht dazu durchringen, den betroffenen Kindern ihr Erbrecht, das sie bei ihrer Geburt erworben hatten, zu nehmen. Diese Kinder erhalten nicht nur ihren vollen Anteil am Nachlaß des Vaters, sondern sind auch vollberechtigte Mitglieder einer Erbengemeinschaft am Nachlaß des Vaters — also neben ehelichen Halbgeschwistern. Andererseits aber haben diese nichtehelichen in der DDR geborenen Kinder keinen Anspruch auf einen *vorzeitigen Erbausgleich.*

Aufgrund der deutschen Teilung wurden in den vergangenen Jahrzehnten aus den unterschiedlichsten Gründen viele *Erbansprüche* nicht wahrgenommen. Nach der Vereinigung Deutschlands müssen daher viele Tausende von Erbfällen aufgearbeitet werden, bei denen der Nachlaß ganz oder teilweise aus Vermögen besteht, das in der ehemaligen DDR oder in Ostberlin liegt. Häufig kann ein entsprechender Erbanspruch noch geltend gemacht werden, da er vielfach nicht verjährt sein wird.

Nach der Gründung der BRD und der DDR im Jahre 1949 hat sich das Erbrecht der beiden Staaten nach und nach in mehreren Etappen auseinander entwickelt. Schließlich wurde im Jahre 1976 das ZGB der DDR eingeführt und das BGB aufgehoben, nachdem schon in den Jahren zuvor seit 1966 eine ganze Reihe von Verordnungen erlassen worden waren, die in erbrechtlicher Hinsicht die Regelungen des ZGB praktisch vorwegnahmen. Dies gilt spätestens seit dem Jahr 1967, nachdem die DDR am 23.02.1967 das Gesetz über die Staatsbürgerschaft der DDR verkündete und von diesem Zeitpunkt an deutsch-deutsche Erbfälle rechtlich genauso beurteilte, wie Erbfälle mit Auslandsberührung.

Da sich die beiden Staaten wechselseitig nicht anerkannten, führte dies zu dem Ergebnis, daß zumindest aus Sicht der Bundesrepublik Deutschland keine Staatsbürgerschaft der DDR vorlag. Das führt zu dem Ergebnis, daß auch kein DDR-Erbrecht zur Anwendung gelangen kann. Verstarb ein aus der DDR geflüchteter Bürger in der Bundesrepublik, wurde ganz selbstverständlich das Erbrecht des BGB angewandt — während die Justizorgane der DDR natürlich die Auffassung vertraten, die Erbfolge beurteile sich nach DDR-Recht, da der Verstorbene Bürger der DDR gewesen sei. Wie dieser Konflikt in Zukunft zu lösen sein wird, ist meines Erachtens offen. Eine Entscheidung des Bundesgerichtshofs bleibt abzuwarten. Dabei darf nicht übersehen werden, daß die Frage, welches Erbrecht anzuwenden ist, für die Betroffenen von großer Bedeutung sein kann, da sich unterschiedliche Erbquoten ergeben und die Frage der Pflichtteilsansprüche und der gesetzlichen Erbfolge ebenfalls jeweils unterschiedlich geregelt ist.

Nachdem die DDR im Jahre 1976 das ZGB und weitere Gesetze in Kraft gesetzt hatte, wurde in der Folgezeit auch von den Gerichten in der BRD akzeptiert, daß sich das Erbrecht an in der DDR belegenen Vermögen nach den Gesetzen der DDR richtet, während das übrige Vermögen des Erblassers nach den Regeln des BGB vererbt wird. Hatte also ein Deutscher in der DDR ein Grundstück hinterlassen, so trat eine Nachlaßspaltung ein und das Grundstück wurde nach DDR-Recht vererbt.

Eindeutig nach dem ZGB der DDR beurteilen sich im Hinblick auf den Einigungsvertrag all die Erbfälle, die seit 1976 eintraten, soweit der Erblasser in der DDR verstarb, der Nachlaß in der Ex-DDR belegen war und der Erblasser Staatsbürger der DDR gewesen ist. Exakt muß der Erbfall unter diesen Voraussetzungen zwischen dem 1.1.1976 und dem 2.10.1990 eingetreten sein, damit das ZGB zum Zuge kommt.

Die wichtigsten Unterschiede hinsichtlich der gesetzlichen Erbfolge zwischen dem BGB und dem ZGB sind folgende:

- nach DDR-Recht erbt der überlebende Ehegatte alles, wenn die Ehe kinderlos war;

  nach dem BGB dagegen besteht in diesem Fall ein Erb- und gegebenenfalls Pflichtteilsrecht der Eltern des Erblassers neben dem überlebenden Ehegatten;
- der überlebende Ehegatte erbte in der DDR neben Kindern zu gleichen Teilen, mindestens aber 1/4;

  nach dem BGB erbt der Ehegatte in der Regel 1/2, der Rest geht zu gleichen Teilen an die Kinder;
- das nichteheliche Kind hat am Nachlaß des Vaters nach dem ZGB ein vollwertiges Erbrecht, nach dem BGB besteht nur ein Erbersatzanspruch;
- die Kinder hatten in der Ex-DDR keinen Pflichtteilsanspruch, wenn sich die Eltern gegenseitig als Alleinerben einsetzten und der Erbfall zu einem Zeitpunkt eintrat, zu dem die Kinder schon für sich selbst sorgen konnten.

In der Zeit vor der Wende gingen die Betroffenen oft davon aus, daß in der DDR belegener Grundbesitz in vielen Fällen wertlos ist, da er in aller Regel — wenn man von der Eigennutzung absieht — nicht sinnvoll zu bewirtschaften war. Deutsche, die aus der DDR flohen, haben dort zum Teil erhebliches Immobilienvermögen hinterlassen, das die DDR in „Volkseigentum" überführte. Aufgrund des Einigungsvertrages besteht die Möglichkeit, unter gewissen Voraussetzungen diese Vermögenswerte wieder zurückzuerhalten, die aufgrund der zwischenzeitlich eingetretenen erheblichen Preissteigerungen für Grundstücke heute oft recht wertvoll sind. In vielen Fällen wurde das DDR-Vermögen nicht bei der Erbfolge und der Erbauseinandersetzung berücksichtigt, wenn der Erblasser in der BRD verstarb. Oft wurde auch zu Gunsten von in der DDR verbliebenen Verwandten oder Bekannten hinsichtlich des dort zurückgelassenen Vermögens letztwillig verfügt. Schließlich gab es viele Fälle, in denen die Belastung des Grundstückseigentums durch Aufbaudarlehen höher war, als die Verkehrswerte zu DDR-Preisen. Dies war dann oft für die Erben Veranlassung, die Erbschaft auszuschlagen, um so die Schulden los zu werden. Heute zeigt sich in all diesen Fällen, daß die Betroffenen über die künftige Wertentwicklung im Irrtum waren. Es stellt sich deshalb die Frage, ob wegen dieses Irrtums beispielsweise die Erbausschlagungen angefochten werden können, ob Testamente anfechtbar sind, weil anzunehmen ist, daß der Erblasser anders verfügt hätte, wenn er die eingetretene Entwicklung hätte vorhersehen können und ob eventuell im einen oder anderen Fall Pflichtteils- oder Pflichtteilsergänzungsansprüche aufgrund der eingetretenen Veränderungen durchsetzbar sind. Diese Fragen werden in der Rechtssprechung teilweise höchst unterschiedlich gesehen und beurteilt; eine feste Tendenz ist noch nicht zu erkennen. Hier wird sich auch im Rahmen der Bewältigung der Erbfälle, die durch die Wiedervereinigung interessant geworden sind, noch manches Rechtsproblem stellen.

Register